北京联合大学学术著作出版基金资助

我国企业所得税税负及效应研究

RESEARCH ON THE TAX BURDEN AND
ITS EFFECT OF ENTERPRISE INCOME TAX IN CHINA

王 娜 著

经济管理出版社
ECONOMY & MANAGEMENT PUBLISHING HOUSE

图书在版编目（CIP）数据

我国企业所得税税负及效应研究/王娜著. —北京：经济管理出版社，2018.3
ISBN 978-7-5096-5669-3

Ⅰ.①我… Ⅱ.①王… Ⅲ.①企业所得税—研究—中国 Ⅳ.①F812.424

中国版本图书馆CIP数据核字（2018）第034049号

组稿编辑：申桂萍
责任编辑：赵亚荣
责任印制：司东翔
责任校对：董杉册

出版发行：经济管理出版社
（北京市海淀区北蜂窝8号中雅大厦A座11层 100038）
网　　址：www.E-mp.com.cn
电　　话：(010) 51915602
印　　刷：三河市延风印装有限公司
经　　销：新华书店
开　　本：720mm×1000mm/16
印　　张：13.5
字　　数：265千字
版　　次：2018年4月第1版　2018年4月第1次印刷
书　　号：ISBN 978-7-5096-5669-3
定　　价：59.00元

·版权所有 翻印必究·
凡购本社图书，如有印装错误，由本社读者服务部负责调换。
联系地址：北京阜外月坛北小街2号
电话：(010) 68022974　邮编：100836

前 言

2008年1月1日,《中华人民共和国企业所得税法》正式实施,这意味着我国企业所得税制度的进一步完善,同时也意味着内外两套企业所得税制度的终结。新税法正是在企业所得税制度在给予内外资不同待遇从而导致其税收负担差距过大,进而影响市场环境的公平性和有效性的背景下制定和实施的。因此,对企业所得税税收负担的研究尤其是对企业所得税的税负的测算是税收实践的一项基础性研究,只有在对企业所负担的实际税收数额以及所得税税收效应有明确认识的前提下,才能更好地利用税收政策对其生产经营活动进行调节并达到产业布局和发展的目的。如今,距离两税合并已过去十年,政策的延续性如何?政策效果如何?未来的企业所得税制该走向何方?本书就试图在税制改革的背景下对我国的企业所得税的税收负担和税负效应进行具体分析。

本书初稿是我的博士论文,当时恰逢两税合并,理论界和实践领域都极大地关注此问题,因此本书写作的初衷就是试图测算我国企业所得税的真实税收负担和两税合并的政策效应。写作过程中实证分析的结论也印证了当时的假设,在2008年两税合并当年,本书所考察的企业所得税实际税负确实有大幅的下降,但政策的持续性分析却因为时间和数据问题没有继续进行下去,这不得不说是当时写作的一个很大的遗憾。博士毕业后,我一直想充实论文的内容,却因为各种原因搁置下来,时间一点一点流逝,我似乎已经忘记了这件事情。就在学院书记与博士教师的一次谈话中,当他得知我的博士论文还未出版时,鼓励我申请学校的学术著作出版基金,鼓励我将论文出版。感谢书记,感谢学院,当年我顺利申请上学校的出版基金,才有了这样的机会使我攻读博士学位的成果得以出版,同时,也让我能有机会再次充实和完善论文内容,并呈现给大家。如果本书能够给研究所得税的研究人员一点点的启发,作为作者也就非常欣慰了,当然,文责自负,同时也请各位读者批评指正。

王娜

2017年2月1日

目 录

第一章 导论 ·· 1
  一、选题背景 ·· 1
  二、研究范围 ·· 2
  三、研究意义 ·· 3
  四、国内外研究综述 ·· 4
  五、研究方法 ·· 14
  六、研究思路和结构 ·· 16
  七、本书的创新和不足 ·· 18

第二章 企业所得税税收负担的理论框架 ······································ 20
  一、企业所得税及税收负担的相关理论和概念 ······················· 20
  二、所得税实际税负的水平测度 ··· 38
  三、影响企业所得税实际税负水平的因素分析 ······················· 44
  四、企业所得税的税负效应分析 ··· 47
  五、本章小结 ·· 57

第三章 我国企业所得税税负水平分析 ··· 58
  一、我国企业所得税的改革历程：税负变化的制度背景 ········· 58
  二、我国企业所得税的宏观税负效应分析 ····························· 64
  三、我国企业所得税宏观税负的实证分析 ····························· 69
  四、我国企业所得税微观税负的实证分析 ····························· 85
  五、本章小结 ·· 116

第四章 我国企业所得税税负效应分析 ······································· 117
  一、我国企业所得税税负的宏观效应分析：对各地区投资的影响 ········· 117

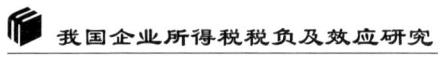

  二、我国企业所得税税负的宏观效应分析：对 FDI 的影响 …………… 121
  三、我国企业所得税的微观税负效应分析：对公司资本结构的影响 …… 125
  四、本章小结 ……………………………………………………………… 131

第五章 企业所得税税负及其改革的国际比较 …………………………… 132
  一、企业所得税的几个宏观指标的国际比较 …………………………… 133
  二、企业所得税税负的国际比较 ………………………………………… 138
  三、税负降低背后的公司税改革 ………………………………………… 146
  四、本章小结 ……………………………………………………………… 153

第六章 进一步完善我国企业所得税的思考 ……………………………… 154
  一、建立公平的企业所得税宏观税负的税收归属机制 ………………… 154
  二、建立差异化的企业所得税微观税负的税收优惠体系 ……………… 158
  三、本章小结 ……………………………………………………………… 159

附 录 ……………………………………………………………………………… 161

参考文献 …………………………………………………………………………… 195

后 记 ……………………………………………………………………………… 208

第一章 导论

一、选题背景

2007年3月16日，第十届全国人民代表大会第五次会议审议通过了《中华人民共和国企业所得税法》，标志着实行13年之久的内外资两套企业所得税制时代的终结。"两税合并"是进一步完善社会主义市场经济体制的必然要求，也是切实贯彻中共十六届三中全会中关于"统一各类企业税收制度"新精神的重要体现，对于公平企业所得税税负具有重要意义。回顾历史，可以看到我国企业所得税制度的建立和改革进程是十分曲折的。从新中国成立到改革开放初期，可以说我国的所得税制度并没有完全建立，在当时的税收制度中属于所得税的只有工商所得税，并且占整体税收收入的比重微乎其微。这与当时我国所有制结构、财税管理体制和税制结构安排有很大关系。直到1978年中共十一届三中全会提出以经济建设为中心，实行改革开放政策，同时，为了适应社会主义现代化建设需要，并随着财税体制改革、投资体制改革、商品流通体制改革以及国有企业改革等各项改革的推进，我国企业所得税制也进行了重大调整，分别完成了内资企业所得税的统一和外资企业所得税的统一。这两套税制分别为1993年12月13日制定的针对内资企业的《中华人民共和国企业所得税暂行条例》和1991年4月9日通过的针对外资企业的《中华人民共和国外商投资企业和外国企业所得税法》。在当时的历史条件下，两套企业所得税制度并存体现了我国政府希望通过差别化的税收激励吸引国外先进的技术、产品流入，具有指向明确的政策意图。但随着我国市场化经济体制的逐步确立和国民经济实力的提升，国内资本供给短缺的矛盾得到缓解，而建立公平、有效的市场制度成为进一步深化我国改革进程的关键之举，社会各界也对统一内外资企业所得税税负、公平税制的呼声越来强。2007年3月16日，统一的《中华人民共和国企业所得税法》正式出台，结束了我国企业所得税两税分离、税负不均的状况。新所得税法最大的贡献在于实现了内外资企业的税负统一，改变了内资企业优惠条件少、税负相对较重而外资企业则享有超国民待遇的状况，对公平企业税收水平、改善企业竞争环境有着巨大的促进作用。

回顾我国历史上每一次所得税的改革和调整，无不牵动着决策层、学术界广泛的关注，这正是因为所得税在微观上作为一项企业所必须负担的额外成本对企业的投融资决策以及企业资本的收益有着重要影响，而在宏观上所得税不仅可以作为一项重要的宏观经济政策对国内投资总额和产业结构投资产生影响，更是各国对外投资和引进外资的重要考虑要素。因此，企业所得税对宏观投资以及微观企业投融资决策都有着至关重要的作用。在各国的税收政策中，企业所得税都是调节经济结构、增强企业活力、吸引资本流入以及在国际竞争中提高本国的竞争力的手段。因此，对企业所得税的研究是有着较为重要的理论意义和实践意义的。在对企业所得税的研究中，对税负及其效应的研究又是该项研究的核心问题，只有明确企业所得税的税收负担以及税收负担所带来的效应后，才能更加合理和有效地利用税收政策来指导实践，从而达到预期的政策目标。企业所得税的税收负担研究主要集中于对实际税负的测量，对实际税负的计量可以了解税收制度对纳税人的真实负担程度和政策实施效果，对税负效应的研究可以考察税收对纳税主体各方面的影响程度。总体来说，通过对企业所得税实际税负及其效应的研究可以了解到在现行所得税制度下宏微观层面上的实际税收负担以及税收负担对投资以及企业资本结构等的影响，为进一步完善我国企业所得税制度提供重要的经验借鉴。

二、研究范围

本书在所得税基本理论框架下，采用统计方法和现代计量经济模型对企业微观数据进行统计和回归分析，主要对我国企业所得税的微观税负、宏观税负及其经济效应展开实证研究。在宏观税负研究方面，主要对全国和各地区的所得税宏观税负进行计算和比较，并对变化趋势做出分析；在微观税负研究方面，主要对上市公司的实际税率进行测算并在行业间、区域间进行比较分析；在税负效应的研究中，在之前所做的企业所得税宏观、微观税负测算的基础上，对所得税税负变化对我国资本形成、企业投融资行为的效应进行实证分析。除对我国的企业所得税税负进行研究之外，本书还对经合组织成员国的公司税税负水平、税收制度改革、税负变化趋势进行详细介绍，以期为研究我国企业所得税问题提供一个国际比较的研究视角。最后，本书在上述研究的基础上得出完善我国企业所得税的政策建议。

三、研究意义

企业所得税税收负担问题不仅仅是税负本身的问题，从广义上来讲，税收本身就构成了企业的负担之一，也是影响企业决策的因素之一。对税负的研究不仅关系到企业的实际财务成本，还关系到一国宏观经济的运行，因此对所得税税负尤其是效应的研究一直是各国税收学者所关注的重要领域。在国外，含公司税的MM定理一经提出就引出了数以万计的公司财务方面的论文，这其中很大一部分是关于公司税与资本结构之间关系的研究。因此，国外对企业所得税与公司资本结构等的研究已经非常成熟。与此相比，国内则大多停留在理论研究上，实证研究较少且只停留在上市公司所得税的微观负担分析上，研究时间段也大多集中在2001~2006年，近几年研究得较少。这一方面与我国资本市场的实际情况有关，在我国，资本市场的建立滞后，发展不尽完善，所能提供的具体微观数据较为匮乏，而西方发达国家市场经济建立较早，资本市场较为发达和完善，能够给予研究所需的大量实证分析样本；另一方面也是由于企业所得税税负的实际计量与企业的会计核算、税收政策等息息相关，而这些因素却是千差万别，难以统一的。因此，在我国，企业所得税税负的研究尤其是对税负的计量研究还是比较欠缺的，已有的对税负的计量研究都较为单一，仅仅是将上市公司的所得税税负进行计算和分析，而对宏观层面上的企业所得税税负水平研究较少，与企业所得税有关的税率分析也主要集中于对我国资本税率的计算上，而对企业所得税的宏观税负研究还很少有学者涉及。在企业的税负效应方面，对企业所得税吸引外资流入方面的研究较多，而对税负的国内投资效应和融资效应研究较少。本书将对我国的企业所得税宏观税负进行定义，并对我国所得税宏观税负现状进行分析，在税负研究方面具有较强的理论意义。

除此之外，本书还将在对企业所得税对公司行为的研究、对企业所得税税收负担的计量方法进行回顾和扩展的基础上，与中国实践相结合，研究在具体税收环境和税收政策下的企业所得税税负的水平和差异，并分析税负变化对宏观投资、FDI规模以及企业的具体投融资决策的影响。本书在研究中还将提供大量的实证分析和数据资料,为我国将来的税制改革提供一些经验借鉴和数据支持,从这方面看也具有一定的实践意义。

四、国内外研究综述

(一)所得税税负的理论和实证分析研究综述

西方国家多用公司实际税率(Effective Tax Rate,ETR,也称为有效税率)来衡量企业所得税的税负情况。有效税率不同于法定税率,是企业实际税负的体现。法定税率与实际税率的不同使法定税率不能很好和真实地反映企业所得税的实际税负水平,因此在考察不同企业的所得税负担时,有效税率ETR就成为较好的替代计量工具,从而为政策制定者和研究者提供了可靠的证据。

Harberger(1959)对1953~1959年的公司数据分析表明,农业、纺织、石油、煤炭以及房地产这些行业的实际公司所得税税负明显低于其他行业的公司所得税税负。

Rosenberg(1969)重复了Harberger的研究并得到了相似的结论,他将这些行业较低的实际税率归结于资本利润和对自然资源进行开发和开采所获得的损失补贴。此外,资本密集型企业如大型设备制造商则比其他行业负担较高的有效税率。

Siegfried(1974)是最早进行行业平均有效税率综合研究的学者。在该研究中他计算了110个生产行业在1963年整个纳税年度的平均有效所得税税率,将税率的行业差别归结为投资抵免、国外税收抵免、资本利得等。

Stickney(1979)在他的两篇文章中都讨论了有效税率的定义问题,他认为,尽管公司报告中的有效税率为研究者提供了很好的资料,但公司年报中披露的有效税率在公司间是不可比的,这是因为公司对投资、未合并的子公司间的所得税的处理方式,合并子公司的所得税中的少部分利润以及其他项目的处理方式不同,并提出了两种计算有效税率的方法,同时,对公司年报中所公告的税率相差不大的两家公司进行计算后得出公司报告中的有效税率并不真实,他还将这种方法应用到了跨国公司和跨行业研究中。他对有效税率的测算方法进行了评论并在研究中运用了新的指标来替代原先的计算方法。

Stickney和McGee(1982)对所得税税率的研究是继Siegfried之后的一项综合研究成果。他们认为,之前Siegfried的研究的单变量忽略了其他变量对所得税税率的综合影响,并且研究对象的复杂性和不统一性使得研究结论变得不那么可靠。在现实中,企业所得税统一的法定税率要比实际税率大得多。很多公司都会通过投资税收抵免、资本利得和其他补助来减少税收负担,同时另一些公司的实际税收负担则大于法定税率。因此,政府是否需要对特定公司给予税收优惠待遇或者使税收政策趋于中性的问题就需要考虑。两位学者通过检验平均有效税率的差异与企业规模大小、资本密集程度、国外经营控制程度、涉及自然资源的程度以及财务杠杆程度之间的关系来检验所得税的中立程度,利用多元统计方法对以上这些具有解释力的因素的混合效应进行分析,得出:有效税率较低的企业具有较高程度的负债、资本密集度较高并且多涉及自然资源的行业,而有效税率的差异则与企业规模或国外经营程度没有很大关系。文中的平均有效税率被定义为国内、国外、州和当地的应付所得税调整时间性差异后的税前账面收益的比值。

Zimmerman (1983) 研究了税收与公司规模和行业类别之间的关系,他从公司有效税率与政治成本的关系入手,认为公司的有效税率仅仅是政治成本的一个组成部分,因为有效税率排除了其他一些政治成本或利益,例如反垄断、规制、政府补助、进口额度和关税等。所得税有效税率与公司规模的关系意味着只有在政治成本中的非税因素无法弥补税收因素的情况下,有着较大规模的公司才会引致较大的成本。他运用时间序列的方法分析了1947~1981年的所得税的平均有效税率,按公司的销售额进行规模分类,并计算每一年不同规模组的公司的有效税率,在规模最大组的公司中又进一步分出前50家企业,得出的结论与公司的政治成本的假设——公司的规模越大则有效税率越高基本一致。这个假设在石油天然气行业尤为显著,在制造业中关系较为微弱,而在零售行业中公司的有效税率与企业规模则存在着反向关系。并且他在研究中还发现,公司所得税的有效税率并不是随着公司的规模而单调上升的。文中的有效税率采用的是所得税与营运资金流的比值。采用营运资金流作为分母排除了权责发生制的会计制度的影响,这些影响在不同的公司规模间有着很大的差别。分子中的所得税采用的是州、联邦和国外所得税减去递延的所得税额。

Porcano (1986) 通过检验1982~1983年超过2000家企业平均所得税有效税率的结构,研究了美国公司的平均有效税率的情况,并进一步对所得税制度的公平性问题进行了深入讨论。他认为,美国整体的公司税水平较低,公司税负担呈现累退性,并采用资本支出、税前净利润、资产总额和销售总额这四个因素来进行分析,发现美国公司税的税收负担的分布是极不均衡的。

Shevlin 和 Sue Porter (1992) 在其研究中对两个资产规模有重大差异的企业在进行税制改革前后的所得税有效税率进行比较,得出:这两个公司在税改前后有效税率变化不大,但是资产规模较小的公司在改革前的有效税率要远远大于资产规模较大的公司，而在税制改革之后两个公司的有效税率却没有较大的差异。从而得出税收改革会增加资产规模较大公司的所得税税收负担的结论。

Gupta 和 Newberry（1997）在研究中提到，有效税率在公司间以及时间上的差异已经被作为衡量税制公平性的一个指标，很多研究都表明较大的公司并没有支付与之相称的税收。

许善达（1999）在其主编的《中国税收负担研究》中就对我国企业所得税的税收负担进行了较为系统的研究，通过阐述企业生产活动的剩余劳动成果，运用马克思的社会总产品理论和劳动价值论对企业税收负担的指标选择进行了具体分析，并对企业的税收负担进行了分类，其中使用企业所得税实纳所得税额与应纳税所得额的比值作为所得税实际税率，而用实纳所得税额与利润总额的比值代表所得税的实际负担率，并对1991年451户企业的所得税的税收负担进行了实证分析；同时，对影响企业所得税税收负担的因素、各国企业所得税税收负担的水平和结构都给予了详细介绍，并对国外税收负担的研究方法以及边际有效税率分析模型进行了说明。

王延明（1999）通过对中国525家上市公司1993~1997年平均实际税率的统计分析，发现我国上市公司的实际所得税税率平均为16.07%，远远低于名义税负33%。从上市公司本身来看，16.07%的所得税税收负担并不重，尚不具备减税的条件。通过可能的原因分析，发现问题可能出在所得税减免优惠政策的制定上，而这些政策已经或是正在一定程度上对不同类型企业之间的公平竞争带来了不利的影响。

张培森（2002）在对我国企业税收负担率进行测算后，分析得出：无论从企业的经济性质、所有制性质还是企业的规模来看，企业的税收负担并不重，而且呈逐年下降的趋势，但在企业所得中，企业净留利不足，这主要是因为非税负担挤掉了企业留利，因此企业负担重主要重在企业的非税负担。

王延明和李韬（2003）对1994~2001年上市公司所得税的地区性差异进行分析，得出我国地区性所得税的优惠力度很大，但与之不相符的是，在所得税优惠大的地区上市公司的财政贡献却很低的结论，并建议适当减少地区性优惠政策，而辅之其他更有针对性的优惠措施来促进我国经济的发展。

钱晟和李筱强（2003）对2001~2002年上市公司的所得税负担的行业间差异和地区差异进行了实证分析，得出行业内公司利润规模同所得税费用之间呈正相关关系，而与所得税负担之间呈负相关关系。上市公司的地区性税负差异，基本上反映了我国政府实施的区域优先发展的宏观调控政策目标。海南板块、西藏板块、新疆板块、宁夏板块和江西板块的低税负现象，表明了经济欠发达地区的地方政府对上市公司的重视与扶持，同时也显示了国家税收优惠政策的效力。但与此形成鲜明对照的是，西部区域其他企业的总体税负水平则比东南沿海地区非上市公司的平均税负高。

王延明（2003）用参数和非参数分析方法在分析了上市公司所得税地区性差异和行业性差异之外，还对上市公司规模与所得税税负的关系进行了考察，得出规模最大类的上市公司的实际平均税率要高于规模最小类的实际平均税率的结论，并提出应减少区域性税收优惠、制定有利于第三产业发展的税收政策以及税收优惠应当多元化的政策建议，认为所得税的结构性调整是改革企业所得税的关键所在。

朴姬善（2005）通过结构方程对上市公司的企业规模对实际税率的直接影响以及企业规模对实际税率的间接影响（营业亏损影响）的分析表明，实际税率受营业亏损的影响但与企业规模无任何关系，并认为这与我国现行的所得税税率是根据年应纳税所得额制定有关，且这一结果与有效税率受企业规模影响的国外研究结果相反。

李韬（2004）根据中国证监会《上市公司行业分类标准指引》，以2000~2002年的上市公司数据为基础，采用分层统计的抽样方法抽出159家作为样本公司，所得税负担作为研究对象。研究结果表明，即使是在2002年所得税新政策实施当年，我国上市公司行业间所得税税负在总体上并没有显著差异。但在部分行业间存在所得税税负差异。这种差异的产生一方面是国家对不同行业的政策扶持力度的不同所造成的，另一方面是不同行业对所得税的会计处理的不同造成的。如在激烈的市场竞争条件下，批发和零售类贸易的公司为扩大销售就会采取赊销、信誉担保等手段，而这些销售手段会使当期销售额的部分甚至全部无法在当期及时收到，造成大量的暂时性差异。

曹书军和窦魁（2006）对影响企业实际所得税税率的微观层面的影响因素进行了讨论，采用我国非金融类上市公司的面板数据，运用随机效应模型，研究公司的特征因素是如何影响企业所得税的有效税率的。结果表明，上市公司规模对企业所得税有效税率没有显著性关系；财务杠杆与有效税率呈显著性负相关，说明债务性税盾会影响到所得税有效税率，即对企业所得税税收负担有影响；固定资产密度与有效税率没有显著性关系，说明国家鼓励投资所带来的税收优惠政策并没有起到设想的作用，即不存在非债务性税盾；过量的人员招募和使用会获得地方政府的税收优惠；公司的盈利能力和股权结构对有效税率的影响依赖于外部税收环境，也即当上市公司普遍享受税收优惠时，盈利能力和股权结构就与有效税率呈显著正相关关系。

李淑清和龙成凤（2006）认为，内外资企业所得税的区别对待带来的税收负担的差异会引致外资对内资的挤出效应，并且在利益的驱动下严重扭曲企业行为。

宋萍（2007）分析了两套税制在法律效力、税前扣除标准和税收优惠方面对内外资企业的差异化对待，也是导致内外资企业税负差距过大的原因，不利于市场经济条件下企业的公平竞争。

（二）所得税税负效应研究综述

所得税税负效应的研究主要集中于公司的投融资决策方面。所得税对公司融资的影响的开拓者是著名财务管理学家、诺贝尔奖获得者莫蒂格利尼和米勒，他们在1958年提出了有关资本结构的MM理论。起初的MM理论并没有考虑税收因素，在忽略税收和市场摩擦等条件的严格限制下得出只要在企业的投资是给定的，未来的收益流不发生改变的情况下，融资结构的变化不会引起企业价值的变化的结论。1963年，这两位经济学家又在修正的MM理论中开创性地提出了存在企业所得税的情况下，债务的利息费用作为税收的抵减项目存在税盾作用，并因此影响企业对债务融资或权益融资的决策。该假设促进了大量关于税收对企业资本结构影响的实证研究。然而这些有代表性的研究就税收对企业融资决策的影响并没有产生一致的结论。

Mackie-Mason（1990）研究了生产企业的融资方式，并认为税盾的替代效应对有很大可能性会失去可扣除税盾的公司更具有应用性。他在阐述了税盾与债务融资激励关系的基础之上，运用离散选择方法对公司的新增资本的资产负债结构进行分析，发现具有较高的税损结转的公司会更少地使用债务融资，因为其得到利息扣除的可能性较小，从而得出税盾如果在利息扣除上能够改变边际税率，那么税盾确实会影响公司融资决策。

Scholes 和 Wolfson（1992）认为，关于税收对企业融资决策影响的研究结论的不一致性很可能是由于研究设计的不当引起的。因为利息费用的抵减作用只是企业组织最优设计问题中的一部分，避税有多种不同的方式，不同的行业规则和其他摩擦导致不同的企业采用不同的方式来实现企业价值最大化。

Trezevant（1992）在税法变化的背景下研究了税盾的替代效应和税收耗尽假说的共同作用，验证了 Mackie-Mason（1990）提出的税收耗尽假定并支持了税收替代效应，即新税法引起的公司投资税盾的变化与债务税盾的变化相反。

Scholes、Wilson 和 Wolfson（1990）以商业银行业为样本，研究了税收和融资决策的关系，得出了较强的结论来支持修正的MM理论假设。他们得出，银行的投资和财务决策是受税收状况影响的，在20世纪80年代，对银行所持有的市政债券所采取的税收政策的实际变化直接导致了银行持有该债券组合的比例。Graham（1996）则以公共企业为样本，研究了边际税率对企业融资方式的影响，认为边际税率高的企业通常会比边际税率低的企业更多地来利用负债进行融资。

Miller、Morris 和 Scanlon（1994）以 IPO 公司为样本，经过实证分析也得到了强有力的结果并验证了修正的 MM 定理的假设。

而 Gropp（1997）在对 Mackie–Mason（1990）的研究进行分析后，认为该方法主要有两个缺点：一是样本公司要么利用债务融资要么利用股权融资，而没有考虑到所有公司进行融资的所有可能；二是离散选择模型抛弃了一些债务融资或股权融资中的有价值的信息。这两点使得结果中的一些系数很难进行解释。他利用美国 1979～1991 年 12 年 929 家公司的数据对企业所得税的有效税率进行估算，并分析了预期有效税率与公司新增的债务融资的关系，结果表明，所得税的有效税率与债务融资水平呈现高度正相关关系，并且当公司的利润无法进行隐藏而必须面临法定税率时，公司的债务融资规模将加倍。

Graham、Lemmon 和 Schallheim（1998）的研究找到了支持相对于公司税实际税率较高的公司而言，实际税率较低的公司租借较多、债务水平较低的假设。Gropp（2002）又利用德国公司样本对税收和资本结构的关系进行了深入考察，认为德国是一个研究税收对公司的债务资产选择的影响关系非常好的案例对象。这是因为，在德国，不同的政府组织间对于公司债务和资产的税收负担有很大的差异，德国政府会在联邦层面征收个人税和公司税的基础上额外对利润和长期债务支出征地方税。Gropp 用一个整合了所有税收的模型研究发现，地方税会使公司有动力多采用债务融资，地方税对公司的资本结构有影响。

Devereux、Lockwood 和 Redoano（2002）对经济合作与发展组织（OECD）国家是否存在公司税的税收竞争问题，以及税收竞争能否解释 20 世纪 80～90 年代 OECD 国家公司税税率的下降进行了探讨。他们发展了如下模型：跨国公司根据边际有效税率来选择资本存量，同时根据法定税率的差异来选择利润所在地，在这种情况下，跨国公司所在地的政府就面临双重的税收竞争，即资本的边际有效税率和利润的法定税率之间的竞争。研究表明，均衡税率的下降的确是由税收竞争造成的，而税收竞争则很大程度上来源于资本的放松管制。

宋献中（2001）从资本结构变动对企业税负与业绩的影响、税收对企业权益资本筹集的影响、税收对企业债务资本筹集的影响、最佳税收筹划绩效的资本结构配置四个方面进行了规范性论述。Graham 和 Rogers（2002）经过研究发现，公司的确会通过增加债务和利息抵扣的方式来回避税收，而利用这种方式获得的平均税收利益为公司价值的 1.1% 左右。

俞微芳（2003）在企业所得税对我国上市公司资本结构的影响研究中，在控制了其他会对资本结构产生影响的变量的基础之上，分别以资产负债率、长期负债率的改变作为因变量，当年边际税率、前一年边际税率作为自变量来检验企业所得税税率对资本结构的影响。结果显示，企业所得税税率对资本结构产生显著的影响，并且得出边际税率高的企业倾向于采用更多的负债。Graham、Lang 和 Shackelford（2004）通过研究员工的优先认股权发现，对认股权的税收扣除可以产生一笔可观的节税利益并且能够影响公司的边际税率。他们认为，这种对优先认股权的税务扣除是一种非常重要的非债务性税盾，而且替代了利息扣除的影响，这也部分地解释了某些公司很少使用债务融资的原因。

王素荣和张新民（2006）分别采用区间分析和回归分析方法，对资本结构与所得税税负的关系进行实证研究，结果表明，公司资产负债率在60%~80%的区间，不仅是激进经营负债区间，也是实际税负最高的区间；上市公司资产负债率、流动比率与所得税税负存在正相关关系，但是长期比率与所得税税负的关系没能通过检验，因此应从所得税税率、所得税政策和纳税调整额三个方面进行分析。

杨丽彬和陈晓萍（2007）认为，我国的企业所得税是通过影响上市公司的财务费用从而对企业的债务融资决策产生作用。该研究结论支持了修正的 MM 理论关于税收对企业的债务融资决策有影响的观点，得出企业所得税是我国上市公司债务融资决策中考虑的因素之一。这个结论主要体现为，在实证检验中，实际税率较高的企业对债务融资的利用程度较高，享受税盾利益的动机相对较强，而与此同时，上市公司的债务性税盾与非债务性税盾的替代作用表现得不明显。

Teraoui 和 Chichti（2012）通过向突尼斯的公司的经理人发放问卷的方式考察了税收对资本结构的影响，研究结果发现，利息的税收抵免是促使公司决策者更多地使用债务融资的非常重要的因素之一。

在所得税税收负担对企业投资的效应研究方面，Jorgenson 在其 1967 年的文章中开创性地运用了新古典经济学中的最优资本存量模型对税收政策对投资支出的影响进行了深入的讨论。他认为，税收政策不仅对投资支出的时机和水平选择有着高度影响，同时还影响投资的组成结构。他研究的方法如下：首先是衡量公司使用固定资产的成本，这项成本与使用资产的回报率、投资品的价格以及对收入的所得税处理有关；其次是对使用资产的成本以及投资支出水平之间的关系进行实证分析。在这两个步骤中，第一步可以得出在一个公司想要得到的资本水平下进行的新增投资所导致的投资支出的一个概率分布的估计值，接下来估计由于税收政策的变化而导致的投资函数的值和概率分布，然后在不同的投资税收抵免和折旧方法中进行讨论。根据他的研究，1954 年的美国的加速折旧政策使得公司的投资结构从机器设备转向建筑物，而 1962 年的降低折旧年限和投资税收抵免政策使得公司的投资从建筑物转向机器设备。

Hayashi（1982）作为一个开拓者，是最早利用 q 理论来研究税收同企业投资的关系的学者，他将税收因素引入企业的重置成本中，来分析重置成本对 q 的影响，这样，税收因素就成为影响企业投资的因素之一。在利用 q 模型进行实证分析时，大部分学者是先估计出一个投资模型，该投资模型的投资和资本存量等于税后的 q 或者资本成本与一个随机扰动（白噪声）之和，q 或资本成本的系数与资本存量是调整成本的一个凸函数的假设有关。这方面实证分析的代表作有 Cummins、Hassett 和 Habbard（1996）的《税制改革与投资行为的国际比较》、Salinger 和 Summers（1983）的《税制改革与公司投资行为：宏观经济模拟分析》等，但他们都没有得出税收政策会对投资行为产生较强的激励作用。这主要是由于对调整成本的凸函数假定是错误的所导致的。在改变了估计方法后，部分学者[如 Cummins、Hassett 和 Habbard（1996）的改进型估计]便得出了税收政策对投资具有显著影响的结果。

在企业所得税与外国直接投资（FDI）方面，Djankov 等（2009）选取了 2004 年 85 个国家中等规模的公司样本进行分析，横截面分析的结果表明，公司税的有效税率与总投资、FDI 以及企业的创业活动都存在着显著的负相关关系。他们的研究还发现，税率与制造业的投资规模有关，与服务业的投资无关，并且与一个国家的非正规经济的规模有很大关系。

盛轼（2009）考察了两税合并对外商直接投资的影响，采用多元线性回归模型，通过对我国 1993～2007 年以来的外商投资、税收、国内生产总值，以及外企在岗职工工资等统计数据进行相关及回归分析，描绘了外商直接投资与税收、经济增长和劳动力价格的关系，并对它们之间的相互关系进行了实证研究。分析结果显示，外商直接投资主要受我国经济增长、劳动力价格等因素影响，而税收对外商投资的影响不显著，并呈现下降趋势。

Hunady 和 Orviska（2012）采用面板数据回归模型考察了欧盟国家的公司税与 FDI 之间的关系，发现无论是有效税率还是法定税率都与 FDI 没有显著的相关性，另外，劳动力的成本、经济的开放度、解雇成本、人均国内生产总值以及政府债务规模与 FDI 的大小有显著的相关关系。

杨振兵和张诚（2015）对两税合并后的研究开发投入对企业创新活动的影响进行了深入探讨，基于偏向技术进步的理论框架构建两税合并与外资企业创新效率模型，采用倍差法实证考察了两税合并对外资企业创新效率的影响效果，在通过多种方法对分析结果进行了稳健性检验之后，发现在 2005～2012 年中国制造业外资企业的创新效率整体处于上升趋势，但由于两税合并政策的实施，2008 年外资企业创新效率出现增长加快的现象；政策的边际影响时滞微乎其微；同行业内资部门的份额越大，两税合并引致的外资企业创新效率提升越明显。两税合并政策不但有助于内资企业学习更多的先进技术，提升企业的竞争力，也有助于提升外资企业的创新动力。

(三) 两税合并下的企业所得税税负研究综述

阚振芳 (2008) 在对 2006 年部分上市公司的抽样分析中得出,受企业所得税两税合并的影响,金融、保险行业全面受益,实际税率大大降低,收入利润率提升;房地产业资金压力将会得到缓解,整体行业平均受益;机械、设备和仪表行业则喜忧参半;食品、饮料行业平均看好,酒类行业两极分化;批发和零售贸易会受到多种因素影响,利润增长超过预期。

李广舜 (2008) 通过对新疆的内外资企业所得税税收贡献率和税负进行对比,发现新疆的内资企业对本地的税收贡献较大,两税合并后虽然会在短期内减少地方的财政收入,但长期则会刺激投资,促进石油、煤炭等能源行业的发展,从而增加地方财政收入。

刘蓉和黄洪 (2008) 通过比较《企业所得税法》实行前后税收法律、法规的主要变化,运用计量经济模型进行回归和预测,分析了新税法对成都市税负水平的影响,并得出新税法实行后成都市外资企业所得税税负绝对额将增加,内资企业所得税税负绝对额将减少,但不降低成都市的企业所得税的总税负,且会随时间推移呈递增趋势。

刘东辉 (2008) 从新旧企业所得税的比较入手,分析了新企业所得税法对内、外资企业的影响,认为新颁布的企业所得税法将会使内资企业减税增利,获得真正的实惠,同时新税法也一定程度上提高了外资企业的总体税负,但是外资进入中国的驱动因素不仅仅来自税收,其优惠政策在吸引外资方面只起到辅助性的激励作用,而税制结构外的其他因素也是影响外资进入中国的重要因素。从长期来看,税制改革不仅不会减弱对外资企业的综合吸引力,相反还有利于提高引进外资的质量和利用外资的水平。

朱彦和易勇 (2008) 在分析两税合并的大背景下,对深圳市企业所得税改革的历史沿革和适应新税法的调整进行分析,得出在法定税率下降的情况下不会影响深港经济一体化的大局,且税收优惠政策的调整有利于深圳市产业结构的优化和单位产值的提高,并经过测算得出,新税法的贯彻实施将提高深圳企业所得税收入的规模及其占财政收入的比重,并能够产生产业优化效应。

李成 (2008) 通过资本使用者成本的固定效应模型并使用我国 29 省外资企业 1998~2005 年的数据,估算了两税合并过渡时期外资企业投资的可能变化。结果表明,资本使用者成本与投资呈显著的负相关关系;税收对于东部沿海地区外资企业投资的影响程度低于全国的水平,更远远低于西部地区的水平;尽管税收弹性有一定的作用力度,但是由于过渡性税率较为温和(平均为两个百分点),因此不会导致东部相关地区外资企业投资的大幅度下降。对于西部地区来说,则应当保留相关优惠政策。

赵海益(2008)从企业所得税对资本积累和企业发展的经济学分析入手,结合新企业所得税名义法定税率的降低、成本抵扣的规范化和合理化的背景,得出我国企业将扩大对两种资本(物质资本和人力资本)的需求以及企业资本结构将发生变化的结论,并认为新税法降低企业名义所得税率,降低了企业税收负担,给企业留下了更多的可用于再投资的资金,同时也提高了企业再投资的利润回报率,可能会导致我国企业产生新一轮的投资热,同时带动人力资本的投资,促进企业员工的培训支出,促进我国人力资源的发展。

针对 2008 年所得税改革带来的公司实际税负的变化,王素荣和史文博(2010)研究发现,实施新企业所得税法后,虽然制造业总体税负 2008 年比 2007 年降低了 1.46 个百分点,但上市公司总体税负却升高了 0.56 个百分点。李增福(2010)的研究则发现,上市公司总体所得税负下降了 2.21 个百分点,而且进一步的证据还发现税收负担地区间差异在新企业所得税法实施前显著、实施后不显著,行业间差异在新企业所得税法实施前后都比较显著。阮永平等(2010)的研究也认为,新企业所得税法实施后我国上市公司的所得税平均实际税负水平有一定的下降。

路军(2012)研究了所得税的外生性变化对不同产权性质企业实际税收负担的影响,结果表明新企业所得税法实施后,法定税率下降的国有企业和民营企业的实际税负都有所下降,而且两类企业实际税负下降幅度无差异;新企业所得税法对企业实际税负的调节效应在 2008 年释放完毕,2009 年公司实际税负没有发生持续性变化;进一步的证据表明,新税法实施后国有企业和民营企业实际税负无显著差异。

在所得税对公司资本结构的影响方面:彭培鑫和朱学义(2011)以 2008 年我国的两税合并为背景,以 2004~2009 年经过筛选的上市公司为样本,在理论分析的基础上,实证检验了税率变动对上市公司资本结构的影响,进而验证修正的 MM 理论是否适用中国资本市场。研究结果表明,所得税税率的下降会导致上市公司降低其财务杠杆,并且主要是通过增加其所有者权益的方式进行调整。同样,Tan(2013)也采用几乎同样的方法考察了中国两税合并后的税率和税负效应,发现在 2009~2010 年中国的企业所得税实际税率有了大幅的下降,同时实证分析也表明实际税率是企业资本结构的重要考虑因素,有效税率的变化对企业的杠杆率有正向作用,而且在其所考察的样本范围内,非债务税盾并不是资本结构的决定因素,并且债务和非债务税盾之间不存在明显的替代效应。

五、研究方法

（一）实证分析方法和规范分析方法相结合

实证分析简言之就是分析经济问题"是什么"的研究方法，侧重研究经济体系如何运行，分析经济活动的过程、后果及向什么方向发展，而不考虑运行的结果是否可取。实证分析法在一定的假定及考虑有关经济变量之间因果关系的前提下，描述、解释或说明已观察到的事实，对有关现象将会出现的情况做出预测。客观事实是检验由实证分析法得出的结论的标准。实证研究作为一种经济研究方法，其基本特征是："从经济现象的分析、归纳中，概括出一些基本的理论前提假设作为逻辑分析的起点，然后在这些基于现实得出的假设基础上进行逻辑演绎，推导出一系列结论，并逐步放松一些假设，使理论结论更加接近具体事实。"

规范分析是指以一定的价值判断为基础，提出某些分析处理经济问题的标准，树立经济理论的前提，作为制定经济政策的依据，并研究如何才能符合这些标准，是对经济行为或政策手段的后果加以优劣好坏评判的研究方法。它要回答的是"应该是什么"的问题。

实证分析和规范分析是经济学中最常用的两种分析方法。现代西方经济学认为，实证分析和规范分析是相对的而非绝对的，在具体的经济分析中都不可能离开人的行为。在实证分析法中，关于人的行为的社会认识是其分析的基础，完全的客观主义是不存在的。从经济理论发展的历史来看，"除少数经济学家主张经济学像自然科学一样的纯实证分析以外，基本一致认为经济学既是实证的科学，又是规范的科学，因为提出什么问题来进行研究，采用什么方法来研究，突出强调哪些因素，实际上涉及个人的价值判断问题"。同样，本书在写作过程中也认为一个完整的研究体系应是这两者的结合，且这两者之间的关系是相互依存、不可分割的。这是因为实证分析一般以规范分析为前提并包含一定的规范因素，而规范评价则以实证分析所揭示的经济关系和所描述的经济过程为对象和研究基础。

本书在研究企业所得税的实际税负和税负差异以及实际税负的宏微观效应分析中主要采用实证分析方法，而在研究导致税负差异存在的原因、税收负担所带来的影响以及政策建议部分主要采用规范分析的方法。

（二）定性分析方法和定量分析方法相结合

定量分析方法在经济学分析中又称为数量分析方法，或者特指采用数理经济学或者计量经济学的方法来分析经济现象，具体来讲是指通过建立数学模型，利用历史数据和翔实的资料进行分析或回归，从而推导出并验证社会经济现象中各种数量之间的依存关系的研究方法。定性分析又被称为非数量分析，是指在研究社会经济现象时，凭借以往的经验，依照思维进程从而推断出社会经济现象发展的规律。定量分析能够较为直观地展示出经济现象中各影响因素之间的数学关系，但由于数学模型对现实的要求过于简化，因此其分析结果虽直观但脱离现实较多。而定性分析更多地站在特定的社会环境和经济环境中对研究对象进行分析，具有更强的现实性，但又缺乏直观性。如果在分析过程中将定性分析与定量分析相结合就能取长补短，事半功倍，分析结果也更为直观和可靠。

本书就同时采用定性分析与定量分析相结合的方法：运用定性分析方法对企业所得税宏观税负对投资、FDI 的影响以及微观税负对微观经济主体的各种决策的影响进行分析；运用定量分析方法，利用翔实的数据对我国企业所得税税负的水平、地区差异、行业差异等进行定量分析和检验。在定量分析当中，我们不仅使用较为直观的描述性统计图和统计表，还使用较为常用的参数和非参数检验方法来确保结论的准确性和科学性。

（三）历史的分析方法和逻辑的分析方法相结合

历史的分析法是具体分析方法的一种，即运用发展、变化的观点分析客观事物和社会现象的方法。客观事物是发展、变化的，分析事物要把它发展的不同阶段加以联系和比较，才能弄清其实质，揭示其发展趋势。有些矛盾或问题的出现，总是有它的历史根源，在分析和解决某些问题的时候，只有追根溯源，弄清它的来龙去脉，才能提出符合实际的解决办法，也就是在研究社会经济领域的任何问题时，首先研究事物的发展历史并对其来龙去脉进行探讨的具体研究方法。

逻辑的分析方法是以理论形态和逻辑推理的方法概括地反映历史过程的研究方法，也就是在研究社会经济领域的任何问题时，力图摆脱社会历史过程中的偶然现象和历史现象的细节问题的干扰，通过理论概括和逻辑推理取得对客观世界的规律性认识。

历史的研究方法和逻辑的研究方法是前后相连的一整套方法，不能把二者割裂开来，而应做到在历史研究的基础上达到逻辑研究和历史研究的统一。本书会在阐述我国企业所得税法定税负变化的过程中采用历史的分析方法来对整个改革历程进行回顾，同时也会运用逻辑分析的方法来对其进行评价。

（四）比较分析方法

比较分析方法，是将事物看成一个独立个体并将其与类似或者有相同特征的其他个体进行对比研究而不是将其作为一个与其他同类事物毫无关系、彼此割裂的个体来进行研究的方法。通过对同类事物的比较，可以更深刻地认识事物的本质和特征。本书将运用比较的分析方法对我国企业所得税税收负担的行业间、区域间等方面进行比较，还将把中国的企业所得税实际税负与其他国家的企业所得税实际税负进行比较分析，从而得出有益的结论。

六、研究思路和结构

本书共分为六章，其中第一章为导论，主要阐述本书的研究背景、研究范围、选题意义、国内外文献回顾以及本书结构、研究方法等。

第二章是理论部分，首先对企业所得税的相关概念进行阐述，之后将税收负担和企业所得税税收负担概念和影响因素作为理论分析重点进行介绍。在对企业所得税的水平测度中，衡量实际税负的平均有效税率是本书所使用的主要计算方法，因而对其进行了较为详尽的说明，同时还对边际有效税率做了简要介绍。企业所得税税负效应也是研究重点之一，因此企业所得税税收负担对宏观经济的投资、FDI的流入以及对企业融资决策和投资决策等方面影响的理论分析在本章的后半部分予以说明。

第三章和第四章是本书的核心内容。第三章首先结合我国企业所得税制度改革历程讨论了企业所得税税负变化的制度背景。其次对我国企业所得税税收规模，占国内生产总值、税收收入以及财政收入的比重进行简要分析，使我们对我国企业所得税在我国宏观经济和税收体制中的地位有一个较为清晰的概念。在此基础上，本章使用企业所得税税收收入占以收入法核算的国内生产总值中的营业盈余作为国家和地区的所得税宏观税负对全国层面和地区层面的企业所得税宏观税负进行测算。采用营业盈余是因为它在国民经济核算中与宏观意义上的企业利润总额最为接近，并且使用这种方法计算出的企业所得税宏观税负在我国的税制体系下还代表国家或者地方对当地企业所得税的汲取能力。此外，由于我国的经济发展主要采取的是区域发展战略，而各区域之间的税收优惠政策又各有不同，因此东、中、西三大区域的所得税税负分析也是宏观税负分析的另一重要内容。可以看出，我们对企业所得税的宏观税负分析更多地表现为全国和各地方政府对本地企业收入汲取能力的分析。分析结果表明，我国企业所得税宏观税负与经济发展水平关系并不紧密，而与地区产业结构、企业规模分布以及税收政策有很大关系。

与企业所得税宏观税负不同，企业所得税微观税负是从企业角度衡量的企业的负税程度，是实实在在构成企业负担的因素之一。本章的后半部分从企业所得税税基的计算方法与所得税会计核算入手，使用较为普遍的以当期所得税与企业利润总额的比值作为企业所得税微观税负指标的计算方法，利用上市公司公开财务报表，分别对全国层面的企业所得税微观税负、区域间企业所得税的微观税负以及上市公司行业间企业所得税的微观税负进行计算并进行比较分析。分析结果表明，我国上市公司企业所得税微观税负近些年来呈逐渐下降趋势，并且在2008年两税合并当年税负水平下降较为显著，随着时间的推移，两税合并的政策效应凸显。在企业所得税微观税负的区域分析中我们发现，至少从上市公司层面来说，具有差异性的区域所得税税收优惠政策效应已逐渐减弱，两税合并后取消区域优惠政策更使得经济特区等原先享受税收优惠的地区不再具有税收特权和税收方面的吸引力。对企业所得税微观税负进行行业分析后得出，上市公司层面上的所得税税负的行业差距在不断扩大，这些差异基本反映了国家税收政策的行业取向，在以行业优惠代替区域优惠的新税法的实施过程中，这种行业效应也越发明显。

第四章是本书的另一核心章节，在本章中我们利用第三章中对企业所得税宏观税负和微观税负的计算结果对企业所得税对投资、FDI的宏观效应以及对企业资本结构的微观效应进行了实证分析，得出企业所得税实际税负与固定资产投资规模和FDI的实际利用金额之间存在负相关关系，同时也对经济发展水平以及汇率对FDI的影响进行了讨论；上市公司企业所得税实际税负与企业的债务资本比率呈正相关关系，即企业利用债务性税盾的动力还是比较强的，同时也分析了公司的成长性、盈利能力以及非债务性税盾与企业负债比率之间的关系，得出公司的成长性与公司的债务资本比率呈正相关关系，而盈利能力以及非债务性税盾与债务资本比率呈负相关关系。

第五章是国际比较部分。在本章中，我们主要考察了经合组织各成员国近年来的公司税改革情况。从公司税在各成员国中的地位以及占国内生产总值和税收收入的比重入手，大致对经济合作与发展组织（OECD）国家的公司税情况做一了解，在此基础上对各成员国在公司税改革过程中的法定税负和实际税负的变化情况进行考察和分析，并对背后的公司税改革进行具体介绍，最后对经合组织各成员国的公司税改革趋势和路径选择进行分析。

第六章在第三章、第四章实证分析结论的基础上，根据我国企业所得税法九年来的具体实践对完善我国企业所得税制度提出了以下几点建议：一要建立公平的企业所得税收入归属机制来解决企业所得税宏观税负分布不均的状况，这就要求对现有的跨地区经营、汇总纳税的所得税征收处理以及所得税分享体制进行改革，并配合财政转移支付进行地区间的财力调节分配；二要完善现有的企业所得税的优惠政策、使所得税税负差异成为国家推行产业政策、引导企业投资的重要手段，这就要求在税收优惠方向上要以产业税收优惠为主、区域税收优惠为辅，在优惠方式上多采用间接税收优惠。

本书的结构如图 1-1 所示。

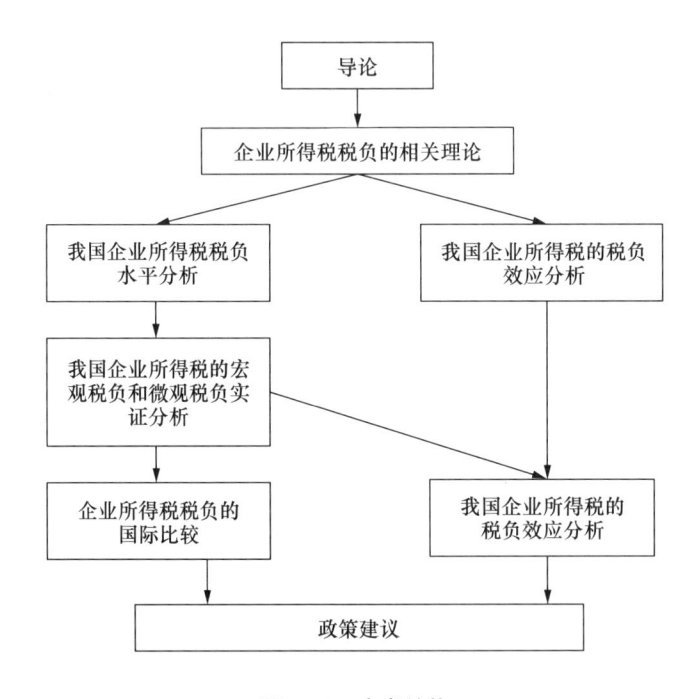

图 1-1　本书结构

七、本书的创新和不足

（一）创新之处

本书的创新之处包括以下几个方面：

（1）较为系统地研究了企业所得税税负的理论，并对企业所得税法定税率和实际税率对微观经济主体的影响进行全面的分析。

（2）综合各种分析方法，运用描述性分析对我国的企业所得税的宏观税负和微观实际税率水平进行综合测算；运用计量经济模型对我国企业所得税税负的宏观效应和微观效应进行检验，并得出有益的结论。

（3）介绍和比较了主要发达国家，尤其是OECD国家企业所得税在税收负担状况和公司税改革方面的实践经验。

（4）结合我国企业所得税改革历程，根据实证分析，以企业所得税税负为背景为我国企业所得税改革的方向提出具有理论和实践基础的政策建议。

（二）研究的不足

本书的不足之处包括以下几个方面：

（1）由于数据的可获得性和时效性，在企业所得税的宏观税负方面计算的时间段还比较短，因此对税负变化的趋势把握并不是很准确。

（2）由于上市公司的特殊性（税收优惠较多）并不能代表整个企业所得税纳税人的实际税负情况，因此其结果只对上市公司有效，而对企业所得税税负的一般分析会出现偏差。

（3）在企业所得税微观税负分析中，只分别分析了地区间和行业间的税负差异，而没有对这两者之间的交互因素进行分析，这是由于上市公司数据在进行行业和地区的分类之后样本数量已大大减少，分析结果准确性会大大降低所致，但由于我国的区域税收差别政策通常也体现为产业优惠政策，因此对这一方面实证的缺失也是研究的一个不足。

（4）由于新税法对以前享有所得税优惠的企业大多实行了税率优惠过渡期，因此在企业所得税微观税负分析中会存在偏倚，对新税法的政策效应的持续性方面还有待考察。并且，我们在微观税负分析中并没有区分内资企业和外资企业，因此，两税合并对内资企业和外资企业的政策效应并没有在本书中体现，这也不能不说是本书的一个遗憾。

第二章　企业所得税税收负担的理论框架

本章我们主要介绍企业所得税、所得税税收负担的相关概念和几种对所得税税负的计算方法，然后对这些方法进行讨论并结合我国数据的可获得性来明确我们在研究过程中所使用的所得税有效税率的计算方法。在明确概念和方法的基础上，本章还对企业所得税税负的宏观效应和微观经济效应的基本理论进行简要介绍，主要包含古典投资模型、FDI 相关理论、公司财务理论模型——含公司税的 MM 定理、新古典投资模型以及 Q 模型中关于企业所得税对企业投资行为的影响的相关理论。

一、企业所得税及税收负担的相关理论和概念

（一）企业所得税及课税理论

1. 企业所得税

企业所得税，顾名思义，是将企业作为纳税人而对其所得进行征收的一项税种，是所得税制的一个重要组成部分，与个人所得税相比，企业所得税建立的时间较晚，至今只有200余年的历史。企业所得税的发展是与公司制度的完善、演变紧密相连的。企业所得税在初期大多是为了筹集战款而临时开征的税种，如日本在1894年甲午战争时期，为了筹措不断膨胀的经费而开征了企业所得税；美国于1909年颁布了一项法案，规定对所有超过5000美元的公司所得课税1%。企业所得税成为一个固定的、独立的税种则要追溯到19世纪中期，至20世纪80年代后期，企业所得税制度在世界范围内基本普及，制度也日趋完善。

但对于为什么要征收企业所得税，学者之间却存在着不同的看法。一些学者认为最终负担税收的为个人，因此对企业所得征税最终会落到个人身上，从经济

角度来看意义不大。但大多数学者还是支持单独开征企业所得税,理由有以下几点:

第一,公司是独立的主体,是独立的法人实体,特别是在现代企业制度和现代知识经济条件下,公司制企业的所有权与经营权相分离,作为一个独立的法人实体,企业必须具备独立的纳税能力,在法律上必须与自然人一样,独立履行纳税义务(蒋经法,2004)。

第二,公司在社会中获得了许多特权,其中最重要的就是股东只需负有有限责任,因此公司需要为此利益付出代价。企业的一切权力与利益均是国家主权赋予的,国家对企业实现的纯收入进行征税是对企业享受国家赋予其特权或利益所付出的代价。

第三,企业所得税维护了个人所得税的一体性,假定没有企业所得税,个人在特定年份中从公司获得一份所得,就有可能将这笔所得放在公司里,借此逃避个人所得税。

第四,企业所得税有助于保障财政收入。通常来说,企业的所得会随着经济的发展而不断增加,特别是随着科学技术的迅猛发展,人力资本和技术投入带来的劳动生产率迅速提升,企业创造剩余价值的能力也不断增强,为财政收入的稳定增长提供了课税基础,对企业所得征税符合课税的财政收入原则。并且相对于个人所得税,企业作为课税主体,有健全的会计核算制度,所得的确认和计算都比较清晰,便于征管,可以很好地避免税收流失(蒋经法,2004)。

第五,企业所得税对市场经济中的投资需求与供给具有自动稳定的功效。一般来说,个人所得税对消费需求与供给具有更大的调节功效,而企业所得税对企业的投资需求和企业的供给影响更大。政府可以通过制定不同的分配政策来达到不同的政策目标,如通过减免企业所得税使股东的税后利润增加,投资回报上升,促使个人将更多的资金用于投资而减少消费水平。在企业所得税政策中可以实现总供给与总需求的平衡,使其成为政府财政政策的重要调节工具。当然,也有学者存在反对意见,比如虽然现代企业的所有权和控制权相分离,但并不意味着其为一个独立的实体等。但企业所得税的存在已有一个世纪,在增加政府财政收入、体现税收的公平原则以及调节经济等方面起到了一定的作用。

企业所得税的征税主体是各种类型的企业,征税对象则是企业的纯所得,对纯所得的定义不同以及法定税率和优惠政策的差异造成了现今世界上已有的各种类型的所得税制度。

早期的企业所得税在国外也被称为公司利润税,也就是各工业化国家对公司的各种盈利征收的一种利润税。公司可以将支付其债务的利息从计税依据中扣除,而由于持有公司股本取得的股息,在家庭的层次上征收个人所得税;公司股本的资本收益以实现数额为依据，按优惠税率征税。① 我们通常所说的公司税也就是公司利润税，它与个人所得税是当今世界上最为普遍和流行的两种所得税。与个人所得税不同，企业所得税由于是针对企业这个虚拟的个体进行征税，而征税后的利润如果作为股息分配进入个人收入，又有可能再次课征个人所得税，从而导致对同种收入的双重征税，因此，是否应对企业征收所得税以及如何避免双重征税的问题一直是理论界关注和讨论的对象。

赞成征收企业所得税的理论基础为"法人实在论"，其观点被称为"独立公司税派"，他们认为法人是一个单独的权利义务主体，拥有财产权和生产经营活动的自主权，所以应当对企业所得与股东所分配的盈余分别独立征税。如果只对分配利润在个人层面上征收个人所得税，那么企业就会为了逃避税收而将利润留在企业内部不进行分配。其主要的理论依据：一是税收收益原则，即政府为企业开办、运营提供了资金、设施等，以及解决了企业造成的环境污染等外部效应，并且企业中的雇员是国家公共支出中教育和培训的受益者。② 因此，企业作为受益人应当承担一定的社会成本。二是税收公平原则，具有累进性的企业所得税体现了纳税能力大的多纳税、纳税能力弱的少纳税的税收公平原则，并且企业所得税的存在避免了非居民国公司对利润来源国的收入进行避税的行为，同时避免了个人的征税收入为避税而在企业层面上的频繁转移。③ 三是所得税制的完整性，即企业所得税是个人所得税的有益补充。若企业的所得不予分配，如果不征企业所得税，那么此项所得若作为个人所得就会获得递延纳税的好处。四是政府财政收入保障，企业所得税自开征以来，一直是世界各国政府的重要收入来源，尽管近年来的税收改革使其地位有所下降，但企业所得税的地位是不可取代的。五是政府政策调节的工具，企业所得税对企业的投资需求和供给具有"自动稳定器"的功能，是政府财政政策重要的调节工具。并且，企业的确定以及健全的会计制度为企业所得税的征收也创造了有利的条件，便于税收征管。

反对征收企业所得税的理论依据与"法人实在论"相反，称为"法人虚拟论"，认为公司只是一种投资的组织形式，是取得投资报酬的一种渠道。公司所得税与个人所得税并行征收，是对同一税源的经营所得的双重征税。对企业所得税的征收违背公平原则。原因有如下几个方面：一是将所有企业利润包括在个人所得税税基中是企业所得税的唯一途径，而这也造成了双重征税，会带来税收的

---

① [英]伊特韦尔等. 新帕尔格雷夫经济学大辞典第四卷 Q - Z [M]. 北京：经济科学出版社，1996：649.
② Mintz Jack. The Corporation Tax: A Survey [J]. Fiscal Studies, 1995, 16 (4): 23 - 68.
③ Zodrow George R, Capital Mobility and Source - based Taxation of Capital Income in Small Open Economies [J]. International Tax and Public Finance, 2006 (13): 269 - 294.

不公平，从而导致公司的税负与合伙企业、独资企业的税负失衡，构成对公司这种经营方式的税收歧视。二是对"法人实在论"中的税收受益原则进行反驳，认为所谓政府为企业提供的各项服务与设施等并不是特定为企业服务，即使不是这样，提供这项服务的多为地方政府，而由中央政府来征收企业所得税也不符合受益原则。三是企业所得税对经济尤其是企业行为造成了扭曲，不仅影响企业的融资决策，也影响其投资决策。因为大部分国家的税法规定债务融资的利息支出可以扣除，而增发股票进行融资的成本不可扣除，对企业的分配利润征税，保留利润不征税。这样会鼓励企业进行债务融资而不是股权融资，并且鼓励企业不分红。

尽管对企业所得税的征收与否有着截然相反的意见和结论，但是企业所得税的存在已是毋庸置疑，但各国也根据其自身的实际情况制定了各项税收条款来解决经济型双重征税等所得税制度中所存在的各类问题。[①] 本书中所使用的企业所得税概念与国外的公司税（Corporation Tax）概念在意义上是基本一致的。

2. 企业所得税的课税理论

在理论上，基于企业所得税与个人所得税的关系，也就是两税同时开征所产生的重复征税问题，企业所得税课税理论分为以实质法人说为理论基础的独立课税论和以拟制法人说为理论基础的合并课税论两大流派。

独立课税论认为，法人是独立的权利义务主题，可以拥有财产，开展经营活动，应具有独立的纳税能力。所得课税是以"人"作为课税对象，以所得税为课税主体，而"人"又分为自然人和法人，因此，企业作为法人有盈余应该课征企业所得税，其税后盈余以股利名义分配给股东时，股东还需要缴纳个人所得税。

与此相对应的合并课税论认为法人是法律虚拟物，实质上是股东的集合体。企业与股东自然人之间存在着经济利益上的密切关系，对企业实现的利润征税，税后利润分配给股东个人，实际上是股东收入在企业层次上的预扣，因而股东取得的利润无须再缴纳个人所得税，否则会导致对同一经济利润的重复征税，并导致企业融资决策的扭曲。因此，合并课税论认为，企业所得税应当与个人所得税合二为一。

合并课税论根据合并程度和合并环节的不同，又分为两种合并课税的方法：一是完全合并制，即取消企业所得税，将股东视为企业的合伙人，企业的盈余全部按照股权比例支付给股东，股东将分得的全部股息连同自己的其他所得收入一起缴纳个人所得税。二是部分合并制，即对股东分得的股息采取某种特定的方法

[①] 靳东升，李本贵. 企业所得税理论与实践 [M]. 北京：经济科学出版社，2006：32-35.

进行合并，如完全归集抵免制（Full Imputation）和部分归集抵免制（Partial Imputation），即对公司派发的股利和保留利润所征收的公司税在个人层面完全扣除和部分扣除的公司税制。

在完全归集抵免制下，公司税仅仅是提前支付对个人资本所征收的所得税而已，并且完全归集抵免制避免了对同一经济利润的双重征税。在封闭经济中，完全归集抵免制在所有融资方式中保持税收中性，因为它对不同形式的公司所有收入都以相同的税率征收。在开放经济中，如果非居民企业既没有获得东道国的税收抵免也没有获得母国的税收抵免，那么东道国采用完全归集抵免制就会增加公司的资金成本。部分归集抵免制是只将公司税的一部分看作是股东个人所得税的预先扣除。在计算股东个人所得税时，必须先估算出这部分预扣的税款并加入其应纳所得额中，算出个人总的应纳税额后再抵扣这部分税额，这种制度只能部分消除对股息的双重征税。

此外还有双率制（Split Rate System），即对留存利润使用较低的税率而分配利润使用较高的税率分别征收公司税的制度。这种制度鼓励利润分配，但在现实中，企业所得税征税在前，利润分配在后，在税率差别较大的情况下，很难区分分配利润或留存利润，管理难度较大。另外，还有部分归属制（Partial Inclusion），即个人所收到的公司分配的股息的一部分要计入个人所得税应纳税所得额中的税制。在这种情况下，股息作为收入不能全额免税或抵税，而只能免除一部分，因此这种税制也不能完全避免对公司经济利润的双重征税。

3. 企业所得税包含的要素

(1) 纳税主体

一般认为，企业所得税也就是公司税中的纳税主体为公司。在纳税资格主体认定上，各国的公司税主要按照公司组织性质加以区分，因此国外主要称之为公司税。各国规定居民公司负有无限纳税义务，要就其来源于全世界范围的所得缴纳企业所得税（公司所得税）；非居民公司负有有限纳税义务，就其来源于本国境内的所得缴纳企业所得税（公司所得税）。

对居民公司的划分标准，大体有三种：第一种是登记注册标准，即依据公司的登记注册地点而定，若公司依据本国法律，在本国登记注册，就是本国的居民公司，不论其股权属于本国人还是外国人，也不论其公司是否设在国内，均属于本国的居民公司。相反，依据外国法律组建，并向外国有关政府机构登记注册者，即便股权属于本国人，或公司也设在本国境内，均属于外国的居民公司。第二种是总机构标准，即依据公司的总机构设立地点而定，若公司的总机构设在本国境内，就是本国的居民公司，而不论其依据哪国法律、向哪国政府登记注册。第三种是管理中心标准，即依据公司实际控制或实际管理中心的所在地而定。若公司或企业的实际控制或实际管理中心所在地在本国境内，就是本国的居民公司。凡不在上述标准之内的公司，均属于非居民公司。在具体实践中，英国采用实际管理机构或管理控制中心为判定标准，荷兰同时采用注册地与经营管理地两种标准。

从各国实践来看，并不是每类公司都必须缴纳企业所得税。大多数发达国家，企业所得税的纳税人主要是具有法人地位的股份有限公司。有的国家的企业所得税纳税人还包括合伙公司以及其他各种经济实体。例如日本、比利时等国，这些国家中的公益法人或非法人资格的社团等组织，仅限于经营营利收入缴纳企业所得税。日本的公司税纳税人就为法人，公司所得税纳税人分为国内法人和国外法人两大类。日本国内有总部或主要事务所的法人称为国内法人，除此之外的法人为国外法人。作为法人纳税人的国内法人又分为普通法人、无法人资格的社团、合作组织和公益法人四类。普通法人主要是公司，包括股份公司、有限公司、合资公司、合伙公司等。在普通法人中还有企业联合体、共济公司和医疗法人。对于普通法人以外的国内法人、合作组织与普通法人一样，就其全部所得缴纳法人税，税率较低，而公益法人和无法人资格的社团等，则只对其从事营利性活动的所得征税。在美国，公司是按照各州的法律规定组建的。公司所得税的纳税义务人主要是股份有限公司。为了避免重复征税，其他形式的纳税主体，如合伙企业、个体企业等不缴纳公司所得税，税法还有其他专门的课税规定。其中，一部分公司缴纳公司所得税（企业所得税），另一部分公司缴纳个人所得税。

我国的《公司法》中所指的公司为有限责任公司和股份有限公司，公司是企业法人，有独立的法人财产，享有法人财产权。公司以其全部财产对公司的债务承担责任。有限责任公司的股东以其认缴的出资额为限对公司承担责任；股份有限公司的股东以其认购的股份为限对公司承担责任。我国的《企业所得税法》规定，我国企业所得税的纳税人是指在中华人民共和国境内的企业和其他取得收入的组织。这里的企业包含两类，分别是居民企业和非居民企业。居民企业是指依法在中国境内成立，或依照外国（地区）法律成立但实际管理机构在中国境内的企业；非居民企业是指依照外国（地区）法律成立且实际管理机构不在中国境内，但在中国境内设立机构、场所的，或者在中国境内未设立机构、场所，但有来源于中国境内所得的企业。个人独资企业以及合伙企业不适用《企业所得税法》，其所得所应缴纳的税收按照《个人所得税法》，财政部、国家税务总局关于印发《关于个人独资企业和合伙企业投资者征收个人所得税的规定》的通知（财税〔2000〕91号）以及财政部、国家税务总局《关于调整个体工商户、个人独资企业和合伙企业个人所得税税前扣除标准有关问题的通知》（财税〔2008〕65号）的规定，缴纳个人所得税。可以看出，我国是以登记注册地或管理控制地为判定标准确定企业所得税纳税主体的。

（2）纳税对象

从之前对企业所得税的概念讨论中可以知道，企业所得税的征税对象一般是指公司的纯收益。按我国的《企业所得税法》的规定，居民企业和非居民企业的应纳税所得的情况有以下几种：居民企业由于其负有无限纳税义务，因此应当就其来源于中国境内、境外的所得缴纳企业所得税。非居民企业由于负有有限纳税义务，因此在中国境内设立机构、场所的，应当就其所设机构、场所取得的来源于中国境内的所得，以及发生在中国境外但与其所设机构、场所有实际联系的所得，缴纳企业所得税。非居民企业在中国境内未设立机构、场所的，或者虽设立机构、场所但取得的所得与其所设机构、场所没有实际联系的，应当就其来源于中国境内的所得缴纳企业所得税。

企业所得税的应纳税所得额为企业每一纳税年度的收入总额，减除不征税收入、免税收入、各项扣除以及允许弥补的以前年度亏损后的余额。一般来说就是企业的收入总额减去公司为了获取收入所付出的成本、费用和损失以及允许弥补的以前年度亏损等所有准许扣除后的余额。其中，成本和费用是企业生产经营过程中与其直接相关的或与获取生产、经营收入而直接支出或耗费的各项费用。损失是指企业在生产经营过程中发生的在营业外支出中列支的损失及其他项目损失、投资损失等。亏损则是指经营亏损，是指企业在生产经营活动中所获取的收入不足以弥补成本和费用的支出而导致的收入与支出的差额。

企业所得税的应纳税所得从类型来看可分为以下几种：一是生产经营所得。这是企业所得税主要征收的部分，也是公司收入的主要构成部分。二是投资所得。其包含股息、利息、红利等，属于企业的非经营行为收入。对此类收入的征税方法，例如对股息和红利采取归集抵免制来避免重复征税，以及对公司购买政府债券所获利息收入免征所得税来鼓励企业购买政府债券，都是国家对此类收入在所得税方面的特殊对待。三是资本利得收入。资本利得是指企业转让或销售实物资产或金融资产获得的已实现利润。对资本利得征税的方法不同也会对公司的投资行为产生较大的影响，我们会在本书的后几章加以说明。四是租赁收入、特许权使用费以及其他所得。这些所得会在不同国家的不同税收政策上有所体现，基本都适用于一般的企业所得税规定。五是境外所得。这与东道国与母国的税收原则有关，也就是说采用属人原则的国家会将纳税人在境内外的所有所得都列入征税范围，而采用属地原则的国家则只将纳税人在本国取得的所得纳入征税范围，而无论纳税人属于哪个国家。

我国《企业所得税法》规定，居民企业取得来源于中国境外的应税所得，非居民企业取得在中国境内设立机构、场所，取得发生在中国境外但与该机构、场所有实际联系的应税所得,这两者已在境外缴纳的所得税税额,可以从企业当期应纳税额中抵免,抵免限额为该项所得依照该法规定计算的应纳税额,超过抵免限额的部分,可以在以后五个年度内,用每年度抵免限额抵免当年应抵税额后的余额进行抵补;居民企业从其直接或者间接控制的外国企业分得的来源于中国境外的股息、红利等权益性投资收益,外国企业在境外实际缴纳的所得税税额中属于该项所得负担的部分,可以作为该居民企业的可抵免境外所得税税额,在抵免限额内进行抵免。从以上规定可以看出,我国采用的是普遍的以地域管辖权优先的原则。对在中国境内的非居民企业和居民企业在境外已缴纳的所得税进行抵免。

(3) 税率

企业所得税的税率是税收负担的主要表现。企业所得税的税率根据分类方法不同一般分为以下两种:一般税率和特殊税率;法定税率和实际税率。

一般税率按照税率计算方式的不同可以分为比例税率和累进税率。相对于累进税率而言,比例税率在各国的企业所得税实践中适用得较多。特殊税率是指一些国家和地区出于其他目的而征收的归属于企业所得税的税率。特殊税率有以下几种:一是附加税税率。一般采用比例税率,征收对象有的与普通所得税征收对象相同而进行附加征收,也有的对特定所得进行征收。二是地方所得税税率。有些国家不仅在中央(联邦)级别征收企业所得税,地方政府还会附加征收部分所得税,作为地方财政收入的来源之一。而由此规定的税率成为地方所得税税率。我国原税法规定企业所得税税率为30%,地方所得税税率为3%。三是预提税税率。预提税通常是对企业支付给企业或个人的利息、股息、特权适用费等资金和服务征收的一种税,其税率就称为预提税税率,一般低于企业所得税的税率。四是资本利得税税率。前面在讨论征税对象时提到,资本利得与企业的普通所得的性质不同,因此有很多国家和地区对资本利得与普通所得不同税率的资本利得税。我国企业所得税采用的是比例税率,为25%,同时,非居民企业在中国境内未设立机构、场所的,或者虽设立机构、场所但取得的所得与其所设机构、场所没有实际联系的,其来源于中国境内的所得按20%的税率缴纳所得税;符合条件的微利企业按20%缴纳企业所得税;从事国家鼓励发展的高新技术企业可以按15%的优惠税率缴纳企业所得税。

法定税率也称为名义税率,与实际税率相对,也就是税收法律所规定的税率,从定义上来说,也就是应纳税额与应纳税所得额之间的比值。实际税率,也就是在一定时间内,纳税人实际缴纳的税款与其实际应纳税所得额之间的比值,由于存在减税、免税以及其他规定,一般来说与法定税率不同,并且在大多数情况下都低于法定税率。

(4) 准予扣除项目和税收优惠

1) 准予扣除的项目分为以下七类：

一是开办费的扣除。目前，对于开办费的扣除，各国的方式不尽一致，有的国家规定开办费可以在其发生的会计年度予以扣除（如荷兰）。有的国家税法允许当期扣除，也可以在数年内分期摊销。法国就采用允许公司从当年盈利中扣除或在不超过五年的期限内分期平均摊销，公司可以自己选择；希腊和比利时的税法也规定可以当期扣除，也可以在不超过几年的时间内分期摊销等。还有的国家税法规定开办费必须在数年内分期摊销。如意大利税法规定可以在五年内任何时候扣除，但每年的扣除额不得超过开办费的20%；西班牙规定开办费必须在五年内摊销。还有的国家规定开办费既不允许扣除也不能分期摊销（如英国、爱尔兰等）。很显然，如果允许企业的开办费可以一次性扣除的话企业的税负会比分期扣除和不能扣除的要轻，但一次性扣除对税收收入影响更大，综合优劣，企业的开办费用允许分期扣除较为合理。

我们国家为支持中小型高新技术企业的发展，在《企业所得税》对高新技术行业支持的基础上，还针对有限合伙制创业投资企业进行了投资抵扣规定：有限合伙制创业投资企业采取股权投资方式投资于未上市的中小高新技术企业满两年（24个月，下同）的，其法人合伙人可按照对未上市中小高新技术企业投资额的70%抵扣该法人合伙人从该有限合伙制创业投资企业分得的应纳税所得额，当年不足抵扣的，可以在以后纳税年度结转抵扣。这里所称满两年是指2015年10月1日起，有限合伙制创业投资企业投资于未上市中小高新技术企业的实缴投资满两年，同时，法人合伙人对该有限合伙制创业投资企业的实缴出资也应满两年。如果法人合伙人投资于多个符合条件的有限合伙制创业投资企业，可合并计算其可抵扣的投资额和应分得的应纳税所得额。当年不足抵扣的，可结转以后纳税年度继续抵扣；当年抵扣后有结余的，应按照企业所得税法的规定计算缴纳企业所得税。其中，有限合伙制创业投资企业的法人合伙人对未上市中小高新技术企业的投资额，按照有限合伙制创业投资企业对中小高新技术企业的投资额和合伙协议约定的法人合伙人占有限合伙制创业投资企业的出资比例计算确定。其中，有限合伙制创业投资企业对中小高新技术企业的投资额按实缴投资额计算；法人合伙人占有限合伙制创业投资企业的出资比例按法人合伙人对有限合伙制创业投资企业的实缴出资额占该有限合伙制创业投资企业的全部实缴出资额的比例计算。①

二是存货扣除的计价方法。不同的存货计价方法会影响应纳税所得额的大

---

① 《国家税务总局关于有限合伙制创业投资企业法人合伙人企业所得税有关问题的公告》（国家税务总局公告2015年第81号），国家税务总局网站，http://hd.chinatax.gov.cn/guoshui/action/GetArticleView1.do? id=1523129&flag=12017/09/18。

小。各国一般都对存货计价方法有明确的规定。目前,各国所使用的存货计价方法通常有以下几种:①先进先出法;②后进先出法;③加权平均法;④最高价先出法;⑤市价与成本孰低法。其中,根据购买和使用时间所确定的计价方法(先进先出法和后进先出法)应用最为广泛。按照先进先出法,对材料成本的扣除是按对同一项目现存货物最早支付的价格来计算的,材料购进之日与使用日间的差价,被视为实际损益,计算在当期的应纳税所得额中。按照后进先出法,则是按同一项目最后支付的价格来计算的。在一个价格增长的同期内,材料成本是升高的,采用后进先出法的公司净所得会比采用先进先出法更低一些,而当价格下降时,其损失也比采用先进先出法要小。我国两税合并后企业所得税法规定企业使用或者销售的存货的成本计算方法,可以在先进先出法、加权平均法、个别计价法中选用一种,但计价方法一经选用,不得随意变更。

三是工资、薪金扣除。在工薪列支方面,美国税法规定,支付给雇员的薪金、工资、奖金以及其他报酬,在合理的数额内可允许列支。但该支出必须符合两个条件:第一,此类报酬源于雇员提供的劳务。第二,对雇员所提供劳务的报酬总额在数额上必须是合理的。支出是否合理要取决于以下几个方面:雇员的职责、义务和过去的报酬情况;业务量和复杂程度;工作所需时间;雇员的能力和业绩;一般生活费用和公司的报酬政策;报酬、经营毛所得和净所得,以及支付给股东的股息这三者之间的关系。其中,对于判断支付给关联方的报酬的合理性,通常需要审查付款是否有经营目的,没有经营目的的付款不能列支。美国税法还有一种称之为"黄金降落伞薪资"(Golden Parachute Payments)的规定。这种薪资一般是指公司支付给高级经理的额外报酬。如果一份薪资合约被认定为"黄金降落伞合约"的话,那么超过税法规定的基础额的部分就不得列支。并且,超过部分的收入还要被课征20%的消费税,且该税在计算所得税时不得列支。我国的企业所得税法规定,企业发生的合理的工资薪金支出,准予扣除。这里的工资薪金,是指企业每一纳税年度支付给在本企业任职或者受雇的员工的所有现金形式或者非现金形式的劳动报酬,包括基本工资、奖金、津贴、补贴、年终加薪、加班工资,以及与员工任职或者受雇有关的其他支出。

四是亏损弥补和结转。大部分国家的税法都对公司亏损给予结转处理。但由于各国经济状况不同,各国所处的经济发展阶段也不同,因此对亏损结转处理的方式存在着较大差异。各国公司税制中关于公司亏损结转大体上有两种不同方式:允许同时向后结转以及向前结转以及只允许向后结转。对于前者中的向后结转,指的是将营业损失向以后年度结转,将该年度亏损冲抵以后年度产生的利润或应税所得,从而减轻以后年度的税收负担。向前结转,指的是将营业损失向以前年度结转,将该年度亏损冲抵以往年度的利润或应税所得,形成多缴税款,需要退还以往年度已经缴纳的税款。向前结转的优点在于能够使企业的投资尽快得到补偿，有利于促进风险投资；缺点是给企业退税会直接影响财政收入。目前只有少数经济发达国家，如美国、加拿大、日本、英国等国家采用这种方式，并且都规定有向前结转的期限，而对向后结转没有限制。大部分发达国家，比如澳大利亚、新西兰、法国、意大利、荷兰等国家和几乎所有的发展中国家都采用向后结转的方式。向后结转的期限不同，一般国家都规定为 5 年，也有的国家规定为 7 年或 10 年，也有规定无限期向后结转的，如澳大利亚、新西兰、比利时和巴西。

五是资产折旧或摊销。企业的资产折旧分为有形资产折旧和无形资产折旧。几乎所有国家都对资产折旧做出了规定，但各国折旧方法差异很大。总的来说有折旧依据、折旧期限和折旧方法三个因素。折旧依据的具体做法有：允许企业按照固定资产的重置价值计提折旧，即可以按高于资产原值的标准多提折旧，还可以按照物价上涨指数对固定资产原值进行指数化调整，按调整后的数值作为计提折旧的依据，这两种计提方法的结果都会使企业当期应纳税所得额减少。从折旧期限看，各国税法一般都规定与固定资产实际耐用年限相当的折旧期限。但为了刺激投资的需要，很多国家也采用了缩短折旧年限的政策，有的国家甚至对某些机器设备允许在购置的当年全部计入当期的成本费用。折旧年限的长短，直接关系到折旧额的大小和税前扣除额的大小。因而固定资产折旧年限越短，企业当期应缴税款就越小，相当于政府给企业提供了无息贷款。在折旧方法上，目前世界各国的折旧方法大体分为三种：直线折旧或年限折旧法，即按照固定资产使用年限每天提取均等数额的折旧费用；余额递减法，即根据资产账面余额按固定比例（一般大于直线法的折旧率）计算折旧，每年递减后的余额次年再按固定比率计算，折旧额逐年减少；年数总和法，即每年折旧额等于资产价值乘以剩余年数与耐用年数之比。

此外，还有一些国家根据经济发展情况制定了一些关于折旧的相关条款，比如有的对环保设备都有加速折旧的规定，有的对无形资产规定了较短的折旧扣除期限，鼓励技术投资和技术进步，还有的规定土地和商誉不能计提折旧等。

我国在两税合并之前，对固定资产和无形资产的计价，都以原价为准，一般不应进行重估调整。根据固定资产的自然属性和耐用程度，将企业的固定资产的折旧年限分为三类，相应规定其最短折旧年限，分别为 20 年、10 年、5 年。如房屋、建筑物的折旧期限为 20 年，与经营业务有关的器具、工具、家具等，折旧年限为 5 年。无形资产的折旧年限应不少于 10 年。在折旧方法上以直线折旧为主，如果要采用其他折旧方法要取得税务部门的批准。两税合并后税法对企业的折旧处理就较为灵活，一般规定固定资产的折旧最低年限如下：房屋、建筑物，为20年；飞机、火车、轮船、机器、机械和其他生产设备，为10年；与生产经营活动有关的器具、工具、家具等，为5年；飞机、火车、轮船以外的运输工具，为4年；电子设备，为3年。对于无形资产的摊销则规定不少于10年。

但如果企业固定资产由于技术进步等原因，的确需要加速折旧的就可以适当缩短折旧年限或者采取加速折旧的方法。例如，《财政部 国家税务总局关于完善固定资产加速折旧企业所得税政策的通知》（财税〔2014〕75号）就规定：对生物药品制造业，专用设备制造业，铁路、船舶、航空航天和其他运输设备制造业，计算机、通信和其他电子设备制造业，仪器仪表制造业，信息传输、软件和信息技术服务业六个行业的企业在2014年1月1日后新购进的固定资产，可缩短折旧年限或采取加速折旧的方法。对上述六个行业的小型微利企业2014年1月1日后新购进的研发和生产经营共用的仪器、设备，单位价值不超过100万元的，允许一次性计入当期成本费用在计算应纳税所得额时扣除，不再分年度计算折旧；单位价值超过100万元的，可缩短折旧年限或采取加速折旧的方法；对所有行业企业2014年1月1日后新购进的专门用于研发的仪器、设备，单位价值不超过100万元的，允许一次性计入当期成本费用在计算应纳税所得额时扣除，不再分年度计算折旧；单位价值超过100万元的，可缩短折旧年限或采取加速折旧的方法。对所有行业企业持有的单位价值不超过5000元的固定资产，允许一次性计入当期成本费用在计算应纳税所得额时扣除，不再分年度计算折旧。企业按以上规定缩短折旧年限的，最低折旧年限不得低于企业所得税法实施条例第六十条规定折旧年限的60%；采取加速折旧方法的，可采取双倍余额递减法或者年数总和法。[①]

六是坏账损失扣除。各国对坏账准备金的提取有不同的规定，大概可以有以下几种：按应收账款总数的一定比率提取，对不同行业规定不同的提取比率，按照不同的应收账款期限规定不同的提取比率。

具体在各国的实际操作中各有不同，在美国，坏账分为经营性坏账和非经营性坏账。经营性坏账可以作为经营费用扣除。非经营性坏账可以作为短期资本利亏予以扣除。但税法有专门的限制性规定，如果非经营性坏账是由于自愿放弃或是出于赠与目的，就不能进行扣除。坏账的扣除额不得超过公司应收账款的基值。美国税法规定了专门的注销坏账的方法，经营性坏账可以在纳税人的应收账款的全部或部分不能收回的会计期间内扣除。如果坏账被部分或全部注销后，纳税人又收回了已注销款，则这部分款项要在收回时作为当期所得申报纳税。非经

[①] 《财政部 国家税务总局关于完善固定资产加速折旧企业所得税政策的通知》（财税〔2014〕75号），国家税务总局网站，http://hd.chinatax.gov.cn/guoshui/action/GetArticleView1.do?id=1519514&flag=1 2017/09/18。

营性坏账也适用于专门的注销方法。但只有当纳税人最终确定可收回贷款额低于其基值时，非经营性坏账才可以允许扣除。

在英国，税法规定赊销所发生的呆账损失不允许作税前费用扣除。但是，当某些债务确实无法收回时，则这笔债务允许扣除。日本的税法对允许计入当期费用的坏账准备金项目及提取方式都有严格的规定。对坏账准备金按不同行业规定了呆坏账率，按这一比率提取，如制造业为0.8%，金融保险业为0.3%等。同时规定在一定时期内，对实际未使用的准备金部分，则要从当期实际发生费用中扣减，应计入应纳税所得中。

韩国税法也规定了计提坏账准备金的限额，公司可以选择以下任意一种计算：可以按照销售额的1%，也可以按照上一年度的应收账款总额中用于本年度弥补亏损的准备金部分。坏账准备金按各年末结转日的余额，或应收账款与其增值税总额的1%提取，冲销实际坏账后的余额计入以后年度的总收入中。

我国的企业所得税法规定，企业实际发生的与取得收入有关的、合理的支出，包括成本、费用、税金、损失和其他支出，准予在计算应纳税所得额时扣除。这里的损失，是指企业在生产经营活动中发生的固定资产和存货的盘亏、毁损、报废损失，转让财产损失，呆账损失，坏账损失，自然灾害等不可抗力因素造成的损失，以及其他损失。企业发生的损失，减除责任人赔偿和保险赔款后的余额，依照国务院财政、税务主管部门的规定扣除。企业已经作为损失处理的资产，在以后纳税年度又全部收回或者部分收回时，应当计入当期收入。

七是捐赠扣除。作为特殊的扣除项目，各国税法基本上都对捐赠扣除制定了限制性的规定，如可扣除的捐赠的范围和捐赠扣除的数额界限。普遍的做法是对捐赠分类，根据捐赠的社会公益性具体规定不同的列支标准和方法，以防止企业滥用税收扣除项目。例如美国的税法规定：公司每年的慈善捐赠扣除不能超过应税所得（即不考虑慈善捐赠扣除、净经营亏损结转、资本利亏结转或收受股息的扣除情况下的应税所得）的10%；超过部分可以向前结转五年。被捐赠的存货的捐赠数额原则上被限定为该存货调整后的基值。但也有例外规定，即捐赠给大学或符合规定的研究机构，用于生物、物理和应用科学的教育、研究和科学实验，可以超过限定限额。荷兰的税法规定，在一定限制条件下，对宗教、慈善、文化研究机构以及其他提供公共物品的团体的捐赠都可以扣除。日本的税法对捐赠的规定则比较复杂：对政府的捐赠和指定捐赠可全额计入费用。指定捐赠是指对由大藏大臣指定的公益性很强的组织的捐赠。对特定公益法人的捐赠不能全额计入费用。指定公益法人是指依法设立的公益性法人中，尤其对振兴教育、科技、促进文化交流和社会福利政策效果明显的法人。其每年能计入费用的最高限额有专门的计算公式。对一般捐赠也不能全额计入费用。一般捐赠指上述两项以外的捐赠。法人一般捐赠计入费用的最高限额与对特定公益法人捐赠相同。我国在两税合并之前规定内资企业纳税人用于公益、救济性质的捐赠,以及向文化事业的捐赠,一般企业在当年应纳税所得额的 3% 以内,允许扣除;金融、保险企业在当年应纳税所得额的 1.5% 以内,计算缴纳企业所得税时允许扣除,超过部分在计算缴纳企业所得税时进行纳税调整。而外资企业纳税人可以据实扣除。

对比分析可以看出,我国两税合并之前的税法捐赠扣除比例过低,而且允许抵扣的捐赠范围过窄,如对科教文卫、环保等机构的捐赠就没有纳入允许抵扣的范围。因此,新企业所得税法统一了内外资企业的抵扣比例,并将捐赠扣除的抵扣比例提高到 12%。但这一规定还较为简单,在抵扣范围、捐赠费用的确认等方面还有待于进一步细化和明确。

2)税收优惠。税收优惠是指国家为了鼓励、支持部分地区经济或行业的发展而制定的一系列税收减免政策的总和。不同的国家采用的税收优惠政策不同,同一国家在不同历史阶段所采用的税收优惠政策也不尽相同,税收优惠是一个动态的政策系统。

税收优惠根据形式的不同可以分为直接优惠与间接优惠。直接优惠是指采取直接减免和优惠税率的方式来降低纳税人的纳税负担。例如,我国的《企业所得税法》对企业的部分收入进行免税,部分所得免征或减征企业所得税以及民族自治地方的自治机关对本民族自治地方的企业应缴纳的企业所得税中属于地方分享的部分可以决定减征或者免征就是直接减免所得税体现。对符合条件的微利企业和高新技术产业按照 20% 和 15% 的优惠税率征收企业所得税是采用优惠税率降低纳税人税收负担的体现。

如《企业所得税法》第二十八条中就有国家需要重点扶持的高新技术企业,减按 15% 的税率征收企业所得税。国家需要重点扶持的高新技术企业是指拥有核心自主知识产权,并同时符合下列条件的企业:产品(服务)属于《国家重点支持的高新技术领域》规定的范围;研究开发费用占销售收入的比例不低于规定比例;高新技术产品(服务)收入占企业总收入的比例不低于规定比例;科技人员占企业职工总数的比例不低于规定比例;高新技术企业认定管理办法规定的其他条件等。

又如《国家税务总局关于贯彻落实进一步扩大小型微利企业减半征收企业所得税范围有关问题的公告》(国家税务总局公告 2015 年第 61 号)中就提出:为支持小型微利企业发展,根据《中华人民共和国企业所得税法》(以下简称企业所得税法)及其实施条例、《财政部 国家税务总局关于进一步扩大小型微利企业所得税优惠政策范围的通知》(财税〔2015〕99 号)等规定,进一步扩大小型微利企业减半征收企业所得税优惠政策范围,自 2015 年 10 月 1 日至 2017 年 12

月31日，符合规定条件的小型微利企业，无论采取查账征收还是核定征收方式，均可以享受财税〔2015〕99号文件规定的小型微利企业所得税优惠政策，也就是减半征收政策。但是对不同类型的企业规定有所不同，如查账征收的企业，上一纳税年度符合小型微利企业条件的，分别按照以下情况处理：一是按照实际利润预缴企业所得税的，预缴时累计实际利润不超过30万元（含30万元，下同）的，可以享受减半征税政策；二是按照上一纳税年度应纳税所得额平均额预缴企业所得税的，预缴时可以享受减半征税政策。如果是定率征收企业，上一纳税年度符合小型微利企业条件，预缴时累计应纳税所得额不超过30万元的，可以享受减半征税政策。如果是定额征收企业，根据优惠政策规定需要调减定额的，由主管税务机关按照程序调整，依照原办法征收。在上一纳税年度不符合小型微利企业条件，预缴时预计当年符合小型微利企业条件的，也可以享受减半征税政策。在本年度新成立的小型微利企业，预缴时累计实际利润或应纳税所得额不超过30万元的，可以享受减半征税政策。当然，如果企业预缴时享受了减半征税政策，但汇算清缴时不符合规定条件的，应当按照规定补缴税款等，除此之外，还对新老政策衔接问题进行了不同的规定。① 这就是企业所得税直接优惠在政策上的体现。

间接优惠就是采用加计扣除、加速折旧、税收抵免等方法来降低纳税人税收负担。例如，我国的《企业所得税法》规定，企业的部分支出可以在应纳税所得中加计扣除；创业投资企业从事国家需要重点扶持和鼓励的创业投资，可按投资额的一定比例抵扣应纳税所得额；企业固定资产由于技术进步等原因，的确需要加速折旧的就可以适当缩短折旧年限或者采取加速折旧的方法；企业在综合利用资源方面，生产符合国家产业政策规定的产品时所取得的收入，可以在计算应纳税所得额时减计收入；企业购置用于环境保护、节能节水、安全生产等专用设备的投资额，可以按一定比例实行税额抵免。以上这些都是间接税收优惠的具体表现，也在前文的税收扣除概念介绍中有所涉及。

企业所得税的应纳税所得额乘以适用税率，减除依照《企业所得税法》关于税收优惠的规定减免和抵免的税额后的余额，为应纳税额。在核定征收方式下，可以直接核定企业的应纳所得税额，如不能直接核定，则可以采用应税所得率方式核定征收企业所得税，则企业所得税的应纳税所得额等于应税收入额乘以

---

① 《国家税务总局关于贯彻落实进一步扩大小型微利企业减半征收企业所得税范围有关问题的公告》（国家税务总局公告2015年第61号），国家税务总局网站，http://hd.chinatax.gov.cn/guoshui/action/GetArticleView1.do?id=1521429&flag=12017/09/18。

应税所得率,而应纳所得税额等于应纳税所得额乘以适用税率。①

(二)税收负担与企业所得税税收负担概念

1. 税收负担

税收负担是指税收收入和可供征税的税基之间的对比关系,反映的是纳税人纳税能力与实际纳税额之间的一种关系,是指纳税人因履行纳税义务而承受的一种经济负担。由于税收是无偿的,是国家对纳税人所占有的社会商品或价值的无偿征收,因而,对纳税人来说,必然存在一个税收负担多少的问题。

税收负担是国家税收政策的核心。税收负担,从绝对额考察,是指纳税人应支付给国家的税款额;从相对额考察,是指税收负担率,即纳税人的应纳税额与其计税依据价值的比率,这个比率通常被用来比较各类纳税人或各类课税对象的税收负担水平的高低,因而是国家研究制定和调整税收政策的重要依据。任何一项税收政策首先要考虑的,就是税收负担的高低。税负水平过低,会影响国家财政收入;过高,又会挫伤纳税人的积极性,妨碍社会生产力的提高。一般来说,税收负担水平的确定既要考虑政府的财政需要,又要考虑纳税人的实际负担能力。

除此之外,税收负担还直接关系到国家与纳税人及各纳税人之间的分配关系,国家向纳税人征税,不仅改变了纳税人占有和支配的社会产品总量,也会改变各个纳税人之间占有和支配的社会产品比例,由此形成国家同纳税人及各纳税人之间的税收分配关系,它是社会产品分配关系的重要组成部分。

税收负担关系到国民经济持续、快速、协调发展的问题,国家税收最终总是由所有纳税人来承担的。在一定经济发展水平下,经济体系的税收负担能力是有一定限度的。税收负担超越了经济的承受能力,就会损害国民经济的健康发展。因此,税收负担应该保持在经济的承受能力范围以内。从一定意义上讲,税收制度的设计问题,也就是税收负担的设计问题。在确定税收负担时,应该严格遵守合理负担、公平税负的原则。所谓合理负担原则,就是指国家与纳税人在税收分配总量上要适度,兼顾需要与可能,做到纵向分配合理。所谓需要,是指国家实现其职能对财政资金的需求。所谓可能,是指社会经济所能提供的积累。一般地说,国家实现职能对财政资金的需要是资金越多越好。而一定时期内国民经济发展水平是一定的,所能提供的资金又是有限的,两者之间始终存在矛盾。要恰当地处理这个矛盾,就应该在确定税收负担时,既考虑财政支出的需要,又考虑纳税人税款支付的承担能力。合理负担是指正确处理国家同纳税人之间的分配关

---

① 参考国家税务总局关于印发《企业所得税核定征收办法》(试行)的通知(国税发〔2008〕30号)。

系，是税收纵向合理的重要标志，也是公平税负原则的前提和基础。所谓公平税负原则，是指税收负担公平地分配于每个纳税人身上，纳税人之间横向负担公平合理。在市场经济条件下，竞争是市场经济的一般规律，公平税负原则，就是为纳税人创造一个在客观上大体相同的竞争环境，有利于鼓励竞争，在竞争中优胜劣汰，推动市场经济发展。

许善达（1999）在其主编的《中国税收负担研究》中对税收负担的具体要素及其之间的关系进行了具体阐述。他认为，从纳税能力的角度看，纳税能力决定着实纳税额的具体量，是税收负担的第一要素。纳税能力可分为实有纳税能力和后续纳税能力。前者是指纳税人目前具有的缴纳税款的能力，处于税收分配过程的起点；后者是指纳税人具有的将来缴纳税款的能力，处于税收分配过程的终点。后续纳税能力是形成实有纳税能力的生长基，实有纳税能力是后续纳税能力的源泉。从一定意义上来说，后续纳税能力构成税源，实有纳税能力构成了税收收入。税收负担一方面反映出纳税人的纳税能力对实纳税款量上的约束，另一方面反映出实纳税额对纳税能力良性循环质上的制约。在实有纳税能力既定的情况下，实纳税额的大小直接影响到税收收入的规模和增长态势。①

从以上分析可知，税收负担水平是税制的核心问题，体现税收与政治、经济之间的相互关系。对政策制定者来说，确定合理的税负水平对确保国家为满足公共需要所需的财力具有非常重要的意义。对于经济个体来说，税负水平是关系其做出正确经济决策、实现利益最大化的重要指标之一。广义上的税负一般包括四重意思：

一是宏观税负，即一个国家的总体税负水平。根据国际惯例，一般通过一定时期内（通常一年）税收总量占国内生产总值（GDP）的比重来衡量。由于我国政府收入形式的特殊情况，在理论界逐渐形成三个口径的宏观税负，分别是小口径的宏观税负（税收占 GDP 比重）、中口径的宏观税负（财政收入占 GDP 的比重）及大口径的宏观税负（政府收入占 GDP 的比重）。我们在分析中主要采用的宏观税负水平是以税收总收入占 GDP 的比重来衡量，表明在 GDP 中政府所分走的份额，该指标是政府制定税收政策的重要依据，也是税收政策实施的综合体现。二是微观税负，用纳税人或纳税主体的纳税额占纳税人的相关收入的比重来表示，这是从企业和家庭两组微观个体来观察所得出的结果。但由于存在税负转嫁，微观主体所缴纳的税款只是名义税负。三是法定税负，这可用税法规定的税种、税率、扣除和优惠来观察。四是实际税负。如果税收征管能力很强，税收流失少，且严格依法征税，实际税负与法定税负的偏离就小。

---

① 许善达. 中国税收负担研究［M］. 北京：中国财政经济出版社，1999：10.

进入21世纪以后，宏观税负水平高低之争已演变为统计口径之争。小口径宏观税负研究者认为，我国宏观税负目前仍处于世界较低水平。大口径宏观税负研究者认为，我国宏观税负水平过高。福布斯税负痛苦指数将公司所得税、个人所得税、财产税、雇主缴纳的社会保险税、雇员缴纳的社会保险税和增值税等税种的最高档次税率相加，没有区别平均税负与边际税负的差异，不考虑税基比重和税制结构，税种选择标准不确定等，因而不能准确衡量名义税负的高低。

与税收负担的另一个相关联的问题就是税负转嫁与归宿。税负转嫁是指纳税人通过提高销售价格或压低购进价格的方法将税收负担转移给购买者或供应者的一种经济现象。而税收归宿一般指处于转嫁中的税收负担的最终落脚点。

根据传统的局部均衡分析方法，企业所得税或者是公司税一般认为是不会或者是很难转嫁的，主要由公司及其股东承担。这一观点源于古典学派关于企业短期利润最大化的基本假设，所有公司（企业）（完全竞争或者不完全竞争）都是追求利润最大化的，均衡产出取决于边际收益和边际成本相等的基本条件。据此，税前与税后都存在着一个最大化问题，只要满足边际收益等于边际成本，则企业所得税（公司税）的存在就不至于导致公司去改变其最终产量。企业所得税既不会前转也不会后转。但美国经济学家鲍莫尔对此提出了异议，他首先否定了新古典经济学的利润最大化假设，认为企业的销售量才是现实中的目标函数。在这种条件下，对企业销售量最大化的约束条件是企业必须保持一定的最低利润量，以保证资本不会从该企业退出。在这一假定下，企业对所得税税负增加的反应必然是降低销售量，销售量的下降又意味着要素提供者的报酬会下降，也就是这些要素所有者（提供者）会承担一部分所得税；同时，市场上商品价格的提高也同样意味着消费者也承担了部分的企业所得税税收负担。这是对企业所得税税负转嫁的局部均衡分析，它难以回答各个市场上同时产生税负转嫁变动的问题。

在一般均衡分析中，哈伯格曾经通过研究讨论过企业所得税的税负转嫁问题，并得出结论，企业所得税税收负担的一部分还是可以转嫁出去的。因为企业所得税会对消费格局有影响，企业所得税的存在会使企业生产部门成本相对上升，从而引起这些部门产品价格的上涨，消费者将减少对这些产品的需求，转向对非企业部门产品的需求，这会导致资源的再配置。这一配置过程相当程度上取决于消费者对企业生产产品的需求的价格弹性。如果需求的价格弹性小，则企业生产产品价格的上升不太可能导致资源过多地从公司流出。在这种情况下，企业所得税的税收负担在相当程度上会通过价格上涨转移给消费者。这样的分析表明，消费者对企业生产的产品需求的价格弹性越小，转嫁给消费者的税负就越大。不仅仅是消费部门，企业所得税税负对生产格局也有影响。企业所得税税负是否会转嫁给劳动者,与企业与非企业部门间资本与劳动的比例有关。如果企业是劳动密集型的,在企业所得税存在的情况下,相对多的劳动与相对少的资本将从企业部门退出。相对于资本的收益率而言,劳动的价格——工资将下降,使得从企业部门因课税而退出的要素为非企业部门所吸纳,最终结果是劳动因企业所得税的征收而减少,减少的数量正好是资本所有者将企业所得税转嫁给劳动力的那部分。一般来说,要素使用的比例差异越大,税负转嫁的部门就越大。以上讨论的是企业所得税的存在对消费和生产格局的影响,其实在企业内部,由于企业所得税的存在会使资本变得相对昂贵,企业也会有用劳动去替代资本的倾向,结果就是劳动密集程度在一定范围内有所上升,工资相对资本的报酬率下降。

尽管通过局部均衡分析和一般均衡分析我们可以得出企业所得税是可以部分转嫁的,但相对于间接税而言,一般我们都认为企业所得税由企业和非企业的资本所有者来承担,因此在本书中也就不再去深究其税负的转嫁问题了。除了税负转嫁以外,企业所得税税收负担最终在资本和劳动者间如何分布的研究也很有意义,但在本书中不做过多讨论,因此不再详述。在此我们只将企业作为一个资本与劳动力有机结合的整体来进行讨论。

2. 企业所得税税收负担

企业所得税税收负担即为企业所得税的税收收入和可供征税的企业所得税的税基之间的对比关系。在我们前面对企业所得税税率的分析中可以看出,名义税率也就是法定税率一般被认为是法定税负的体现,但是由于法定税率与实际税率不同,因而法定税负与实际税负也不同,对实际税负的分析和计算对分析企业的行为和调整税收政策以更好地为企业创造良好的投资环境有着重要的理论和实践意义。在一般的对企业所得税税负的分析中,税前利润总额通常被看作是税基。但在具体问题的研究中,我们也会根据实际的研究对象和所能得到的数据而对税前利润稍做变化来作为税基的替代指标。

二、所得税实际税负的水平测度

对于具体的企业或者公司来说,由于各国税法的要求各不相同,对税前税后的处理也存在多种方法,显然,法定税率已经不能衡量企业的实际税收负担情况。因此,如何测定真实有效的企业所得税的税收负担问题也是税收学者们坚持不懈研究的问题。但是,由于研究的目的和方法不同,对当前公认为最能够定义企业所得税的有效税率的定义也有着很大的区别。有效税率(有的学者称之为实际税率)一般分为边际有效税率和平均有效税率:边际有效税率是对具体投资项目而言,根据项目所产生的现金流所负担的税收来计算出的税率,计算方法一般为投资的税前收益与税后收益之差再除以税前收益;平均税率是指在确定投资项目时,在同一个投资项目采用不同的投资方案所能获得的所有税率范围的总和,也指特定的主体的纳税额与其可对比的税基之间的比值。因此,平均有效税率适合计算所得税的实际负担,而边际有效税率适合计算特定投资项目的成本和投资激励。接下来我们将对几种比较典型的有效税率的计算方法和对有效税率应用方面的讨论进行简要介绍。

(一)平均有效税率的计算方法及讨论

一是 Stickney 在 1979 年的《对企业所得税的有效税率的探讨》这篇文章中对有关有效税率概念进行回顾和建议时提出的以税前利润为基础的有效税率的计算方法,他在此篇文章中提出美国在 1937 年,证券交易委员会开始公布与上市公司信息披露有关的法规《会计系列公告》(Accounting Series Releases,ASR)第 149 号文件中,要求上市公司必须披露税收的实际支出以及按照税法的法定税率与税前利润的乘积所确定的税收之间的差额。这个规定间接定义了有效税率,即有效税率为公司的实际税收支出与税前账面利润的比值。但 Stickney 认为各个公司所披露的有效税率是不可比的。因为对投资抵免,未合并子公司[①]的所得税,合并子公司中所得税中少数股权以及其他事项的处理方式不同,因此公司所披露的有效税率在公司间是不可比的。但是请注意,这里在定义有效税率时分子使用的是在所得税方面的花费,而不是当期所缴纳的税款。这是因为所得税的花费基于当期的账面利润,并且受到会计准则的影响,而当期缴纳的所得税税款则是基于可征税收入并且相对而言不受公司所选择的会计准则的影响,这是第一个问题。这个定义存在的第二个问题则是选取税前的账面利润作为分母使得计算出的有效税率在公司间不可比。这是因为相对于计算应纳税所得而言,计算账面利润可以使用更多选择的会计方法,因此各个公司使用的计算方法不同,那么结果就不具有可比性。

在对《会计系列公告》定义的有效税率进行分析和讨论后,Stickney 提出了以下对有效税率的另外两种新的定义:

$$\text{所得税的有效税率} = \frac{\text{现期所支付的所得税金额}}{\text{税前账面利润}} \qquad (2-1)$$

[①] 因不符合规定条件而其个别会计报表未被母公司纳入合并会计报表的子公司。

$$\text{所得税的有效税率} = \frac{\text{现期所支付的所得税金额}}{\text{税前账面利润} - \dfrac{\text{延迟缴纳所得税支出}}{0.48}} \qquad (2-2)$$

第一种定义使我们把焦点集中到了实际所支付的税金而不是所得税的支出，但是由于分母依然是账面利润，因此会计方法的选择依然影响计算结果。在第二种定义中，延迟的所得税支出与法定税率的商得出的是税前账面利润与可征税收入之间的差，是一个估计值。税前账面利润减去这个值得到的是可征税收入的估计值。第二种定义将现期支付的所得税额与估计的可征税收入联系起来。其实，第二种定义即为：所得税的有效税率等于其所支付的所得税金额与估计的可征税收入的商。

笔者利用《会计系列公告》中所定义的有效税率与后两种定义的方法对道琼斯工业指数的 30 家公司 1977 年的所得税有效税率进行了计算，发现在这三种定义结果中，只有少数公司的所得税有效税率差别不大，大部分公司在这三种定义下所计算出的结果差别巨大。

笔者认为，在这三种定义方法中，如果为了衡量所得税对现金流量的影响和分析公司间的所得税税收负担，第三种方法也就是最后一种定义是最优的。因为它将焦点集中于现金流量并且对会计方法的选择的影响进行了调整，而这种调整其实是基于一个非常重要的假定，那就是所有公司都使用法定税率 48% 来计算递延税款。但是这个假定对递延的国外税款就不一定正确，如果外国边际税率与国内的法定税率相差过大，该公司又在本期有大额的递延国外税款，那么使用最后一种定义就会扭曲可征税收入的估计值。在这种情况下，就要对国外税收的时间差异使用另一种税率而不是本国的法定税率。此外，运用这种定义在对所得税的有效税率进行衡量时还必须注意以下四个方面：营业外收入的所得税处理、对未合并的子公司和附属公司所征收的所得税、递延税收差异以及在递延法和当期承认法中对投资抵免的处理。这些问题的出现给衡量所得税的有效税率带来了一些困难，也对公司的实际税收负担造成了额外的影响，因此，在分析公司间的所得税有效税率时，要对公司的具体情况进行分析，进而才能得出合理的结论。

对有效税率的分析可以用来决定公司或者行业是否具有竞争性的税收优势，而税收优势会影响现金流、回报率和其他一些重要变量。Stickney 对石油行业的公司进行规模分组，计算有效税率后进行比较得出结论：国际化的跨国公司相对于规模较小的、国内的公司有着较高的有效税率，而这个差别是对国外资源收入所征收的较高的税率所导致的。而进行开采等工作的公司则拥有最低的有效税率，它们享受着相对而言对机器损耗以及资本收入来说较大的扣除。这种有效税率的模式随着时间和行业的拓展似乎对其他工业产业的子群中的公司都适用。

Stickney 和 McGee 在其 1982 年的关于对所得税的中性程度进行检验的文章

中，使用的所得税有效税率的公式为：

$$\text{所得税的有效税率} = \frac{\text{支付给联邦、国外、州和地方政府的所得税额}}{\text{税前账面利润} - \dfrac{\text{递延税额}}{\text{法定税率}}} \quad (2-3)$$

分子衡量的是公司一年向所有政府部门所缴纳的所有所得税额，分母代表的税基是调整了时间性差异之后的税前利润。税前账面利润作为税基比应纳税所得额更为合适是因为它含有许多特别税收处理的信息，例如持有国家和地方债券所获得的利息和从其他公司获得的股利等。分子所反映的纳税数额也就是节税的结果，而分母反映了纳税减少的信息和原因，有效税率的这种定义能将这些因素的影响进行更好的分析。Porcano（1986）也使用该方法计算了美国公司的平均有效税率，其公式为：

$$\text{所得税有效税率} = \frac{\text{联邦所得税}}{\text{税前利润} - \text{权益性投资利润} + \text{外部股权利润}} \quad (2-4)$$

二是以 Zimmerman（1983）为代表的以现金流量为基础的计算有效税率的方法。他在研究税收与公司规模和行业类别之间的关系的文献中，认为公司的有效税率仅仅是政治成本的一个组成部分，它排除了其他一些政治成本或利益，例如反垄断、规制、政府补助、进口额度和关税等。所得税有效税率与公司规模的关系只有在政治成本中的非税因素无法弥补税收因素的情况下，有着较大规模的公司的所得税有效税率才会引致较大的政治成本。

在采用不同的数据库——标准普尔数据库（COMPUSTAT）和美国国内收入局（IRS）的数据时，通过对数据库数据的分析，结合分析的目的，采用了不同的有效税率的计算方法。标准普尔数据库中的数据虽然容易获得并且易于控制样本的构成，但由于财务报表和税务的会计处理方法不同，数据中的税收支出就与美国国内收入局所统计的税收负担不一致，并且会产生与公司规模系统性相关的错误。

在实际研究过程中，Zimmerman 首先运用 COMPUSTAT 数据库进行敏感性分析，然后再利用 IRS 的数据重做上述分析用来证明税率的差异并不是会计处理方法不同的结果。在第一步分析中所得税有效税率被定义为所得税与营运资金流的比值。采用营运资金流作为分母排除了权责发生制会计制度的影响，因为这些影响在不同的公司规模间有着很大的差别。而分子中的所得税采用的是州、联邦和国外所得税减去递延的所得税额。第二步在采用 IRS 的数据库时，由于数据没有 COMPUSTAT 中的全面，很多细节没有提供，因此，此部分的有效税率也就是所得税税收负担被定义为所得税纳税额与公司总收入减去销售和运营成本之差的比值。这其中所得税额为公司缴纳的总所得税（包含美国国内和国外的所得税）减去投资税收抵免再加上其他所得税，结果为美国国内与国外的所得税之和的一个估计值。

虽然有效税率的表达方式有所不同,数据来源也稍有差别,但是这两种方法对有效税率与公司规模关系的研究结果却大致相同,这也意味着财务报表的数据对有效税率的估计是无偏的。

三是我国学者王延明在 2004 年出版的《中国公司所得税负担研究》中所列的几种针对我国实际情况的、集中于对会计制度的讨论和编制方法的有效税率的计算方法。其中最常用的就是用当期所得税费用除以税前会计利润所得出的实际税率,这是最简单也是应用最广泛的方法。将会计制度与税收法律的差异同时体现在分子与分母中,是以会计收益为基础来对企业的所得税负担进行综合计量的方法。即:

$$所得税有效税率 = \frac{当期所得税}{税前会计利润} \quad (2-5)$$

这也是本书在计算企业所得税税负时主要采用的方法。

第二种方法是扣除补贴收入来计算有效税率的方法,即在上述方法中的分子与分母中均扣除补贴收入一项。补贴收入科目主要核算的是企业按规定实际收到的退还的增值税或者是按照销售量等依据国家规定的补贴额度计算并给予的定额补贴,以及属于国家财政扶持或者国家产业规划等支持的其他形式的补贴。这里不包括返还的所得税,这是由于返还的所得税直接冲减所得税费用。即:

$$所得税有效税率 = \frac{当期所得税 - 补贴收入}{税前会计利润 - 补贴收入} \quad (2-6)$$

第三种方法为当期所得税费用除以扣除资产减值准备(不含坏账损失)和投资收益的税前会计利润。笔者认为这两者(资产减值准备以及投资收益)是税法与会计制度差异的重要因素,这种计算方法可以剔除这两者对计算所得税有效税率的影响。即:

$$所得税有效税率 = \frac{当期所得税}{税前会计利润 + 资产减值准备 - 投资收益} \quad (2-7)$$

第四种方法为当期所得税费用扣除非经常损益与执行税率之积,再除以税前会计利润与资产减值准备的和减去投资收益和非经常损益这四者的结果。用公式表明也就是:

$$所得税有效税率 = \frac{当期所得税 - 非经常损益 \times 执行税率}{税前会计利润资 + 产减值准备 - 投资收益 \pm 非经常损益}$$

$$(2-8)$$

第五种方法加上了税收返还,也就是当期所得税与税收返还的和与税前会计利润之商。即:

$$\text{所得税有效税率} = \frac{\text{当期所得税} + \text{所得税返还}}{\text{税前会计利润}}① \qquad (2-9)$$

通过以上几种具有代表性的对所得税有效税率的计算方法我们可以了解到，所得税有效税率的计算差别主要在于衡量税基的不同，一种是以税前账面利润为基础，结合不同情况进行调整，另一种是以现金流量为基础。

（二）边际有效税率的计算方法及讨论

边际有效税率被认为是一种"向前看"的税收负担计算方法，这种方法是由 King 和 Fullerton[②] 在 1983 年的一份研究报告中最先采用的。他们否认所得税有效税率的直接测量性，而是将税收对投资的影响程度转化为对边际税率和对投资的税收楔子的测度。在当时，对在较高的通货膨胀下税收对企业利润的负担的讨论较多，而他们认为这种情况下的税收负担研究有两个误区：一是忽略了个人和企业所得税之间的互动，例如利息虽然在公司税层面上被扣除但又在个人所得税层面上进行课征。公司的投资行为其实是公司和个人的税收之间权衡的结果。二是税收负担衡量了已实现的资本收入的平均税率，但并没有衡量出作为边际税率的变量之一———公司新增投资的激励。

他们认为税收对公司投资的影响的衡量可以用两种方法：第一种方法是通过计量经济模型来对能够产生一系列储蓄和投资的观测值进行模拟，进而研究税收对投资的影响。这种方法的最大问题就是选取税收变量的复杂性，更不用说在存在不确定性、调整成本、经营和生产时滞的情况下了。在现实世界中只有有限数量的观测值包含这些信息，而要想得到这些数据中的内在信息就更不可能了。此外，投资和税收的关系主要取决于公司的财务政策以及公司所有者的资产构成，这就更加复杂了。第二种方法是在假定的项目中直接计算投资回报率与储蓄回报率之间的税收楔子。税收楔子的规模取决于公司税的制度、公司税与通货膨胀的相互影响、公司税对折旧和存货的处理、个人所得税的法规、对不同收入的法定形式的处理以及财产税等。对特定投资项目的公司税的有效税率与公司的地理位置、购买的资产、投资的融资方式，以及投资资金供给者的特征都有关系。King 和 Fullerton 给出了计算税收对投资的边际税率的方法并对税收对投资的影响进行了深入研究，因为此部分不是本书的重点，因此没有列出具体计算方法，只做简单介绍。

---

① 王延明. 中国公司所得税负担研究 [M]. 上海：上海财经大学出版社，2004：52-85.
② King, Fullerton. The Taxation of Income from Capital: A Comparative Study of the U. S., U. K., Sweden and West Germany [J]. The Theoretical Framework, NBER Working Papers, No. 1058, 1983.

三、影响企业所得税实际税负水平的因素分析

企业所得税的税收负担和三个因素有关：一是税收收入；二是税基，也就是企业的利润；三是这两者的对比关系。税收收入与税收制度和征管水平相关，税基与宏观经济形势、税收政策以及企业的经营质量相关。

（一）经济发展水平是影响所得税税负水平的外在宏观背景因素

一般来说，一国或地区的经济增长水平越高，经济体所能提供的税源也就越多，因为税收来源归根结底是经济增长和发展的成果。一个国家的社会经济发展总体水平，可以通过国民生产总值和人均国民生产总值这两个综合指标来反映。国家的国民生产总值越大，总体负担能力越高。特别是人均国民生产总值，最能反映国民的税收负担能力。一般而言，在人均国民收入比较高的国家，社会经济的税负承受力较强。世界银行的调查资料也表明，人均国民生产总值较高的国家，其税收负担率也较高，人均国民生产总值较低的国家，其税收负担率也较低。我国人均国民生产总值比较低，属于发展中国家。国家通过税收能够积累多少资金，社会总体税收负担应如何确定，不取决于人们的主观愿望，也不能只考虑国家的需要，必须首先考虑社会经济体系和纳税人承受能力。只有税收负担适应本国经济发展水平和纳税人的承受能力，税收才能在取得所需的财政收入的同时，刺激经济增长，同时提高社会未来的税负承受力。如果税收负担超出了经济发展水平，势必会阻碍社会经济的发展。

在宏观经济学领域，"供给学派"的代表人物、美国南加利福尼亚商学研究院教授阿瑟·拉弗提出的拉弗曲线描述的就是宏观税负（税率）与经济增长的关系。"拉弗曲线"的基本含义是：税收并不是随着税率的提高在提高，当税率高过一定点后，税收的总额不仅不会增加，反而还会下降。因为决定税收的因素，不仅要看税率的高低，还要看课税的基础即经济主体收入的大小。过高的税率会削弱经济主体的经济活动积极性，因为税率过高会导致企业只有微利甚至无利，企业便会心灰意冷，纷纷缩减生产，使企业收入降低，从而削减了课税的基础，使税源萎缩，最终导致税收总额的减少。极端地，当税率达到100%时，就会造成无人愿意投资和工作，政府税收也将降为零。并且，一国或一个地区的经济增长既可以是粗放式低质量型的，也可以是集约式高质量型的。在经济总量维持稳定的情况下，当经济质量和企业效益整体提高时，与经济质量密切相关的企

业所得税收入会大大增加,其宏观税负也就越高;反之,当经济质量和企业效益整体下滑时,与之密切相关的企业所得税收入增长幅度会降低,甚至可能会下降,其宏观税负水平也就越低。

从上述关系中我们可以看出,企业所得税作为对国民经济进行二次分配的税种,其税负大小更多地取决于经济增长质量而不是经济增长水平。若经济增长更多地强调经济质量的提高,那么企业所得税税负就与经济增长水平呈正相关关系。因此,在对企业所得税的宏观税负进行比较分析的过程中就要注意结合不同国家和地区的经济水平来对税负的差异做出正确判断。

(二)税收政策是影响所得税税负水平的外在政策因素

任何国家为了发展经济,必须综合运用各种经济、法律以及行政手段来强化宏观调控体系。国家会根据不同的经济情况而采取不同的宏观经济政策,这其中就包含税收政策,传统的凯恩斯需求管理政策中,税收政策与政府购买性支出政策一样,都可以起到调节总需求的作用。如在经济发展速度过快过热时,需要适当提高社会总体税负(提高税率,增税),以使国家集中较多的收入,减少企业和个人的收入存量,抑制需求的膨胀,使之与社会供给总量相适应。此外,还要根据经济情况的发展变化,在征收中实行某些必要的倾斜政策和区别对待办法,以利于优化经济结构和资源配置。

具体到企业所得税中,税收政策对企业所得税的应纳税额和税率都有影响。例如,我国企业所得税的两税合并就大幅度地提高了内资企业的所得税税率,同时提升了外商投资企业的所得税税率,不仅如此,诸多的税收优惠政策还减少了特定纳税人的应纳税所得额,从而进一步降低了企业所得税的实际税收负担。从具体政策来说,直接降低税率是从降低法定税负的角度来降低实际税负,而直接抵免应纳税额、加速折旧以及投资税收抵免、加计扣除等政策是通过直接与间接优惠的方式减少实际税负。这些政策都会同时影响宏观和微观的实际税负水平。

此外,我国还对不同区域实行差异性的所得税优惠政策,这也会影响区域间的所得税税负差别。因此,对于企业所得税而言,税收政策是影响税负最重要的外在因素。企业所得税法定税负的差别在国家、区域和行业间就表现为不同层面的税收优惠政策的差别。而企业所得税的微观税负和效应也与税收政策密不可分,从根本上来说,对法定税负的差异分析就是对不同税收优惠政策的分析,而对实际税负的分析就是对这些税收优惠政策的执行结果的分析。这些具体的税收政策我们将会在对应的章节分别进行阐述。

(三)征管能力高低是影响所得税税负水平的外在实践因素

由于税收是由国家无偿征收的,税收征纳矛盾比较突出,因此,一个国家的税收征收管理能力,从某种程度上也对税收负担的确定有较大的影响。一些国家的税收征收管理能力强,在制定税收负担政策时,就可以根据社会经济发展的需要来确定,而不必考虑能否将税收征上来。而在一些税收征管能力较差的国家,可选择的税种有限,勉强开征一些税种,也很难保证税收收入,想提高税收负担也较困难。

具体到企业所得税来看,企业所得税的征管是指以企业所得税纳税人注册登记信息为起点,通过对纳税人生产经营活动的动态跟踪,掌握企业的财务核算、收入总额、免税收入、扣除项目等内容来确定纳税人的纳税地点、时间和征收方式等管理活动。企业所得税的征管能力是指税务机关对这些活动的组织、管理及监督的能力。税收征管能力的高低是影响企业所得税税收负担的实践因素,它包括能够采用最小的征收成本来实现税收收入最大化的税收征管模式;符合利用《税收征管法》对征纳过程中的违法行为进行查处的税收执法力度;国家通过对各级税务机关使用现代信息技术装备,加强税收征管,提高税收征收效率的税收信息化建设。

从以上分析可以看出,税收征管能力的高低直接影响到可征收到的税收收入水平的高低。在所得税税收收入不变的情况下,征管水平高就意味着可征得的所得税税收收入高,此外,税收征管水平与税务人员的专业知识和素质有很大关系,税务人员的专业知识水平越高,同等条件下的征管能力就越强,征收的税收收入就越多。在经济发展水平、经济效益状况和税制结构一定的情况,税收征管水平决定了税收收入的实际征收量,并决定了税收负担的实际水平。

(四)企业经营质量是影响所得税税负的内在因素

企业经营质量越高,活力越强,所获得的利润也就越大,从而作为企业所得税税基的部分也就越大。按比例税率和累进税率来说,一般而言,在其他条件不变的情况下,企业利润越高,所缴纳的税收也就越多,但税收负担却不一定升高。因为税收负担还与税收优惠政策有很大关系,要根据具体问题进行具体分析。例如企业亏损,所得税负担为零。但企业所得税税收负担与企业盈利能力是相互依存的。企业只要出现盈利,就要缴纳所得税,盈利越多,税收成本也就越多,而税收负担则是企业所缴纳的税收与盈利能力的表现——利润之间的对比关系。企业不会为了逃避税收而避免使自身出现盈利,而是试图在既定的盈利状态下缴纳最少的税收。因此我们说,企业经营质量、盈利能力是影响所得税税收负担的内在因素。这其实与经济发展与企业所得税之间的宏观经济关系是基本一致的。同时,企业的税收筹划也是影响所得税税负的因素之一,税收负担最小化是企业税收筹划的目标。我们最终得到的企业所得税税负就是企业的税收筹划行为的结果。

四、企业所得税的税负效应分析

(一) 企业所得税税负的宏观效应

1. 企业所得税税负变化对投资的宏观效应分析

企业所得税税负变化的宏观效应主要体现在对一国经济增长的影响上，经济增长的三大推动力中与企业所得税关系最大的就是投资，因此我们将企业所得税税负的宏观效应集中于对投资的讨论。由于企业所得税的存在会减少纳税人的实际利润，如果单纯看待企业所得税对投资的影响，那么我们可以认为企业经营的目标就是在合适的税率的地区和行业实现自身的税后利润最大化，因此企业会要求在一个给定的税后利润的投资项目中有更高的回报，以此来支付税收和赚取利润。当然，企业的经营活动是一个复杂的过程，税收只是影响因素之一。

税收与投资之间的理论研究最具有代表意义的就是宏观经济学中古典主义投资模型中的加速度原理。根据宏观经济学投资公式，一定时期内的总投资包括净投资和重置投资两部分。重置投资指为了弥补机器设备等的损耗而进行的投资；净投资其实就是新增的投资，也是总投资与重置投资的差额。根据两者的定义和范围，可以知道净投资与消费需求或者收入水平的变化有关，而重置投资主要取决于机器设备的使用年限、类型等因素。任何影响净投资或者重置投资的因素都会影响总投资。加速度原理假设在生产过程中资本对产出的比率也就是生产技术不变，为一个常数，与资本的租金成本无关，从而认为消费需求或者是收入水平的变动会引起投资的巨大变动。加速系数为资本—产出比。现期投资取决于产量的变动与资本—产出比的乘积。

从以上分析可以看出，在古典主义的投资模型下，影响投资总量的主要因素为产出水平也就是收入水平或者消费需求等，而与投资成本的关系不大。而税收政策尤其是企业所得税政策主要是在折旧扣除、投资税收抵免等方面来鼓励设备投资进而影响投资的成本，降低资本的价格。

在总投资不取决于资本价格的古典主义投资模型中，企业所得税对总投资的影响不大或者说没有影响。因此，在古典主义投资模型中，企业所得税是不影响投资行为的。[①] 但在实际经济中，由于总投资是由无数企业的投资之和所表示，

[①] 余永定，张宇燕，郑秉文. 西方经济学 [M]. 北京：经济科学出版社，1997：363-364.

而企业所得税通过影响税后收益以及投资项目的类型来影响企业的投资决策，因此，企业所得税税负的宏观经济效应主要体现在不同区域的税率导致企业的投资行为发生变化从而导致的税率不同的地区具有显著的投资水平差异上。

2. 企业所得税税负变化对外商直接投资（FDI）流入的宏观效应分析

在开放经济条件下，投资者可以在国内和国际资本市场和实体经济中进行自由投资，跨国公司可以在准入的条件下对别国进行直接投资，公司的财务成本则由国际资本市场决定。从微观上来讲，如果一个跨国企业在国际市场上采用负债进行融资，则融资的成本等于国际市场上的利息率。如果采用权益资本融资，则融资成本取决于国际市场利率加上一个合适的风险补贴，如何选择融资方式取决于公司的实际情况。

公司所得税的存在扭曲了来源于国外投资者的融资选择。母公司（在居住地）很可能既使用它自己的资金（新发行资本或者保留利润），又使用借款为其国外直接投资进行融资。外国子公司可能发行债券或者新资产，可能向母公司或者其他公司借款，也或者使用其自身的保留利润来为其投资进行融资。为了最小化对外国来源收入征税的税收负担，公司很可能采取向国外子公司借债并以在投资国扣除利息的方式来减轻税收负担（投资国很可能向非居民公司征收利息预提税）获取一定的税收利益。因为，如果国外子公司利用权益资本投资，那么投资的收益将会在投资国课以公司税。因此，税率的差异会使得跨国公司过多地使用债务融资政策。母公司和其子公司则很可能会利用公司内部的借贷关系作为避税手段来将利润从高税区转移到低税区（也叫利润剥离）。因此，有区别的所得税税率就成为跨国公司选择融资方式和融资地的一个重要因素。Sørensen（2006）在假定资本在国际间是完全自由流动的情况下，认为一个公司的融资与投资决策取决于国际融资成本以及资本来源国的所得税，包含公司所得税与可能的预提税。但是，较小规模的公司不太可能在国际资本市场上吸引到资金。相反，这些公司大部分从国内投资者和资本市场上获得资金。因此，意图增加国内投资的国家就必须有动力降低它们的企业所得税的税率来降低投资成本以此吸引外国公司的投资。部分理论和实证结果都表明企业所得税的实际税率与引进外资有较为明显的负相关关系。

（二）企业所得税税负的微观效应

1. 企业所得税税负对企业投资的影响

从微观角度来看，由于企业所得税是直接税，税收负担通常不可转嫁，全面征收企业所得税并不会影响企业的边际成本和边际收益。从短期考虑，企业的资产存量和资本结构基本不变，资本所有者不可能逃离企业。如果企业是以追求利润最大化为它的经营目标，此时，企业所得税不会影响企业的边际成本和边际收益，也不会影响产品的产量和产品的价格。企业所得税将完全由企业股东承担。企业既不可能通过抬高产品的价格将税负转嫁给消费者，也不可能通过产量降低投资品的价格，将税负转嫁给生产要素的提供者。从理论上分析，如果公司追求销售收入的最大化，对企业所得征税会降低企业产量，抬高产品价格，将税负转移给消费者。但在现实中，除垄断企业外，很少有企业会以销售收入最大化作为企业的目标。从长期来看，由于企业的资产可以进行流动，对企业所得征税会降低企业的红利分配水平，资本流出企业，该企业的产量下降，价格上升，消费者则部分承担了企业所得税，企业资本流向非征税部门或低税部门，全社会资本收益下降，资本所有者的收益也下降。但实际上，如果对所有企业或营利性组织都征收企业所得税，则不会形成对企业部门的歧视，也不会形成税负的转嫁。因此，企业所得税对企业投资的影响主要体现在对资本使用成本的影响，及对企业风险承担的影响上。资本使用成本影响资本投资回报率，对企业风险的承担则直接关系到企业的投资决策。

首先，我们来看企业所得税对资本使用成本的影响。一般而言，对于一个企业的投资需求的决定因素有不同的理论解释，最简单的解释是，企业的投资需求只受产出水平和资本产出比率的影响，而与其他因素无关。只要市场对产品存在有效需求，企业就会扩大生产，在生产技术条件不变的情况下，企业会按照固定的资本—产出比率追加投资。但这一解释没有考虑资本的使用成本。利用边际分析，另一种解释认为企业会不断增加投资，当新增资本带来的边际产品价值等于资本的使用成本时，企业才会停止投资，此时的投资数量是最优的。当然，资本的使用成本不仅要考虑本期的成本，还要考虑预期成本。同时，由于资本规模扩大，也要考虑资本的调整成本。最后还要考虑股票市场的存在，还必须考虑企业的重置成本。毫无疑问，资本的使用成本是影响企业投资的重要因素。企业所得税主要是通过对资本使用成本产生影响，从而影响企业的投资。

在没有企业所得税的条件下，假设企业用自有资金新购入一项资本，则该资本将损失按市场一般资本报酬率计算出的相应利息，资本的使用成本就是资本的利息。若企业没有自有资本，资本的使用成本还要包括融资成本。另外，资本的使用成本应当包括资本的经济折旧率。企业所得税对资本使用成本的影响是多方面的，具体来看：

由于征收企业所得税会减少企业的税后利润，实际上是提高了企业的资本的使用成本。但如果企业所得税是普遍对所有企业征收的，实际上，企业所得税对资本使用成本便成为了一个常数，即只不过将全社会的资本使用成本提高了相应的比例。在企业所得税的一些具体政策中，可以相应降低资本使用成本。除给予某一类企业所得税税率优惠,能直接减少资本使用成本外,其他一些政策也能起到相应作用。如借款利息允许税前扣除,则意味着企业融资成本的下降,会引起资本使用成本的下降。如果允许加速折旧,则因为多折旧的部分可以税前扣除,则加速折旧得到的税收优惠实际上是一种税收延迟,因此,加速折旧会减少资本的使用成本。另外,投资税收抵免可以减少资本使用成本。以上政策尽管能降低资本使用成本,扩大企业投资,但也会造成资源配置的扭曲。

其次,企业所得税对企业风险承担的影响。个人要投资或企业扩大投资,最基本的是考虑投资的收益与风险,但投资的预期收益与风险是成正比的,投资风险越高,预期收益越大,高收益是高风险的溢价。投资者往往选择安全资产与风险资产的适当组合。企业所得税对企业风险承担的影响,主要体现在如下几个方面:一是能否允许企业从应纳税所得中扣除亏损。如果允许企业从应纳税所得中扣除亏损,则从税收的角度看,实际上相当于政府与企业做到风险与利益的共享,即当企业获得较高的利润时,政府能够得到较多的税收,而当企业亏损时,政府也要损失相应的税收。一般而言,世界各国的企业所得税都允许冲抵损失,但在具体政策中会有所不同。有的规定只允许用同类所得冲抵同类投资的应纳税所得额,有的允许以前年度的亏损向后结转,有的允许将亏损向前结转,但大都规定有结转的年度期限。实际上,亏损结转的时间期限越长,限制越小,政府在税收方面对企业风险的承担越多,越有利于鼓励企业不断创新。二是是否允许企业合并纳税。如果某家企业投资的两家子公司风险不同,一家亏损一家盈利,那么分别纳税企业的负担会比较大,但如果可以合并纳税则很可能盈亏相抵,税负比分开纳税要低得多,因此,是否允许企业合并纳税,或者对企业合并纳税是否存在管制,对企业的风险承担有较大的影响。三是是否允许延迟纳税。延迟纳税有多重形式,最常用的就是按权责发生制原则判断,属于所得但还未实际实现的所得,把对于这类所得征税的时间延迟到所得实现时再征税。最常见的是对资本溢价所得和再投资的延迟纳税。[①]

2. 企业所得税税负对企业资本结构的影响

企业所得税的征税对象是企业的应纳税所得额。在计算企业的应纳税所得额时,一般可以从公司所得总额中减去经营时发生的成本,基本原则是将所有与经营有关的费用在税前予以扣除;对于厂房、设备等固定资产的支出,一般情况下,不得作为费用一次扣除,必须根据资产的法定使用年限逐年折旧扣除;存货的增值应包括在企业的经营利润中;企业支付的利息也应税前扣除。由于有些项目可以税前扣除,有些不能税前扣除或者不能全部扣除,因此,企业所得税的征

---

① 靳东升、李本贵. 企业所得税理论与实践 [M]. 北京:经济科学出版社,2006:135-138.

收会影响企业的资本结构。

企业有两种融资工具：一种是债务融资，另一种是产权（股权）融资。目前，随着金融市场的日益完善，各种金融产品和衍生金融工具层出不穷，许多金融产品往往带有债务或股权的双重性质。在这里为了分析的简便，我们只简单地区分这两种融资方法。债务融资需要支付固定利息给投资者，产权融资需要支付股息给股东，且债务优先，即企业应先履行对债务人的承诺，再履行对产权人的承诺，在企业发生破产清算时，也是债权人优先。对这一关系的分析最著名的要数财务管理学家、诺贝尔奖获得者莫蒂格利尼和米勒在1958年对税收和公司财务之间的讨论中提出的有关资本结构的MM理论以及MM理论的修正模型。

MM定理表明，公司财务决策在无摩擦、完美的市场中是不相关的。而这个结论的前提则为：没有公司税和个人所得税、无交易成本、对称信息、完全合同和完全市场。1963年，这两位经济学家又在修正的MM理论中开创性地提出了在存在企业所得税的情况下，债务的利息费用作为税收的抵减项目存在税盾作用，并因此影响企业对债务融资或权益融资的决策。简单的证明如下：

假定 X 为公司的息税前期望收益①，X^τ 为公司的税后收益，τ 为公司税的边际税率，为了简便起见，使其等于边际税率，R 为利息总额，定义 $\rho^\tau = \dfrac{(1-\tau)X}{V_U}$，$V_U$ 为无负债的公司价值，r 为利率，并假定利率为固定常数，与负债规模无关，即 $r = \dfrac{R}{D}$，那么，我们期望的具有持续负债流的公司的价值 V_L 的表达式应当如下：

$$V_L = \frac{(1-\tau)X}{\rho^\tau} + \frac{\tau R}{r} = V_U + \tau D_L \qquad (2-10)$$

其中，D_L 为该公司的负债规模。根据 ρ^τ 的定义方法，我们又有：②

$$V_L = \frac{X^\tau}{\rho^\tau} = \frac{(1-\tau)X}{\rho^\tau} + \frac{\tau R}{\rho^\tau} = V_U + \frac{r}{\rho^\tau}\tau D_L \qquad (2-11)$$

如果式（2-10）不能满足，那么投资者便会转变其投资组合，将资产从过度估值的公司向未充分估值的公司转移，我们假设无负债的公司过度估值，即 $V_L - \tau D_L < V_U$，一个拥有价值为 m 的无负债公司的股票的投资者有权利获得预期价值为 $\dfrac{m}{V_U}$ 的回报，即 $Y_U = \left(\dfrac{m}{V_U}\right)(1-\tau)X$。下面我们考虑另一个投资组合，价

---

① 在莫蒂格利尼和米勒1963年的论文中，将公司的期望回报看成一个随机变量，这里为了简便起见，把其看成一个确定性变量。

② 因为 $X^\tau = (1-\tau)(X-R) + R = (1-\tau)X + \tau R$。

值为 $m\left[\dfrac{S_L}{S_L+(1-\tau)D_L}\right]$,也就是说,m 中的 $\dfrac{S_L}{S_L+(1-\tau)D_L}$ 部分投资于有债务融资的公司股票 S_L 中,而余下的 $m\left[\dfrac{(1-\tau)D_L}{S_L+(1-\tau)D_L}\right]$ 则投资于该公司的债券。持有该股票的份额 $\dfrac{m}{S_L+(1-\tau)D_L}$ 使得其得到的预期回报应为 $\left[\dfrac{m}{S_L+(1-\tau)D_L}\right][(1-\tau)(X-R_L)]$,其持有的债券应得到的收益为 $\left[\dfrac{m}{S_L+(1-\tau)D_L}\right][(1-\tau)R_L]$,因此,这项投资的总回报为 $Y_L=\left[\dfrac{m}{S_L+(1-\tau)D_L}\right][(1-\tau)X]$。

如前所述,$S_L+(1-\tau)D_L\equiv S_L+D_L-\tau D_L\equiv V_L-\tau D_L<V_U$,那么 $Y_L>Y_U$,但是在均衡时,V_U 将不能超过 $V_L-\tau D_L$,因为如果这样的话,投资者将有卖掉无负债公司的股票转而购买有负债公司股票的激励,直到两者都均衡估值。现在我们假设 $V_L-\tau D_L>V_U$,那么拥有价值为 m 的具有负债公司的股票的所有者将会得到的预期回报为 $Y_L=\left(\dfrac{m}{S_L}\right)[(1-\tau)(X-R_L)]=\left(\dfrac{m}{S_L}\right)(1-\tau)X-\left(\dfrac{m}{S_L}\right)(1-\tau)R_L$。

考虑如下的投资组合,即投资者借入数量为 $\left(\dfrac{m}{S_L}\right)(1-\tau)D_L$ 的债务,所支付的利息成本为 $\left(\dfrac{m}{S_L}\right)(1-\tau)R_L$,假设公司与个人可以以相同的利息率借入资金,然后将 m 价值的资金与借入的资金共同投资于无负债公司的股票中,也就是 $m+\dfrac{m(1-\tau)D_L}{S_L}=m\dfrac{S_L+(1-\tau)D_L}{S_L}=\dfrac{m}{S_L}(V_L-\tau D_L)$ 金额的股票得到的回报为 $\dfrac{m}{S_L}\left(\dfrac{V_L-\tau D_L}{V_U}\right)(1-\tau)X$,将利息成本扣除,那么这项投资组合的预期总回报为 $Y_U=\dfrac{m}{S_L}\left(\dfrac{V_L-\tau D_L}{V_U}\right)(1-\tau)X-\dfrac{m}{S_L}(1-\tau)R_L$,因为我们假设 $V_L-\tau D_L>V_U$,以上分析表明 $Y_U>Y_L$,因此,投资者将会卖掉过度估值的含有债务的公司股票转而投资低估市值的无债务公司股票,直到两公司估值相等。

由以上分析可以得出,在均衡状态下,式(2-10)必被满足,即 $V_L=\dfrac{(1-\tau)X}{\rho^\tau}+\dfrac{\tau R}{r}=V_U+\tau D_L$。这就是含公司税的 MM 定理的第一命题。该理论的主要贡献在于它将借债的一个很重要的好处——利息可以在税前扣除进行了量化。但是该理论没有提到负债的坏处,也就是负债与破产成本之间的关系,所以并不与现实相符。

根据上面的结论,可以产生如下推论:第一,最优的公司资本结构应当为100%负债,因为负债会带来边际收益——其值等于边际税率τ,它通常被认为是一个正的常数;第二,由于税收利益,公司价值将线性地增加至负债规模D。但是100%负债的推论被认为是极端的,因此许多学者们利用一些模型来放松MM定理的假设并且考虑了负债的成本。在早期的模型里,Kraus和Litzenberger(1973)与Scott(1976)认为,公司的财务压力的成本抵消了负债所获的税收利益,因此可以选择一个小于100%负债的最优资本结构。还有很多其他的模型引进了各种各样的成本来平衡负债的税收利益。[1] 但是一些基本的结论与MM定理保持相似:其一为征税增加了公司进行债务融资的激励;其二为公司价值会随着负债而增加(直到边际成本等于负债的边际利益)。

总之,债务相对于股权融资最主要的优点就是它可以给企业带来税收优惠,因为债务利息可以在税前扣除,从而减少应纳税所得额而给企业带来价值增加的效用。世界上大多数国家都规定债务利息可以税前扣除。在既定利率和所得税税率的情况下,企业的负债越大,利息抵税效用也就越大。但不考虑税收因素,持续增长的债务最终会导致财务危机。负债给企业增加了压力,因为本金和利息的支付是企业必须承担的合同义务。如果企业无法偿还会面临财务危机,进而增加企业的费用,减少企业所创造的现金流量。

如上所述,从MM定理的结论分析,最优的公司资本结构应当为100%负债,但在现实中是不可能的,除了公司法等各方面的限制外,也有个人所得税的影响。尽管对个人的股息收入与利息收入都要征收个人所得税,但在许多国家,由于股票出售的资本利得,即买卖间的差价,可以享受较低的优惠税率,对于长期资本利得税收优惠更多。个人所得税方面的优惠使个人持有股票更有利可图,正好与债务利息税前扣除的优惠相互抵消,在一定程度上抑制了企业扩大债务比例的冲动。实际上,企业的资本结构还受许多非税收因素的影响。通过产权融资除了要支付股东股息外,还必须承担一部分股票发行成本。债务融资也有融资成本。因此,两种融资渠道本身成本的大小也是影响企业资本结构的因素之一。另外,在中国目前的情况下,资本市场还不够完善,企业除上市公司外,转让与交易的成本较高,资本流动性较差,出于种种动机,中国的企业更倾向于通过产权融资。从企业所得税的角度来分析,由于企业支付给债权人的利息可以税前扣除,而支付给股东的红利不能在税前扣除,通过债务融资可能更有利。所以,企业可以改变资本结构,增加融资比例,以更多地利用税收谋利。在现代跨国投资

---

[1] 例如Jensen和Meckling(1976)与Myers(1977)的代理成本模型。

环境中，由于各国对跨国股息所得和银行借贷利息的纳税处理差别更大，跨国投资者常常会利用这种税收差别，少投入股份，多利用借贷资本，采用贷款的方式替代募股方式进行的投资或者融资等资本弱化的方式来达到避税的目的。这种避税形式已经越来越引起各国税务部门的重视。

3. 企业所得税税负对企业分配政策的影响

企业最重要的收入分配政策就是红利分配政策，即将税后利润以何种形式对股东进行的量化安排。企业的收入分配政策受到企业所得税和个人所得税的综合影响。不管是实行何种税制的国家，实际上，在现行企业所得税和个人所得税共存的条件下，由于股息分配是税后利润的分配，在分配给个人股东后还要承担个人所得税，因而，分配利润比留存利润承担更重的税收负担，从这个角度上来说，企业所得税与个人所得税起到了鼓励企业增加留存利润的作用。

客观地进行分析，企业留存利润的增加对现存企业发展是有利的，但在一定程度上限制了新企业的发展，因为这些新企业必须进入资本市场寻求资金，所以企业所得税制对外部资本市场产生了扭曲作用。同样，由于企业的留存利润没有征税，相对其他个人资本而言，所承担的税收要少，资本的使用成本更低。换句话说，如果用留存利润来投资某一项目有利，但通过外部资本市场来筹资可能会无利可图，这会形成资本利润率较低的企业将留存利润继续投资于低效率的项目上，形成资本效率的损失。

但其实，如果企业觉得将留存利润用于扩大投资或新开工项目不合算，这些企业会将留存利润投资于金融资产，从而增加社会资本的供给量，使社会上其他企业能够高效地利用这些资本。因此，对股息分配的歧视性征税政策无疑会减少企业股息分配的比例。因为在其他条件不变的情况下，追求税后收入最大化和税收最小化是投资者的目标，一般情况下，投资者可能不愿以红利的形式取得收入。

但是，在一些国家，由于实行综合个人所得税制度，允许借债支付的利息从个人所得中扣除，可以通过适当的税收筹划将红利收入的实际税负降为零，即在收到红利收入的同时，通过介入一定数量的资金再投资于其他利息收入不用纳税的项目，只要借债的利息与红利相等，且支付的利息可以通过再投资予以补偿，则红利收入就可以不用纳税。这种情况的发生还需要许多条件，目前一些国家也认识到了这一漏洞，对利息支出的扣除规定了数额。

实际上，尽管存在对红利的双重征税问题，但由于许多国家对资本利得，特别是长期资本利得有税收优惠政策，因而，企业大股东很容易将红利收入分配转换成资本利得。当然，这很大程度上取决于控股股东的行为，企业控股股东一般个人所得较高，适用于较高的个人所得税累进税率，企业个人控股股东可能更倾向于增加留存利润,通过提高股东权益使企业的市场价值增加,通过转让企业资产获取资本利得的方式来取得收入,从而规避税收或者降低税收负担。由于企业控股股东与小股东之间可能存在信息不对称,一方面,小股东可能由于将企业股票过早出售转手,既没有获得红利收入,也没有获得资本利得;另一方面,由于控股股东的个人所得额较高,适用的个人所得税累进税率也较高,控股股东将红利收入转换成资本利得时,比小股东获得的税收收入优惠要大得多。为了避免大股东的这种行为,同时减少企业留存利润对资本市场的扭曲,一些国家采取了针对性政策来解决这一问题:一是对留存利润或者未分配利润课以较高的税率,促使企业扩大利润分配比例;二是对控股达一定比例的大股东的资本利得课以较重的个人所得税,甚至是取消个人所得税的优惠。通过双管齐下的措施,可以在一定程度上解决企业收入分配的问题。当然,不同的国家对企业的红利分配可以采取不同的政策。对企业来说,如果不分配红利而保留这部分资金进行再投资,对大股东们是百利而无一害。为了促进企业的进一步发展,可通过企业所得税政策的调整,鼓励企业储蓄和抑制公司红利的分配。如果对企业所得征税,则在股份公司的条件下必然会减少公司利益净额,从而会削减公司从事更多的投资和获得更多的利润,全社会的资本收益下降,资本所有者的收入也下降,假定资本所有者的储蓄倾向高于普通劳动收入者的储蓄倾向,必然会降低整个社会的储蓄水平,从而影响投资水平。如果政府为了发挥资本市场的作用而增加消费支出,需要鼓励企业再分配和抑制保留利润,可以通过对未分配利润征税而对作为股利支付的利润免税的方法达到这一效果。

4. 企业所得税税负对企业投资决策的影响

(1) 新古典主义投资模型下的企业所得税税收效应

新古典主义的投资模型最主要的假设就是否定了古典主义加速模型中的资本与产出比例固定的假设,认为企业可以利用不同的技术水平获得不同的资本产出比例。新古典主义投资模型的代表者是 Jorgenson,其在 1963 年的一篇文章《资本理论与投资行为》中进行了详细的阐述。接下来我们将对 Jorgenson 的模型进行回顾和分析。

Jorgenson 运用新古典经济学理论对企业的投资行为进行了模型化分析。假设 p 为产出成品的价格,s 为工资率,q 为资本的价格,Q 为产量,L 为可变投入——劳动的投入量,I 为利率,那么投资的净利润就等于 $R = pQ - sL - qI$。我们假设,u 为直接税的税率,v 为由于税收目的对资产价格中的扣除部分,w 为利息部分,x 为收入中的资产损失部分,K 为资本存量,δ 为折旧率,有了上面的定义,直接税 D 的表达式如下:

$$D = u[pQ - sL - (v\delta q + wrq - x\dot{q})K]$$

在标准的新古典生产函数下求极值，约束条件为资本的增长率等于总投资减去重置投资。我们可以得出，最优条件也就是边际生产率满足以下关系：

$$\frac{\partial Q}{\partial L} = \frac{s}{p} \qquad (2-12)$$

$$\frac{\partial Q}{\partial K} = \frac{q\left(\frac{1-uv}{1-u}\delta + \frac{1-uw}{1-u}r - \frac{1-ux}{1-u}\frac{\dot{q}}{q}\right)}{p} \qquad (2-13)$$

第二个关系中的分子是每一时期中单位资本的影子价格，也可称为资本的使用成本。我们假设资本价格变化率为零，也就是说资本利得是转瞬即逝的，那么上式分母中的最后一项变为零，而资本的使用成本 $c = q\left(\frac{1-uv}{1-u}\delta + \frac{1-uw}{1-u}r\right)$。在满足边际生产率以及资本使用成本两个关系的情况下，在稳定状态下，投资水平就会趋于一个最优稳定的资本存量，如果使用柯布—道格拉斯生产函数来表达，那么稳态下的资本存量即为：

$$K^* = \gamma \frac{pQ}{c} \qquad (2-14)$$

其中，γ 为资本对产出的弹性系数。在动态系统中，企业会持续投资直到达到合意资本存量，即 $I = K^* - K_{-1}$，K_{-1} 为上期资本存量。

从 Jorgensen 的模型中可以看出，u 作为所得税的代表进入资本使用成本中，进而影响到稳态下合意资本存量，并进一步影响到企业投资的动态过程，因为所得税政策会通过折旧扣除与投资税收抵免来影响资本成本。首先，从税收结构来讲，如果税收法规允许税前可以抵扣较多的折旧，或者允许加速折旧的话，那么相当于降低了资本的使用成本，同时，允许投资税收抵免也会带来同样的效果。其次，从税收总量来讲，所得税税率降低同时会降低投资者的资本使用成本。

根据以上的分析，Jorgensen 在 1967 年的文章中重新在新古典经济学中的最优资本存量模型的框架下深入研究并讨论了税收政策对投资支出的影响。他认为，税收政策不仅对投资支出的时机和水平选择有着高度影响，同时还影响投资的组成结构。他研究的方法如下：首先是衡量公司使用固定资产的成本，这项成本与使用资产的回报率、投资品的价格以及对收入的所得税处理有关；其次是对使用资产的成本以及投资支出水平之间的关系进行实证分析。在这两个步骤下，第一步可以得出在一个公司想要得到的资本水平下进行的新增投资所导致的投资支出的一个概率分布的估计值，接下来估计由于税收政策的变化而导致的投资函数的值和概率分布，然后在不同的投资税收抵免和折旧方法中进行讨论。根据他的研究，1954 年美国的加速折旧政策使得公司的投资结构从机器设备转向建筑物，而 1962

年的降低折旧年限和投资税收抵免政策使得公司的投资从建筑物转向机器设备。

(2) 托宾的 q 理论与企业所得税税收效应

托宾在1969年提出了另一种分析企业投资的方式,也就是通过股票市场金融融资来筹集投资资金。由于股票市场的价格的高低体现了公司融资成本的高低,如果股票价格高,公司只需出售较少的股权就能得到比股票价格低时所需的同样的资金,因此,股票价格较高时公司很可能愿意使用出售股票的方式来进行融资。如果将负债融资与资本市场融资结合起来考虑,那么在资本市场中权益资本的成本就可以用企业的股息与股票价格之比来衡量。因此,股票价格越高,权益资本的成本就越低,整体资本成本也就越低。托宾在1969年的q理论,将q定义为一个企业的资产的市场价值(也就是股票市场上的价值)与其重置成本(也就是生产这些资本的成本)之比。这样一来,q值的大小就是资本市场与实际经济活动的重要联系之一。在通常情况下,企业的市场价值与其重置成本总是不一致的,因此q的值一般不等于1。当q大于1时,也就是企业在资本市场上的价值高于重置成本时,增加资本的成本小于资本收益现值的市场评价,因而会促进投资;当q值小于1时,企业在资本市场上的市场价值低于重置成本,则会抑制投资。也就是说,q的值越大,投资也就越大。[①] 而税收会通过影响企业资本市场价值以及重置成本两种方式进入q函数,进而影响企业的投资行为。

从上面两种税收对投资的影响方面的研究可以看出,新古典主义学者主要是通过企业投资的具体行为进行分析,从微观角度进行研究得出税收政策对投资影响巨大的结论。托宾的q模型则是从上市公司资本市场价值与重置成本的关系角度来对企业投资行为进行的分析。从理论与部分实证检验的文献中可以看到,企业投资行为确实会受到税收政策的影响,在本书的第四章我们将给出企业所得税实际税负与固定资产投资以及外商直接投资之间关系的实证分析。

五、本章小结

本章是本书的理论部分,主要阐述了企业所得税的基本概念以及税收负担的相关理论,主要对企业所得税税负的不同计量方法进行分析和讨论,同时介绍了企业所得税税收负担对投资、FDI流入、公司融资结构以及投资决策方面的影响,也是第三章、第四章的实证分析的理论基础。

---

① 余永定,张宇燕,郑秉文. 西方经济学 [M]. 北京:经济科学出版社,1997:368-369.

第三章 我国企业所得税税负水平分析

一、我国企业所得税的改革历程：税负变化的制度背景

(一) 中华人民共和国成立初期到改革开放前的企业所得税税制

我国的所得税宏观税负的变化趋势是与我国企业所得税的建立、发展和改革密切相关的。早在1936年，当时的国民政府就公布了《所得税暂行条例》，并于同年10月1日起开征，这是我国第一次开征所得税。1943年，国民政府公布了《所得税法》，这也是中国历史上的第一部所得税法，但是由于当时国内经济萧条，政治混乱，所得税并没有进行实质意义上的征收。因此可以说我国真正意义上的所得税改革和发展是从新中国成立以后开始的。1949年新中国成立之初，召开了首届全国税务会议，并确定了统一全国税收制度以及税收政策的方针。在这其中就包含对企业所得进行征税的方案。1950年，中央人民政府发布了《全国税政实施要则》和《工商业税暂行条例》等法规，规定了15种税收。在这些税种中，涉及对企业所得征税的有工商业税种的商业所得税和存款利息所得税两种，当时还并没有形成独立完整的企业所得税制度。1953年，为了配合第一个五年计划的实施，我国进行了第一次税制改革，调整了大部分的工商税，保留了利息所得税和商业所得税，但是根据企业的所有制性质分别进行征收、照顾和不征收。也就是对私营经济征收，合作经济照顾，国有经济不征收。1958年，我国进行了针对工商税制的第二次税制改革，此次改革是在社会主义改造完成之后，国内经济主要由国有经济和集体经济占据，因此改革目的是将征税对象和税源转至社会主义经济主体而不是资本主义工商业。改革内容就是建立面向集体经

济和私营经济征收的工商所得税,但是没有独立进行立法。税率采用5%~30%的14级全额累进税率。除了集体经济和私营经济之外,公私合营企业和国营企业都不缴纳所得税,而分别实行上缴利润和税利合一的政策。

(二) 改革开放至今的企业所得税制度的建设与发展

实行改革开放政策以后,我国进一步加快了税制建设和改革,税收收入逐渐成为国家财政收入的主要来源,同时也成为了调控经济的主要手段。我国的企业所得税制度在这一阶段有了很大的发展。我国企业所得税制度的改革和完善可以分为以下四个阶段。

1. 内资企业所得税制度的建立

改革开放以后,根据财税部门对国营企业开征所得税的设想和方案,我国的国营企业从1983年到1984年分两步实行了国营企业上缴利润改为上缴所得税制度,也就是"利改税"。随后,也就是在1984年9月18日,国务院发布了《中华人民共和国国营企业所得税条例(草案)》和《国营企业调节税征收办法》,自同年10月1日起施行。国营企业所得税的纳税人为实行独立核算的国营企业,征税对象为纳税人的生产、经营所得和其他所得。税率按照企业规模不同来进行区分。其中,大中型企业实行55%的比例税率,小型企业及部分国有服务性行业企业适用10%~55%的超额累进税率。国营企业调节税的纳税人为实行独立核算的大中型国营企业,也就是国营企业所得税纳税人的一部分,征税对象同所得税的征税对象相同,税率由财政部门与企业主管部门共同核定,核定方法是:以核定的基期利润扣除按照55%的比例税率计算的所得税和1983年合理留利以后的余额占核定基期利润的比例为调节税的税率。1987年,国营企业又进行了承包责任制改革,使国营企业所得税名存实亡。随后的"税利分流"改革又对国营企业所得税进行征收,并大幅降低了所得税税率,实行10%~35%的5级超额累进税率,此次改革为进一步统一内资企业所得税打好了基础。

在改革国营企业所得税的同时,我国对集体企业所得税也进行了重大改革。1985年4月11日,国务院发布《中华人民共和国集体企业所得税暂行条例》,暂停对集体企业征收工商所得税。《集体企业所得税暂行条例》结束了我国集体企业所得税征收标准和办法不统一的局面。集体企业所得税的纳税人为从事工、商、建筑、服务、交通等行业独立核算的集体企业,实行10%~55%的8级超额累进税率。条例中同时规定了集体企业在部分行业和地区生产经营所能享受到的税收优惠。

在对集体企业所得税改革之后,1988年6月25日,国务院颁布了《中华人民共和国私营企业所得税暂行条例》,自1988年起施行。私营企业所得税的纳税人为从事工、建筑、交通运输等行业的私营企业,适用税率为35%。条例中也规定了纳税人在部分行业和地区生产经营所能够享受的税收优惠。

至此,我国的内资企业所得税制度呈现了按所有制划分,区别对待的差异型所得税税制格局。

2. 涉外企业所得税制的建立①

1980年9月10日,第五届全国人民代表大会第三次会议通过了《中华人民共和国中外合资经营企业所得税法》,这是新中国成立以后的第一部企业所得税法,也是我国第一次对外资企业征收所得税。中外合资企业所得税的纳税人为设在中国境内的中外合资经营企业,征税对象为纳税人取得的生产、经营所得和其他所得,实行30%的比例税率,并附征10%的地方所得税。外国经营者所有的利润在汇出境外时还要缴纳汇出额10%的所得税。同时税法还规定了对新办企业、部分行业企业以及部分地区开办的企业的税收优惠政策。

在《中外合资经营企业所得税法》公布实施后的第二年,即1981年12月13日,第五届全国人民代表大会第四次会议通过了《中华人民共和国外国企业所得税法》,自1982年1月1日起施行。外国企业所得税的纳税人是在中国境内取得生产、经营所得和其他所得的外国企业,征税对象为纳税人取得的生产、经营所得和其他所得,实行20%~40%的5级超额累进税率,并附征10%的地方企业所得税。税法还规定了外国企业在从事部分行业时可享受税收优惠。外国企业等未在境内设立机构、场所的组织在取得来源于国内的部分所得要征收20%的所得税。②

3. 内外资企业所得税的分别统一

随着我国对外开放政策的进一步贯彻和利用外资的发展,简化外资企业所得税税制,1991年4月9日,第七届全国人民代表大会第四次会议将《中外合资经营企业所得税法》与《外国企业所得税法》合并,制定《中华人民共和国外商投资企业和外国企业所得税法》,自同年7月1日起施行。外商投资企业和外国企业所得税的纳税人为外商投资企业和外国企业,征税对象为纳税人的生产、经营所得和其他所得。外资企业所得税的税率为30%,地方所得税的税率为3%。设在经济特区的外商投资企业,在经济特区设立机构、场所从事生产、经营的外国企业和设在经济技术开发区的生产性外商投资企业,减按15%的税率征收企业所得税。设在沿海经济开放区和经济特区、经济技术开发区所在城市的老市区的生产性外商投资企业,减按24%的税率征收企业所得税。设在沿海经济开放区和经济特区、经济技术开发区所在城市的老市区或者设在国务院规定的

---

① 刘佐. 曲折的历程——企业所得税回眸 [J]. 中国税务,2001(8):18-21.
② 国际金融组织贷款给中国政府和中国国家银行取得的利息,可以免征所得税。

其他地区的外商投资企业,属于能源、交通、港口、码头或者国家鼓励的其他项目的,可以减按15%的税率征收企业所得税。税法同时还规定了其他税收优惠。①

1992年10月召开的中国共产党第十四次全国代表大会提出了建立社会主义市场经济体制的战略目标,从而为我国企业所得税制度的改革提供了重要的契机。财税部门提出,为了适应社会主义市场经济体制的需要,公平税负,促进竞争,必须改革企业所得税制度。在实施步骤上可以分为两步走:第一步,先将对国营企业、集体企业、私营企业等内资企业分别征收的所得税统一起来;第二步,再将对内资企业和外资企业分别征收的所得税统一起来。1993年12月13日,国务院将国营企业所得税、国营企业调节税、集体企业所得税和私营企业所得税合并,制定了《中华人民共和国企业所得税暂行条例》,自1994年1月1日起施行。内资企业所得税的纳税人为中国境内的国有企业、集体企业、私营企业、联营企业、股份制企业和其他组织,征税对象为纳税人来源于中国境内、境外的生产、经营所得和其他所得。一般企业适用33%的税率,微利企业暂时适用27%或者18%的税率,金融、保险业暂时适用55%的税率(1997年以后降为33%)。符合条例规定的企业可以享受一定的减税和免税待遇。

至此,我国企业所得税一种税收两种制度的局面就此形成。应该说,两税并存的制度局面在我国改革开放时期,对于我国引进大量外资、先进的生产技术和管理经验,改善我国投资环境,充分发挥我国区位优势方面起到了巨大的作用。然而,随着经济发展阶段的不断跨越,两税并存越来越成为一个突出的问题,这主要表现在以下几个方面:

一是内外资企业的税基不统一。内资企业普遍存在成本费用补偿不足问题。我国以往的外资企业所得税法允许外资企业的成本费用在税前全部扣除,但是内资企业所得税法却不允许内资企业进行成本费用的完全补偿。例如,劳动力成本扣除不统一。内资企业的工资不能全额抵扣,要按规定的计税工资额进行税前扣除,超过部分要缴纳企业所得税;而外资企业并无计税工资的条款,因而导致内资企业劳动力消耗的补偿不足,而外资企业的劳动力成本扣除则没有过多的限制条件。内资企业与外资企业劳动力的成本扣除差异使得内资企业在吸引人才方面显现出了明显的劣势。还有就是资本和利息费用扣除不统一。以前税法规定的企业资本折旧率非常低,与现实不符,内资企业固定资产折旧率明显偏低就意味着内资企业的资本消耗得不到足额补偿,而且对于利息费用的扣除也不符合现实,使得企业在费用方面增加了财务负担;再次是企业的技术研发费用扣除严重不统

---

① 摘自《中华人民共和国外商投资企业和外国企业所得税法》,财政部网站。

一，内资企业的成本扣除远远低于外资企业的扣除标准。此外，一些经营费用、生产费用等的扣除也存在不统一的现象。

二是税收优惠政策不统一，使得内资企业的实际税负高于外资企业的实际税负。两税合并之前的企业所得税中对于内资企业的税收优惠以免税期限和优惠税率为主，而对外资的税收优惠形式更加多样化，再投资退税、投资抵免等手段得到了应用。例如外资企业在生产性领域、能源和基础设施以及高新技术投资领域，普遍享受"两免三减半""五免五减半"等所得税优惠政策；对出口导向型的外资企业，规定凡是出口产值超过总产值70%的，其所得税进一步减半；另外合并之前的税法还规定了外资企业再投资退税等优惠政策。对内资企业没有适用类似的优惠政策，内资企业税负远高于外资企业税负，造成了横向的不公平。

这样，一个税种、两种税制带来的直接后果就是：第一，直接加大了内资企业的生产成本，降低了内资企业的盈利能力和综合竞争力，使得内资企业在吸引人才、技术研发方面与外资企业的差距加大，大大影响了内资企业的创新能力和竞争能力，内资企业在部分领域无法与外资企业公平竞争。第二，无法体现我国的产业政策，使得我国产业结构失衡状态无法得到充分矫正。两税合并之前内资企业的研究开发费用缺乏必要的扣除，使得税收优惠难以发挥作用，加之税收优惠是以企业而不是产业或具体项目为优惠对象，因此，高新技术企业的非高新项目也享受到了税收优惠，造成政策的滥用。税收优惠以区域性优惠为主，使得区域之间的不平衡继续扩大，不利于我国协调各地区之间的发展。第三，增加了税法的复杂程度，助长了税收侵蚀活动，一些守法企业的实际税负反而高于一些通过不法活动获得税收优惠的企业，假独资、假合资企业泛滥，影响了市场经济配置资源的效率，极大地影响了税收的征管管理。第四，合并之前的企业所得税使得我国大量引进的外资集中在劳动密集型产业，处于低端的价值链，技术水平比较低，直接制约了我国产业机构的升级和进步，影响了我国经济的长期增长的质量。企业所得税制度无法充分吸引资本密集型的高新技术产业，这导致我国产业机构低级化倾向严重，而且外资大部分集中于东部沿海地区，使得我国地区间差异逐渐拉大，导致我国区域经济发展不平衡。[①]

4. 新世纪的企业所得税制度——两税合并

随着时代的进步和国内外经济形势的不断变化，各方面要求两税合并的呼声也越来越大。2007年3月16日，统一的《中华人民共和国企业所得税法》由中华人民共和国第十届全国人民代表大会第五次会议通过。改革开放初期的所得税改革构想终于实现，迈出了税制改革的第二步。新税法改变了内资企业所得税立

---

① 樊勇. 企业（公司）所得税的制度效应：基于在中国的应用分析[M]. 北京：中国税务出版社，2009：48–50.

法层次低、优惠条件少以及外商合资企业和外国企业的超国民待遇的状况,对公平企业税收环境、改善企业竞争条件有着不可替代的作用。新税法规定,纳税人是指在中华人民共和国境内的企业和其他取得收入的组织。企业所得税的应纳税所得额为企业每一纳税年度的收入总额,减除不征税收入、免税收入、各项扣除以及允许弥补的以前年度亏损后的余额。企业的应纳税所得额乘以适用税率,减除依照《企业所得税法》关于税收优惠的规定减免和抵免的税额后的余额,为应纳税额。新企业所得税的税率统一为25%,其中非居民企业在中国境内未设立机构、场所的,或者虽设立机构、场所但取得的所得与其所设机构、场所没有实际联系的,应当就其来源于中国境内的所得缴纳企业所得税适用20%的税率。企业纳税年度发生的亏损,准予向以后年度结转,用以后年度的所得弥补,但结转年限最长不得超过五年。国家对重点扶持和鼓励发展的产业和项目,给予企业所得税优惠。符合条件的小型微利企业,减按20%的税率征收企业所得税。国家需要重点扶持的高新技术企业,减按15%的税率征收企业所得税。民族自治地方的自治机关对本民族自治地方的企业应缴纳的企业所得税中属于地方分享的部分,可以决定减征或者免征。自治州、自治县决定减征或者免征的,须报省、自治区、直辖市人民政府批准。企业综合利用资源,生产符合国家产业政策规定的产品所取得的收入,可以在计算应纳税所得额时减计收入。企业购置用于环境保护、节能节水、安全生产等专用设备的投资额,可以按一定比例实行税额抵免。根据国民经济和社会发展的需要,或者由于突发事件等原因对企业经营活动产生重大影响的,国务院可以制定企业所得税专项优惠政策,报全国人民代表大会常务委员会备案。2007年11月28日,国务院第197次常务会议通过《中华人民共和国企业所得税法实施条例》,自2008年1月1日起施行。该条例对新的所得税法的各项条款事项进行了详细的解释,并明确了新税法的各项规定,为贯彻落实新税法提供了翔实的说明。

　　从我国的企业所得税的改革历程可以看出,我国企业所得税制度的建立是一个由分散、分制走向集中、统一的过程,而仅仅从法定税率这个角度来说,企业所得税的改革也是企业法定税负逐渐下降的过程。随着企业所得税制度的完善和统一,我国企业的所得税税收收入也进一步趋于稳定。

　　从上述我国企业所得税改革的历程中可以看出,我国所得税制度从无到有、从简到繁、再从繁到简,经历了一个曲折的过程。根据各时期的经济发展状况和经济目标,制定与之相适应的税收制度和税收法规,是一个国家财政制度和税收制度日趋完善的必经之路。

　　下面我们将结合企业所得税改革的背景对企业所得税的规模、构成以及各项指标的比重分别进行分析。

二、我国企业所得税的宏观税负效应分析

从前面的理论和概念分析中我们知道，税收负担（简称税负）是指税收收入占可供征税的比重，按照所涉及的范围可以分为宏观税负和微观税负两种。宏观税负水平一般以税收总收入占GDP的比重来衡量，表明在GDP中政府所分走的份额，该指标是政府制定税收政策的重要依据，也是税收政策实施的综合体现。但是税收收入与GDP也并不是完全相关的，税收收入还受税收结构和征管水平等方面的影响。微观税负则以纳税人或纳税主体的纳税额占纳税人的相关收入的比重来表示。企业所得税税收负担即为企业所得税的税收收入和可供征税的企业所得税的税基之间的对比关系。在研究企业所得税的税收负担时，一般定义所指都是微观意义上的税负，而对企业所得税的宏观税负却很不好分析。这是因为我们一般意义上的宏观税负只限于税收收入占GDP的比重，而对特定税种并没有这样的说法。如果要定义企业所得税在宏观层面上的税负，那么就应当是企业所得税之和与所有企业的可征税利润之和之比。下面我们就将对这一指标的组成部分进行分析。

（一）我国企业所得税税收总额变化趋势分析

从国家统计局的网站上我们可以得到改革开放以后我国各项税收收入情况。其中，企业所得税2001年以前只包括国有及集体企业所得税，从2001年起，企业所得税还包括除国有企业和集体企业之外的其他所有制企业所得税，与以前各年不可比，也可以看出在2001年企业所得税有一个非常大的跳跃，因此，我们在企业所得税总额方面，只对2001年以后的企业所得税之间进行比较。图3-1是1994~2015年我国企业所得税税收总额与增长率的线—柱图。

从总体趋势来看，我国的企业所得税基本保持着逐年上涨的趋势，就总量而言，只看可比的2001年之后，企业所得税从2001年的2630.87亿元增长到2015年的27133.87亿元，增长了近9.3倍。从2003年开始，我国的企业所得税税收总额每年上一个千亿台阶，2003年到达3000亿元大关，2004年4000亿元，从2005年开始，企业所得税的增长速度开始加快，年均保持25%以上的增长率，2007年更是达到了36%。但从两税合并之后也就是2008年当年，政策效应凸显，企业所得税的增速比上年开始放缓，2009年企业所得税税收收入只比上年增长了3.23%，在这之后，两税合并政策逐步进入正轨，企业所得税税收收入增长率也呈现出波动态势。

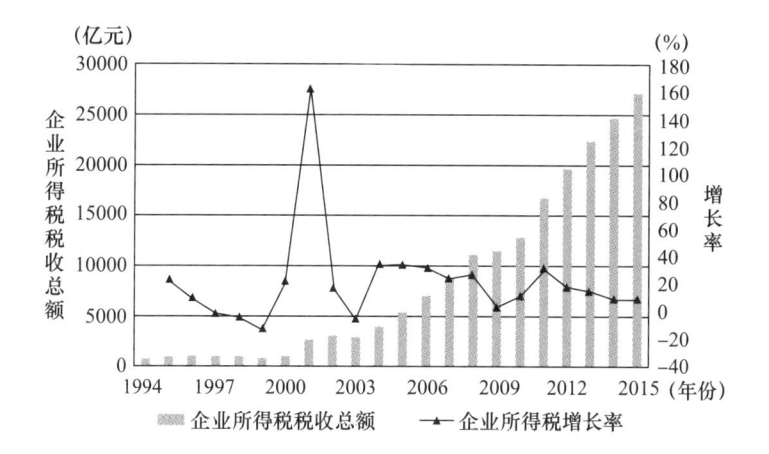

图 3-1 1994~2015 年我国企业所得税税收总额与增长趋势

资料来源：国家统计局网站，国家数据，http://data.stats.gov.cn/easyquery.htm?cn=C01，2017/09/19。

就具体年份来看，我们可以发现 2003 年的企业所得税的总额比 2001 年有所下降，这种现象可以从我国企业所得税的税收分享制度改革入手进行解释，在 2002 年底，我国实行企业所得税分享体制改革。此次改革的主要内容是：除铁路运输、邮政、银行以及海洋石油天然气企业所得税收入作为中央收入外，其他企业所得税以 2001 年为基期，基数内部分由中央返还地方，超过基数部分由中央与地方按比例分享，2002 年中央和地方各分享 50%，2003 年中央分享 60%，地方分享 40%，2003 年以后的分享比例根据实际情况再做商定，完不成基数的地方，中央将调整减少基数并相应扣减地方分享收入，而中央因为所得税分享改革增加的收入，主要将用于中西部地区的转移支付。国税部门和地税部门的征管范围基本不变，但改革后办理设立开业登记的企业和其他缴纳企业所得税的组织，其企业所得税由国税部门征收管理。此次改革的目的就是对企业所得税的分享范围和数额进行重新界定，减少地方政府为了保证财政收入而采取保护主义行为。而 2002 年的所得税总收入的下降可以认为是地方政府与中央政府在所得税分享制度上动态博弈的结果。地方政府为了获得中央政府更多的补助和返还，做低基数，以期获得更多的利益。因此全国范围内的企业所得税与 2002 年相比便不增反降了。

（二）我国企业所得税税收构成变化的分析

表 3-1 和图 3-2 为我们展示了我国企业所得税在两税合并之前的构成情况。可以看出，在我国分税制改革之后，企业所得税中绝大部分的收入均由内资

企业所贡献，外商投资和外商独资、中外投资与中外合作企业所缴纳的企业所得税所占的比重十分微弱，从2002年开始，外资企业所得税的税收总量不断增加，在急速增长的总的企业所得税税收收入中所占的分量也逐渐凸显。在两税合并之前，所得税中无论是内资企业的所得税还是外商投资企业和外国企业所得税都有较大幅度的增长。内资企业所得税从1994年分税制改革之初的639.4亿元增加到2007年的7723.7亿元，增加11倍之多。从前面的介绍中，我们知道2001年之前的内资企业所得税只包含国有及集体企业所得税，而不包含其他所有制企业的所得税，因此，倍数关系不尽精确，但趋势是显然的。而外商投资企业和中外合资与中外合作企业所贡献的企业所得税从1994年的48.1亿元增加到2007年的1951.2亿元，增长更是达到39倍，外资企业在创造大量就业岗位的同时，也贡献了大量的税收收入。

表3-1　1994~2015年我国企业所得税构成　　　　单位：亿元

年份	内资企业所得税	外商投资企业和外国企业所得税
1994	639.4	48.1
1995	763.1	74.2
1996	811.5	104.4
1997	931.7	143.1
1998	856.3	182.5
1999	1009.4	217.8
2000	1444.6	326.1
2001	2121.9	512.6
2002	1972.6	616.0
2003	2342.2	705.4
2004	3141.7	932.5
2005	4363.1	1147.7
2006	5545.9	1534.8
2007	7723.7	1951.2
2008	11170.1	
2009	12157	
2010	12843.5	
2011	16769.6	
2012	19654.5	
2013	22427.2	
2014	24642.2	
2015	27133.87	

资料来源：国家统计局网站，国家数据，http：//data.stats.gov.cn/easyquery.htm? cn = C01，2017/09/19。

第三章　我国企业所得税税负水平分析

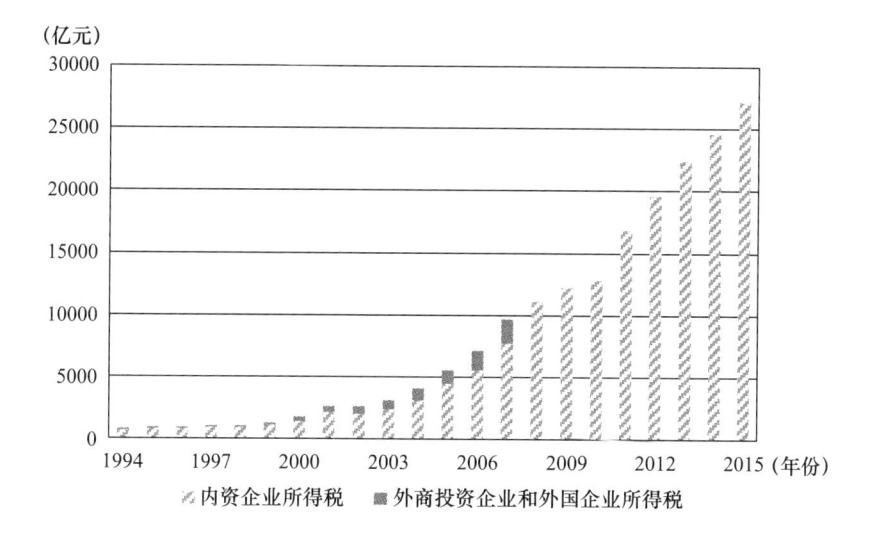

图 3-2　1994~2015 年我国企业所得税构成结构

资料来源：国家统计局网站，国家数据，http：//data.stats.gov.cn/easyquery.htm? cn = C01，2017/09/19。

（三）我国企业所得税的几个宏观指标动态变化分析

表 3-2 与图 3-3 为我们展示了企业所得税从税制改革以来分别占税收收入、财政收入以及国内生产总值的比重。[1]

表 3-2　1994~2015 年我国企业所得税占税收收入、财政收入以及 GDP 的比重

年份	企业所得税占税收收入的比重（%）	企业所得税占财政收入的比重（%）	企业所得税占 GDP 的比重（%）
1994	13.56	13.18	1.43
1995	14.02	13.41	1.38
1996	12.99	12.36	1.29
1997	13.07	12.42	1.36
1998	11.42	10.52	1.23
1999	11.90	10.72	1.37

---

[1] 靳东升、李本贵的《企业所得税理论与实践》第159页中将企业所得税占国内生产总值的比重称为企业所得税的宏观税负，本书不采用这种说法。

续表

年份	企业所得税占税收收入的比重（%）	企业所得税占财政收入的比重（%）	企业所得税占GDP的比重（%）
2000	13.98	13.22	1.78
2001	17.37	16.08	2.40
2002	15.23	13.69	2.15
2003	14.89	14.03	2.24
2004	15.84	15.43	2.55
2005	17.85	17.41	3.01
2006	18.81	18.27	3.34
2007	19.56	18.85	3.88
2008	20.60	18.22	3.72
2009	19.27	17.75	3.63
2010	17.54	15.46	3.21
2011	18.69	16.14	3.58
2012	19.53	16.76	3.81
2013	20.29	17.36	3.80
2014	20.68	17.56	3.82
2015	21.72	17.82	3.95

资料来源：国家统计局网站，国家数据，http：//data.stats.gov.cn/easyquery.htm？cn＝C01，2017/09/19。

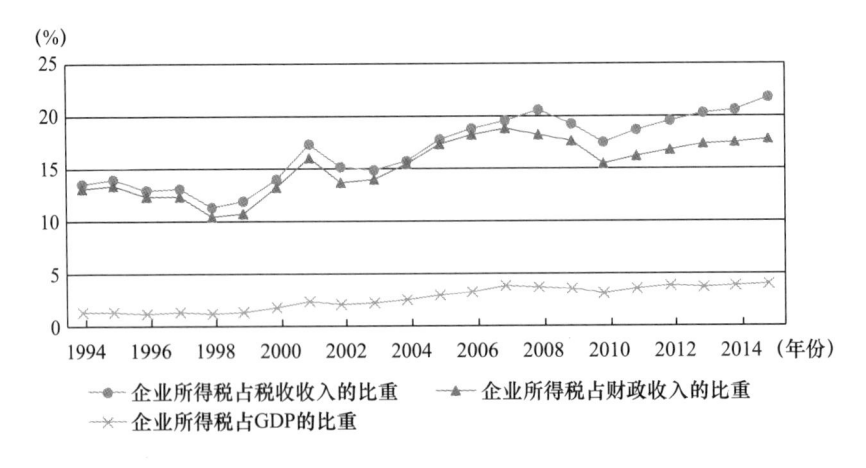

图3－3　1994~2015年我国企业所得税占税收收入、财政收入及GDP的比重

资料来源：国家统计局网站，国家数据，http：//data.stats.gov.cn/easyquery.htm？cn＝C01，2017/09/19。

总体来看，我国的企业所得税占税收收入的比重和占财政收入的比重在百分之十几左右，最高不超过1/5，这与我国以流转税为主体的税制结构、所得税的征纳水平和管理能力有很大关系。所得税的征管难度较大，一方面要求纳税人有较强的纳税意识和文化程度，同时纳税人还需要具备完善的会计制度和账簿资料，另一方面还要求税务机关具有先进的征管手段和严格执法的态度。从图3-3中可以清楚地看到我国企业所得税占税收收入以及占财政收入的比重变化趋势基本是一致的，这是由于我国的财政收入中大部分是税收收入。

我国企业所得税占财政收入的比重从税制改革以后就呈现出缓慢上升的趋势，但在1998年和2001年出现两个拐点。随后，在经历了一轮比重下降以后，企业所得税占这两者的比重近年来呈逐年上升的趋势。而从企业所得税占国内生产总值的比重来看，还是呈现稳定上升的态势，并且在2001年之后的增长要快于1994~2001年的增长。这主要归结于以下两个原因：一是随着逐步建立的现代企业制度，尤其是国企改革的逐步推进，旧的企业生产经营改善、活力增强，新设立的企业在良好的环境中能够持续良好的经营状态；二是随着税收网络化和税收人员素质的提高，所得税的征收与管理也日益强化。内在的经营改善与外在的征管水平的提高共同促进了所得税税收收入的增加。

三、我国企业所得税宏观税负的实证分析

（一）GDP核算方法与企业所得税宏观税负

在第一章的文献综述中我们回顾了研究企业所得税税负的主要文献，其中大部分都是关于上市公司的所得税税负，属于微观税负的范畴，而对企业所得税的宏观税负涉及较少，这可能也是由于企业所得税的宏观税负的税基比较特殊，它是所有企业所得税纳税人的利润总和，而这个指标是数以万计的企业利润加总而成，我们很难得到，要继续我们的分析，就必须找到能够替代利润总和的数据。本章对企业所得税宏观税负的研究方法借鉴了资本有效税率的计算方法。

我国许多学者都对资本收入的有效税率进行过测算，其中资本收入中的主要构成部分就是营业盈余，税收的部分含有企业所得税，但都经过调整。例如，马拴友（2001）在计算资本所得有效税率时使用的资本所得为经营盈余减去财政的国有企业亏损补贴再加上资本税收之和，而对资本的征税则采用耕地占用税、房产税、车船税、契税、印花税、企业所得税和增值税等数十个与资本要素相关的

税种，经计算表明我国的资本所得的有效税率有逐步下降趋势，并且低于大部分发达国家。李芝倩（2006）采用马拴友的方法测算了我国资本收入在1985~2003年的有效税率，结果表明我国资本有效税率在此时间段内有逐步升高的趋势，到2003年接近30%，并且远远高于劳动收入和消费支出的有效税率。王大林和成学真（2007）也采用同样的资本所得税税率的计算方法对1999~2005年间我国东、中、西三大区域的资本有效税率进行测算，得出如下结论：从横向来看，中部地区资本有效税率最低，东部地区和西部地区有效税率水平相当，2003年以后西部地区略低于东部地区；从纵向来看，在此时间段中，各区域的资本有效税率都呈现出一个开口向下的抛物线的形态，也就是资本有效税率先上升，到2001年达到顶点，又出现逐步下降的态势。这些测算方法都得出我国的资本有效税率高于劳动收入和消费支出。刘初旺（2001）在其研究中还得出我国资本有效税率远远高于企业所得税的法定税率的结论。在这些研究中采用的资本所得税有效税率的税基都是对营业盈余的调整。营业盈余是GDP收入法核算中的组成部分。

我们知道，在GDP的收入核算中，可以用生产法、收入法和支出法三种方法进行测算。生产法是从生产过程中创造的货物和服务价值入手，剔除生产过程中投入的中间货物和服务价值，得到增加价值的一种方法。收入法也称分配法，是从生产过程形成收入的角度，对常住单位的生产活动成果进行核算。国民经济各产业部门收入法增加值由劳动者报酬、生产税净额、固定资产折旧和营业盈余四个部分组成。支出法核算国内生产总值是指一个国家（或地区）所有常住单位在一定时期内用于最终消费、资本形成总额、政府支出以及货物和服务的净出口总额，它反映本期生产的国内生产总值的使用及构成。支出法国内生产总值＝消费＋投资＋政府购买＋净出口，是从商品和劳务的最终使用环节入手，通过计算整个社会购买的总支出来计算经济活动总量。

从理论上讲，以上三种方法是对同一主体从三个不同环节进行核算，其结果应该是一致的。在现今复合税制的结构下，生产、支出还有收入法这三种方法核算的GDP中都能看到不同税种参与的影子。例如，在生产法核算背景下，与之相关的税收主要是增值税、消费税和营业税。在收入法核算背景下，与之相关的税收有企业所得税与个人所得税。在支出法核算背景下，与之相关的税收有关税、增值税、消费税等。因此，GDP的收入法中应当含有能够代表企业营利能力总和的分量，并可以类似地代表企业所得税宏观税负的税基。

理论上以收入法核算的GDP中，包含以下几个部分：一是工资、利息和租金等要素报酬。工资包括薪金、津贴和福利，既有货币形式的，也有实物形式的，还有劳动者所享受的公费医疗和医药卫生费、上下班交通补贴和单位为职工缴纳的社会保险费等，也就是劳动者报酬。利息是指个人为企业提供货币资金所得到的货币补偿收入，包含银行存款利息、企业债券的利息等。租金包括出租土地、房屋等收入以及专利、版权等收入。二是非公司企业主收入，即采用自有资金，自我雇佣，工资、利息、租金等收入不进行区分而作为企业主的收入的那部分。三是公司税前利润，包含企业所得税、社会保险税、股利以及公司的未分配利润等。四是企业的转移支付以及向企业征收的间接税。企业转移支付包含对非营利组织机构的捐款和消费者呆账等。间接税包含货物税或者营业税、周转税等。五是资本折旧。因此，以收入法核算的 GDP 应该等于工资、利息、利润、租金、间接税和企业转移支付以及折旧之和。①

在实践中，我国国家统计局的国民经济核算中用收入法衡量的国内生产总值被分为四个部分，将上述理论中的第一部分和第二部分合并成为劳动者报酬，然后是营业盈余、生产税净额和折旧。其中，劳动者报酬是劳动者因从事生产活动所获得的全部报酬。生产税净额指生产税减生产补贴后的差额。生产税指政府对生产单位从事生产、销售和经营活动以及因从事生产活动使用某些生产要素，如固定资产、土地、劳动力所征收的各种税、附加费和规费，包括销售税金及附加、增值税、管理费中开支的各种税、应交纳的养路费、排污费和水电费附加、烟酒专卖上缴政府的专项收入等。生产补贴与生产税相反，是政府对生产单位单方面的转移支付，因此视为负生产税处理，包括政策性亏损补贴、价格补贴等，不含企业所得税与个人所得税。折旧是指对固定资产损耗的补偿，按照核定的固定资产折旧率提取的固定资产折旧，或按国民经济核算统一规定的折旧率虚拟计算的固定资产折旧，它反映了固定资产在当期生产中的转移价值。各种类型企业和企业化管理的事业单位的固定资产折旧指实际计提的折旧费；不计提折旧的单位，如政府机关、非企业化管理的事业单位和居民住房的固定资产折旧则是按照统一规定的折旧率和固定资产原值计算的虚拟折旧。原则上，固定资产折旧应按固定资产的重置价值来计算，但是我国现在尚不具备对全社会固定资产进行重新估价的基础，所以暂时只能采用上述方法来计算。营业盈余是资本要素在初次分配中所得，指各经济单位创造的增加值扣除劳动者报酬、生产税净额和折旧后的余额。这其中，个人所得税来自劳动者报酬，企业所得税来自营业盈余。

实际上，营业盈余与税收具有以下两种关系：营业盈余与生产税净额具有此消彼长的关系；与企业所得税具有直接的数量关系，营业盈余经调整后的应纳税所得额正是企业所得税的税基，这两者具有比例增减的关系。② 营业盈余就可以作为企业所得税宏观意义上税负的税基近似替代。近似替代的原因在于就企业层

---

① 高鸿业. 西方经济学（第二版）[M]. 北京：中国人民大学出版社，2000：466-468.
② 张伦俊. 税收与经济增长关系的数量分析 [M]. 北京：中国经济出版社，2006：163.

面来说，营业盈余与企业的营业利润还有很大差别：首先，营业盈余是从 GDP 核算中得到，也就是说它只计量当期生产的商品和劳务的价值，而无论这些商品和劳务是否销售，然后扣除有关成本费用等支出得到的，营业利润则是从当期销售的商品和劳务的收入中扣除有关成本费用等支出得到的。其次，营业盈余不包含企业或其他单位提供金融资产和出租土地等获得的利息、红利和地租等资本收入。因此，我们只能将营业盈余作为企业所得税宏观税负的近似税基进行计算。

另外，我们所计算出的企业所得税的宏观税负是一种"向后看"的，也就是对平均有效税率的计算，这是因为我们所计算出的结果都是以历史数据为基础；另一种"向前看"的计算方法则是对边际有效税率的测算。"向后看"的计算只是表明了一种事后的结果，也就是说我们所计算出的企业所得税的宏观税负是在一定经济政策条件下的所得税税收与营业盈余的关系，它是在测算期间一系列政策动态调整的结果。因此，在对这个指标进行分析的过程中要注意对分子和分母分别考虑，如果一个地区的企业所得税的宏观税负高，可能是税收收入相对于营业盈余的变化比其他地区较高，也可能是营业盈余的减少相对于其他地区的税收收入的增加要多，也可能兼而有之，只是程度有所不同。

（二）企业所得税宏观税负：全国层面分析

我们采用国家统计总局 2003~2015 年的地方生产总值中的营业盈余的总和作为所得税负的税基，将中央级次和地方级次的企业所得税总和作为宏观税负的分子，所得到的全国范围内的企业所得税的宏观税负的变化趋势如图 3-4 所示。

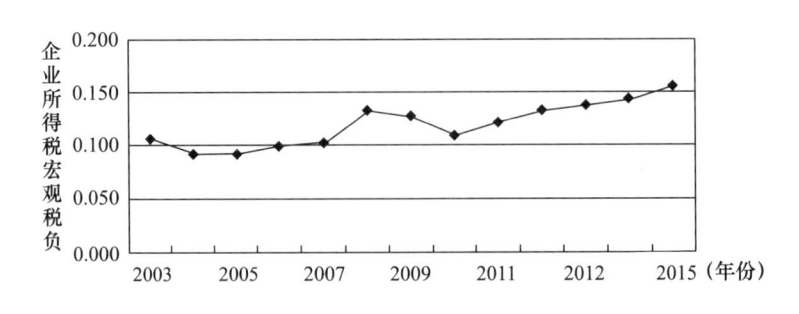

图 3-4 2003~2015 年企业所得税宏观税负

资料来源：国家统计局网站，国家数据，http://data.stats.gov.cn/easyquery.htm? cn = E0103。

从图 3-4 可以看出，我国的资本所得税率基本维持在 10%~15%，而且近几年的水平都在 15% 左右，自 2010 年开始有逐渐上升趋势。具体来说，2003 年企业所得税宏观税负水平在 10% 附近，2004 年降至 8%，2005 年上升至 9%，

2006年又呈现出一个上升的趋势并达到10%，2007年进一步上升并略微超过了2003年的水平，接近10%。2008年两税合并，企业所得税宏观税负有一个大的飞跃，达到13.3%，而后又有一个下降，到2010年，宏观税负又下降至税改之前的水平，为10.9%。而后，企业所得税税负沿着稳定的路径逐步上升，截至2015年，企业所得税宏观税负已达到15.6%，为近十年来的最高水平。

根据我们计算的公式可以知道，将GDP的收入法中的营业盈余作为企业所得税宏观税负的税基，在经过GDP的初次分配后，从中课征到的企业所得税在整个营业盈余中所占的比例并不是很大，也就是说在企业层面上的资本税负并不是很高。这种计算方法与马拴友（2001）、李芝倩（2006）、刘初旺（2001）等的研究中所计算出的全部资本税率偏高的结论截然相反。刘初旺（2001）还将企业所得税法定税率与资本有效税率进行直接比较，得出我国资本有效税率远远高于企业所得税名义税负的结论。

在这里我们并不认可这种方法，这是由于测算资本有效税率的方法与本书中涉及的企业所得税的实际税负的计算方法不同，相对于企业所得税而言，资本有效税率所涵盖的税种和各种资本收入要复杂得多。因此只能说这种计算方法代表一种指标的测度，只是代表资本有效税率的一部分。

本章对所列举的企业所得税的宏观税负的计算方法的讨论也是如此，这种计算方法只是表明分子与分母所代表的经济含义的一个数值上的对比关系。资本有效税率包含多种税收，其资本收入也是对营业盈余的修正，而我们仅仅考虑企业所得税，也没有考虑政府对亏损企业的补贴等因素，如果假设对资本的有效税率的计算结论正确，那么按本书的计算方法，与资本有效税率相比较来说，就企业所得税而言，其负担并不是很高，再结合资本有效税率的计算方法，可以得出，我国除企业所得税外的资本税负较高，至少在2005年前是如此。这些税收包含土地使用税、土地增值税、耕地占用税、房产税、车辆购置税、车船使用税、固定资产投资方向调节税、印花税、资源税、城市维护建设税、烧油特别税、牲畜交易税、契税，以及增值税、营业税和个人所得税中应计入对资本征收的部分。

（三）企业所得税宏观税负：区域分析

在地区的研究方面，我们采用区域研究方法，首先分别对我国的东部地区、中部地区和西部地区的各个省份进行讨论，再对整个区域进行比较分析。[①]

---

① 在这里，我们采用的东、中、西三个区域划分方法如下：东部地区包括北京、天津、河北、辽宁、上海、江苏、浙江、福建、山东、广东、海南11个省份；中部地区包括山西、吉林、黑龙江、安徽、江西、河南、湖北、湖南8个省份；西部地区包括广西、内蒙古、重庆、四川、贵州、云南、西藏、陕西、甘肃、青海、宁夏、新疆12个省份。

1. 东部地区的所得税优惠政策

我国的三大区域间的所得税税收政策有很大差别。我国在改革开放之初，也就是1980年，设立了深圳、珠海、汕头、厦门四个经济特区，1988年又将海南列入第五个经济特区。1984年国务院又将大连、秦皇岛、天津、烟台、青岛、连云港、南通、上海、宁波、温州、福州、广州、湛江、北海14个城市设为对外开放的沿海港口城市。1985年以后，又将长江三角洲、珠江三角洲、闽南厦漳泉三角地区、辽东半岛、胶东半岛及环渤海地区增设为沿海经济开放区。1990年6月，又增加了上海浦东新区、长江沿岸的武汉及重庆等6个城市和合肥及南昌等4个城市作为长江流域经济开放带。1992年以后，我国又批准了沿边13个城市、乡镇和14个省会城市为对外开放城市，并且在很多城市建立经济技术开发区、高新技术产业开发区和部分沿海城市的保税区。

在这些经济特区、开放城市以及开发区设立的企业，大多数能享受到不同程度的所得税优惠政策。具体来说，在两税合并之前，在经济特区的外商投资企业可以减按15%的优惠税率缴纳所得税，地方政府可以减征或免征地方所得税。在经济技术开发区、沿海开放城市的生产性外商投资企业，可以减按24%缴纳企业所得税，地方政府可以减征或免征地方所得税。在上海浦东新区设立的生产性外商投资企业和部分从事基础设施建设的外商投资企业以及设立在省会城市中的高新技术产业开发区内的高新技术企业，可以减按15%缴纳企业所得税。

2008年两税合并后，《国务院关于经济特区和上海浦东新区新设立高新技术企业实行过渡性税收优惠的通知》（国发〔2007〕40号）规定，根据《中华人民共和国企业所得税法》第五十七条的有关规定，国务院决定对法律设置的发展对外经济合作和技术交流的特定地区内，以及国务院已规定执行上述地区特殊政策的地区内新设立的国家需要重点扶持的高新技术企业，实行过渡性税收优惠。对深圳、珠海、汕头、厦门和海南经济特区以及上海浦东新区内在2008年1月1日（含）之后完成登记注册的国家需要重点扶持的高新技术企业（以下简称新设高新技术企业），在经济特区和上海浦东新区内取得的所得，自取得第一笔生产经营收入所属纳税年度起，第一年至第二年免征企业所得税，第三年至第五年按照25%的法定税率减半征收企业所得税。[①]

2. 西部地区的所得税政策

1999年，中共中央为了贯彻邓小平关于我国现代化建设"两个大局"的重要战略思想，实现东西部地区协调发展，在11月召开的经济工作会议上将西部

---

① 《国务院关于经济特区和上海浦东新区新设立高新技术企业实行过渡性税收优惠的通知》（国发〔2007〕40号），国家税务总局网站，http：//hd.chinatax.gov.cn/guoshui/action/GetArticleView1.do？id=1891&flag=12017/09/24。

大开发列为2000年的经济工作重点。2000年10月，中共十五届五中全会通过了《中共中央关于制定国民经济和社会发展第十个五年计划的建议》，把实施西部大开发以及促进地区协调发展作为一项战略任务写入"十五"计划。2001年3月，九届全国人大四次会议通过的《中华人民共和国国民经济和社会发展第十个五年计划纲要》对实施西部大开发战略再次进行了具体部署。在《国务院办公厅转发国务院西部开发办关于西部大开发若干政策措施实施意见的通知》（国办发〔2001〕73号）中规定，对在西部地区新办的交通、电力、水利、邮政以及广播电视企业，给予减免企业所得税的优惠政策。其中，内资企业自生产经营之日起，第一年至第二年免征企业所得税，第三年至第五年减半征收企业所得税。外商投资企业经营期在10年以上的，自获利年度起，第一年至第二年免征企业所得税，第三年至第五年减半征收企业所得税。[1]《财政部 国家税务总局 海关总署关于西部大开发税收优惠政策问题的通知》（财税〔2001〕202号）中规定：经省级人民政府批准，民族自治地方的内资企业可以定期减征或免征企业所得税，外商投资企业可以减征或免征地方所得税。中央企业所得税减免的审批权限和程序按现行有关规定执行。

为贯彻落实党中央、国务院关于深入实施西部大开发战略的精神，进一步支持西部大开发，《财政部 海关总署 国家税务总局关于深入实施西部大开发战略有关税收政策问题的通知》（财税〔2011〕58号）规定，对西部地区内资鼓励类产业、外商投资鼓励类产业及优势产业的项目在投资总额内进口的自用设备，在政策规定范围内免征关税；自2011年1月1日至2020年12月31日，对设在西部地区的鼓励类产业企业减按15%的税率征收企业所得税。以上所说的鼓励类产业企业是指以《西部地区鼓励类产业目录》中规定的产业项目为主营业务，且其主营业务收入占企业收入总额70%以上的企业；对西部地区2010年12月31日前新办的、根据《财政部 国家税务总局 海关总署关于西部大开发税收优惠政策问题的通知》（财税〔2001〕202号）第二条第三款规定可以享受企业所得税"两免三减半"优惠的交通、电力、水利、邮政、广播电视企业，其享受的企业所得税"两免三减半"优惠可以继续享受到期满为止。[2]

---

[1] 交通企业是指投资新办从事公路、铁路、航空、港口、码头运营和管道运输的企业；电力企业是指投资新办从事电力运营的企业；水利企业是指投资新办从事江河湖泊综合治理、防洪除涝、灌溉、供水、水资源保护、水力发电、水土保持、河道疏浚、河海堤防建设等开发水利、防治水害的企业；邮政企业是指投资新办从事邮政运营的企业；广播电视企业是指投资新办从事广播电视运营的企业。

[2] 《财政部 海关总署 国家税务总局关于深入实施西部大开发战略有关税收政策问题的通知》（财税〔2011〕58号），国家税务总局网站法规库，http://hd.chinatax.gov.cn/guoshui/action/GetArticleView1.do?id=157538&flag=12017/09/24。

3. 中部地区所得税优惠政策

本书中的中部地区包含东北工业基地中的吉林和黑龙江这两个省,继西部大开发之后,国务院在对东北地区进行深入考察和分析后,在2003年出台了《中共中央、国务院关于实施东北地区等老工业基地振兴战略的若干意见》(中发〔2003〕11号),将振兴东北老工业基地作为又一项区域发展的重大战略决策。2004年9月,财政部和国家税务总局对东北地区的增值税改革、资源税改革和企业所得税改革正式启动。

企业所得税方面的优惠政策有如下几个方面:一是提高固定资产折旧率。东北地区工业企业的固定资产(房屋、建筑物除外),可在现行规定折旧年限的基础上,按不高于40%的比例缩短折旧年限。二是缩短无形资产权摊销年限。东北地区工业企业受让或投资的无形资产,可在现行规定摊销年限的基础上,按不高于40%的比例缩短摊销年限。但协议或合同约定有的无形资产,应按协议或合同约定的使用年限进行摊销。三是提高计税工资前扣除标准。东北地区企业的计税工资税前扣除标准提高到每月人均1200元。2006年4月15日,国务院发布了《中共中央国务院关于促进中部地区崛起的若干意见》(中发〔2006〕10号)。

为了配合中部崛起的各项政策措施,国务院办公厅发布了《国务院办公厅关于中部六省比照实施振兴东北地区等老工业基地和西部大开发有关政策范围的通知》(国办函〔2007〕2号),明确了中部地区中比照东北老工业基地优惠政策的地区和比照西部大开发优惠政策的地区。具体政策方面,在增值税转型、厂办大集体改革和社会保障等方面,比照振兴东北老工业基地有关政策给予支持;而在扶贫开发、金融信贷以及建设项目安排等方面比照西部大开发政策执行。因此,可以认为中部地区也享有部分企业所得税的优惠政策,但与东、西部地区的直接税率优惠不同,中部地区多享受的是提高折旧、扣除标准等的间接优惠方式。

在明确了各地区的所得税优惠政策后,下面给出了我国31个省(市、区)的企业所得税的宏观税负在2003~2015年的变化情况。[①]

4. 我国企业所得税宏观税负水平分析

2003~2015年我国各省(市、区)企业所得税宏观税负水平如表3-3所示。

[①] 在计算中,由于地方企业所得税占营业盈余的比重非常小,为2%~5%,而营业盈余的统计口径是当地全体经济个体(包含中央企业所得税的企业),为了弥补分子、分母不同的统计口径问题,这里我们假设中央级次所征收的企业所得税在全国范围的分布水平是一致的,将中央级次的企业所得税收入与地方级次的企业所得税收入之和作为企业所得税宏观税负的分子。

表 3 – 3　2003～2015 年我国各省（市、区）企业所得税宏观税负水平

地区	2003 年	2004 年	2005 年	2006 年	2007 年	2008 年	2009 年
北京	0.1459	0.1420	0.1541	0.1706	0.1883	0.3346	0.2677
天津	0.1074	0.0901	0.0867	0.0946	0.1076	0.1272	0.1219
河北	0.0781	0.0693	0.0707	0.0776	0.0853	0.1164	0.1172
辽宁	0.0884	0.0846	0.0922	0.0933	0.1014	0.1324	0.1266
上海	0.1581	0.1459	0.1389	0.1446	0.1745	0.2272	0.2050
江苏	0.0959	0.0891	0.0885	0.0967	0.1031	0.1275	0.1282
浙江	0.1068	0.0988	0.0940	0.1030	0.1118	0.1320	0.1239
福建	0.0899	0.0841	0.0835	0.0930	0.0968	0.1331	0.1292
山东	0.0975	0.0756	0.0721	0.0798	0.0876	0.1128	0.1091
广东	0.1173	0.0936	0.0890	0.0978	0.1080	0.1439	0.1364
海南	0.0887	0.0769	0.0767	0.0829	0.0922	0.1597	0.1592
东部地区	0.1067	0.0955	0.0951	0.1031	0.1142	0.1442	0.1368
不含京津沪	0.0953	0.0840	0.0833	0.0905	0.0983	0.1287	0.1248
山西	0.0855	0.0769	0.0812	0.0941	0.1053	0.1263	0.1426
吉林	0.1044	0.0765	0.0709	0.0784	0.0855	0.1090	0.1086
黑龙江	0.0744	0.0630	0.0639	0.0715	0.0771	0.0997	0.1023
安徽	0.0880	0.0781	0.0755	0.0855	0.0924	0.1241	0.1210
江西	0.0938	0.0725	0.0691	0.0787	0.0877	0.1165	0.1120
河南	0.0936	0.0726	0.0699	0.0773	0.0851	0.1074	0.1099
湖北	0.0958	0.0808	0.0804	0.0834	0.0909	0.1220	0.1137
湖南	0.0895	0.0697	0.0663	0.0761	0.0827	0.1054	0.1007
中部地区	0.0906	0.0738	0.0721	0.0806	0.0884	0.1120	0.1119
广西	0.1005	0.0753	0.0710	0.0764	0.0814	0.1186	0.1168
内蒙古	0.0830	0.0653	0.0695	0.0787	0.0840	0.1064	0.1111
重庆	0.0819	0.0723	0.0720	0.0798	0.0874	0.1101	0.1101
四川	0.0942	0.0799	0.0785	0.0861	0.0958	0.1288	0.1205
贵州	0.1014	0.0894	0.0877	0.0991	0.1086	0.1483	0.1544
云南	0.1186	0.1083	0.1060	0.1133	0.1209	0.1598	0.1435
西藏	0.0915	0.0764	0.0746	0.0776	0.0839	0.1095	0.1188
陕西	0.1110	0.0782	0.0757	0.0874	0.0929	0.1130	0.1138
甘肃	0.0928	0.0748	0.0732	0.0832	0.0934	0.1206	0.1064
青海	0.0882	0.0752	0.0763	0.0867	0.0922	0.1176	0.1398

续表

地区	2003年	2004年	2005年	2006年	2007年	2008年	2009年
宁夏	0.1090	0.0836	0.0780	0.0839	0.0888	0.1190	0.1199
新疆	0.0782	0.0674	0.0662	0.0727	0.0794	0.1121	0.1256
西部地区	0.0908	0.0758	0.0745	0.0824	0.0900	0.1195	0.1190
全国平均	0.0984	0.0834	0.0823	0.0904	0.0991	0.1329	0.1295

地区	2010年	2011年	2012年	2013年	2014年	2015年
北京	0.2334	0.2657	0.2900	0.2875	0.2931	0.3375
天津	0.1068	0.1213	0.1263	0.1328	0.1390	0.1507
河北	0.1004	0.1059	0.1184	0.1258	0.1306	0.1430
辽宁	0.1135	0.1200	0.1366	0.1266	0.1361	0.1391
上海	0.1913	0.2060	0.2336	0.2410	0.2503	0.2738
江苏	0.1106	0.1221	0.1280	0.1308	0.1347	0.1453
浙江	0.1064	0.1223	0.1347	0.1484	0.1538	0.1636
福建	0.1065	0.1184	0.1342	0.1403	0.1523	0.1652
山东	0.0907	0.1013	0.1105	0.1161	0.1207	0.1296
广东	0.1204	0.1343	0.1487	0.1525	0.1642	0.1772
海南	0.1461	0.1715	0.1878	0.1948	0.2225	0.2202
东部地区	0.1187	0.1313	0.1429	0.1474	0.1552	0.1675
不含京津沪	0.1073	0.1188	0.1295	0.1344	0.1414	0.1519
山西	0.1082	0.1236	0.1547	0.1668	0.1636	0.1643
吉林	0.0907	0.1024	0.1135	0.1217	0.1311	0.1402
黑龙江	0.0834	0.0905	0.1029	0.1101	0.1154	0.1261
安徽	0.1005	0.1116	0.1243	0.1278	0.1362	0.1470
江西	0.0930	0.1052	0.1191	0.1226	0.1263	0.1348
河南	0.0905	0.0990	0.1125	0.1189	0.1202	0.1303
湖北	0.0895	0.1033	0.1174	0.1242	0.1308	0.1396
湖南	0.0824	0.0924	0.1048	0.1130	0.1170	0.1266
中部地区	0.0914	0.1021	0.1164	0.1227	0.1268	0.1360
广西	0.1084	0.1208	0.1140	0.1192	0.1311	0.1399
内蒙古	0.0944	0.1075	0.1173	0.1181	0.1155	0.1225
重庆	0.1037	0.1180	0.1241	0.1244	0.1315	0.1423

续表

地区	2010年	2011年	2012年	2013年	2014年	2015年
四川	0.1000	0.1075	0.1187	0.1236	0.1293	0.1475
贵州	0.1298	0.1447	0.1634	0.1699	0.1839	0.1871
云南	0.1222	0.1375	0.1612	0.1568	0.1568	0.1610
西藏	0.1299	0.2075	0.2115	0.1998	0.2323	0.1780
陕西	0.0922	0.1045	0.1170	0.1234	0.1279	0.1393
甘肃	0.0955	0.1025	0.1146	0.1227	0.1285	0.1476
青海	0.1009	0.1140	0.1170	0.1343	0.1465	0.1516
宁夏	0.1062	0.1242	0.1365	0.1388	0.1500	0.1529
新疆	0.1014	0.1214	0.1437	0.1477	0.1573	0.1928
西部地区	0.1017	0.1140	0.1241	0.1282	0.1342	0.1458
全国平均	0.1113	0.1267	0.1399	0.1445	0.1525	0.1618

从表3-3中可以直观地看到，在2015年，北京市、上海市、广东省、海南省是企业所得税宏观税负最高的地区。湖南、黑龙江、山东等省份是企业所得税宏观税负最低的地区。接下来我们将分别讨论三大区域的所得税宏观税负并进行横向比较。

（1）东部地区企业所得税宏观税负分析

2003~2015年东部地区企业所得税宏观税负变化趋势如图3-5所示。

图3-5显示了我国东部地区11个省（市）的企业所得税宏观税负水平在2003~2015年的变化情况。从整体趋势来看，东部地区的企业所得税宏观税负都在2008年两税合并当年经历了税负增加的情况，形成一个小峰值，而后缓慢下降，而后从2010年开始又经历了新一轮的上升。

从税负水平来看，东部地区的所得税宏观税负水平主要集中在两个水平上：一是北京和上海的宏观税负水平相对来说较高，高于15%，需要注意的是，海南省从2008年两税合并之后税负陡增，从不到10%上升至15%，并一路攀升至20%以上；二是其余八个省市的6%~15%的水平。

具体来看，北京市和上海市这两个直辖市是东部地区所得税宏观税负最高的地区，并且这两个市在2015年的所得税宏观税负水平都超过25%，尤其是北京市，2015年的企业所得税宏观税负达到了33.75%。在企业所得税宏观税负为个

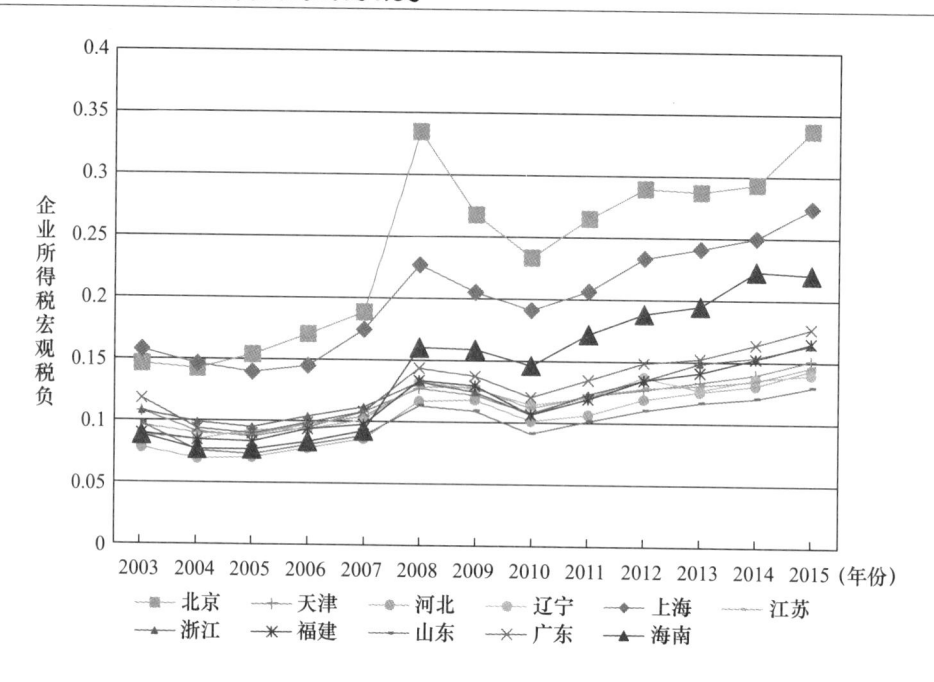

图 3-5 2003~2015 年东部地区企业所得税宏观税负变化趋势

位数水平的省市中,其企业所得税宏观税负在 2004 年都有不同程度的下降,而后在 2005 年缓慢上升。在这其中,我们可以看到,广东的税负水平整体高于其他省市,福建省居中,河北、山东和海南的企业所得税宏观税负较低,其中,河北省的企业所得税宏观税负最低。

对于北京、上海地区较高的企业所得税宏观税负来说,一是根据我们在第二章的分析,企业所得税宏观税负与经济质量呈正相关,经济质量一般可以使用人均 GDP 来衡量,显然,北京市和上海市分别作为国家的首都和开放城市,经济发展水平和质量都较高,因此具有较高的税负也是不足为奇的。二是北京和上海地区的高税负也可以用集聚经济来解释。

由于我国企业所得税在新税法实施之前对内资企业实行以独立经济核算单位纳税人就地缴纳企业所得税的管理模式,因此独立经济核算的分支机构的盈亏不能与总机构盈亏合并计算纳税。只有少部分国有大型内资企业才可以进行汇总纳税,但必须首先经过税务主管部门批准。并且以下五类企业不实施统一计算、分级管理、就地预交、集中清算的企业所得税征收管理办法:一是由铁道部汇总纳税的铁路运输企业;二是由国家邮政总局汇总纳税的邮政企业;三是由中国工商银行、中国农业银行、中国建设银行、中国银行汇总纳税的各级分行、支行;四是由中国人民财产保险公司、中国人寿保险公司汇总纳税的各级分公司;五是国家税务总局规定的其他企业。这五类企业中的前四类都缴纳中央企业所得税,其税收收入不参与所得税分享,但在具体实施过程中,大部分集团化企业,如较大的证券公司、在各地都有分支机构的地方性银行等都不适用就地预交的办法,均采用汇总纳税,其收入或归入总部所在地所有或纳入中央与地方共享范畴。但是,对外商投资企业和外国企业执行的是汇总纳税制度,也就是以独立法人作为判定纳税人标准。因此,具有众多外商投资企业和跨国公司总部的北京和上海就成为外资企业的纳税地,而其散布在全国各地的众多分支部门取得的利润却没有计入当地的所得税税收收入,这对于提供当地资源却没有得到相应的收入的当地地方政府是不公平的。

因此,对合并纳税和跨地区企业纳税问题的处理是企业所得税宏观税负的地区差异因素之一,并且该因素并不是基于公平的市场环境和竞争,而是基于不公平的税收政策。根据税收的受益原则,企业使用经营地的自然资源、公共设施、人力资源以及其他大部分由当地政府所提供的公共服务时,作为受益人应当缴纳一定税收,而不应当仅仅只将这部分税收归于注册所在地,并且在全球化的今天,大型企业的注册地与实际经营地均处于分离状态,这无形之中又减少了经营地的税源,对当地政府是不公平的。

而新税法实行的是以是否具有法人资格作为纳税标准,因此,原先实行独立核算可以就地纳税的部分企业在新税法下只能选择汇总纳税,这无形之中加大了地区间所得税税负的不均衡性,违背了税收的受益原则和税收归属与税源一致的原则。在国家税务总局关于印发《跨地区经营汇总纳税企业所得税征收管理暂行办法》的通知中规定,采用汇总纳税企业的总机构和分支机构应分期预缴的企业所得税,50%在各分支机构间分摊预缴,50%由总机构预缴。总机构预缴的部分,其中25%就地入库,25%预缴入中央国库,按照《财政部、国家税务总局、中国人民银行关于印发〈跨省市总分机构企业所得税分配及预算管理暂行办法〉的通知》(财预〔2008〕10号)文件的有关规定进行分配。在我国,大部分国有企业和集团公司都会选择北京或上海作为所在地,[①] 因此,总部经济效应和对汇总纳税的企业所得税税收征管办法使得集团公司税收收入流向北京和上海,企业所得税的宏观税负较高也就不足为奇了。并且较高的经济发展水平也使得这两地的税务人员整体素质较高,税务系统网络化程度较高,因此税收征纳水平也较高,这也是两地所得税税收收入较高的原因之一。与北京和上海相比,东部地区其他省市则多以分散的、小规模的企业为主,加上对地区、行业等的优惠政策,因此所得税的宏观负担率也较低。

---

① [韩]刘虎林.中国合并纳税制度与上市公司所得税负担研究[M].北京:经济科学出版社,2007.其中第116页脚注中提到,34%的集团的母公司设在北京或上海。

(2) 中部地区企业所得税宏观税负分析

2003~2015年中部地区企业所得税宏观税负变化趋势如图3-6所示。

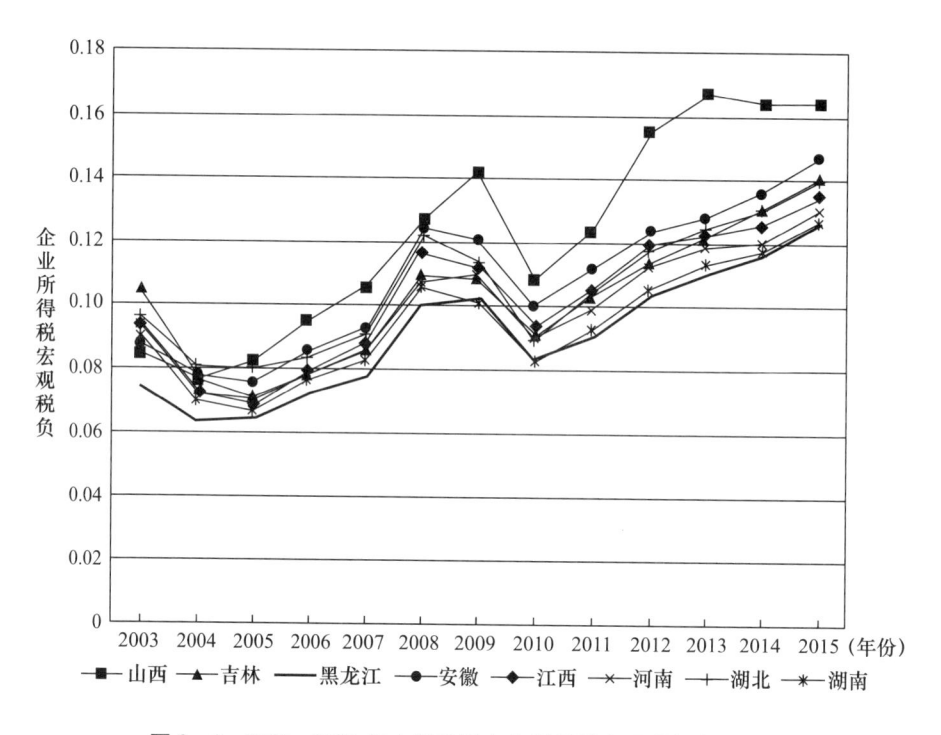

图3-6 2003~2015年中部地区企业所得税宏观税负变化趋势

从图3-6中可以看出，中部除了山西省以外，其余七个省的企业所得税宏观税负水平在各地区间的差异较小。从整体趋势来看，同东部一样，中部地区各省市的企业所得税宏观税负水平也经历了在2008年陡增而后又下降的情况，在2010年又开始逐步上升。具体到各省市的税负水平来看，黑龙江省的企业所得税的宏观税负在各年间都是最低的，在观察基础数据中可以看到，相对于吉林和辽宁其他两个东北地区的行政省，黑龙江的企业所得税税收收入与吉林相差不大，而只占辽宁的企业所得税收入的1/3左右，但黑龙江省的营业盈余却比吉林高了4~5倍，与辽宁省基本持平。这说明黑龙江省的营业盈余中企业所得税所占比重不大。因此，经过除法运算，较低的企业所得税收入与较高的营业盈余就显示出了较低的企业所得税宏观税负水平。安徽、湖北、湖南、河南、江西这五个省的所得税宏观税负在此时间段内的水平波动都不是很大。吉林省从2003年的10.4%降至2007年的8.5%，是中部地区所得税宏观税负在此区间下降最剧烈的一个省。山西省则是从2009年开始，一跃成为中部地区企业所得税宏观税负上升最为剧烈的一个省,当年达到14%,并且一直处在高位,远远领先于其他中部省市,并且在2005~2015年的企业所得税宏观税负处在中部地区的一个较高的水平上,2015年达到16.43%。

(3) 西部地区企业所得税宏观税负分析

2003~2015年西部地区企业所得税宏观税负变化趋势如图3-7所示。

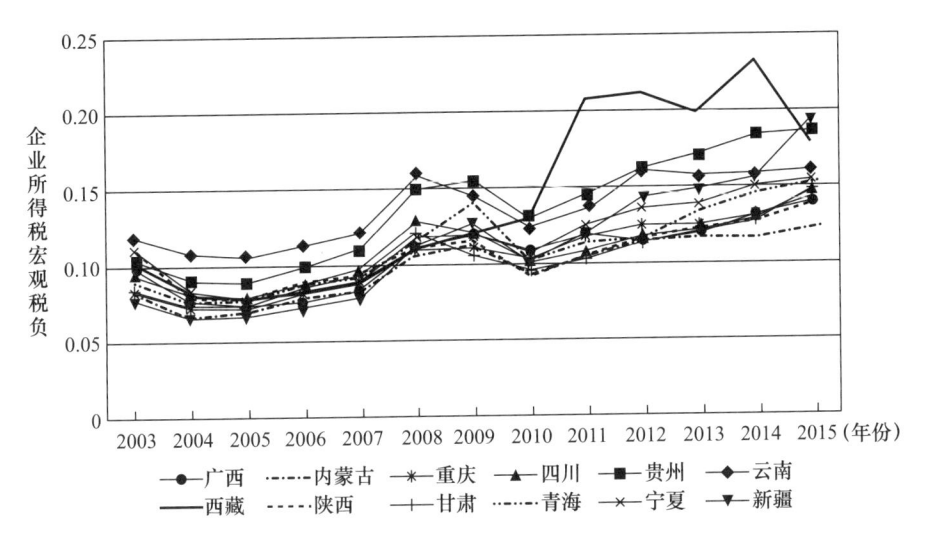

图3-7 2003~2015年西部地区企业所得税宏观税负变化趋势

西部地区的资本所得税率图形与东部地区有些类似,除了西藏以外,云南和贵州两个省的企业所得税宏观税负相对较高,其他省(市、区)之间的差异并不是十分明显。从整体趋势来看,也是经历了2008年两税合并当年企业所得税宏观税负的大幅上升,之后下降,2010年后又开启新一轮上升态势。从具体税负水平来看,西部地区整体税负水平差异不大,在2010年之后基本维持在15%的水平上。在这其中,云南和贵州在2012年之前的企业所得税宏观税负的变化趋势更为接近,并且税负水平也相当。自2012年之后,贵州的税负水平开始高于云南,并且新疆维吾尔自治区的税负水平也开始出现了大幅上涨,在2015年达到19.28%,成为西部地区税负最高的省份。其他省(区)的企业所得税宏观税负水平波动都不是很大,但也大都表现出了先下降后上升的形态。2015年,西部地区企业所得税宏观税负水平最低的为内蒙古自治区,为12.2%。

云南省企业所得税的高税负水平与北京市和上海市的情况稍有不同,影响其税负的原因主要有两个方面:内资企业所得税的高税负以及外资企业所得税的高税负。内资企业的高税负主要是因为云南省的税源结构是以烟草产业为主体,有近80%的企业所得税收入来源于烟草工商业,但是烟草行业企业除可以享受国产设备投资抵免部分企业所得税外,基本不能享受税收优惠。而当剔除烟草行业的税负后,整体税负就明显降低。外资企业的高税负主要是因为在经过西部大开发的优惠政策后,尤其是在2002年之后,云南省的外资企业所得税税负呈逐年上升趋势,企业所得税的实际缴纳增长速度远远高于企业的利润总额的增长速度,这说明在外资企业所得税减免金额增长同时,全额征税的企业数目也在快速增加。同时,对外资企业税负的影响还在于部分涉外税源变动带来的影响。[①]

(4)中、东、西三大区域企业所得税宏观税负的比较分析

2003~2015年剔除总部经济后的东、中、西三大区域企业所得税宏观税负变化趋势如图3-8所示。

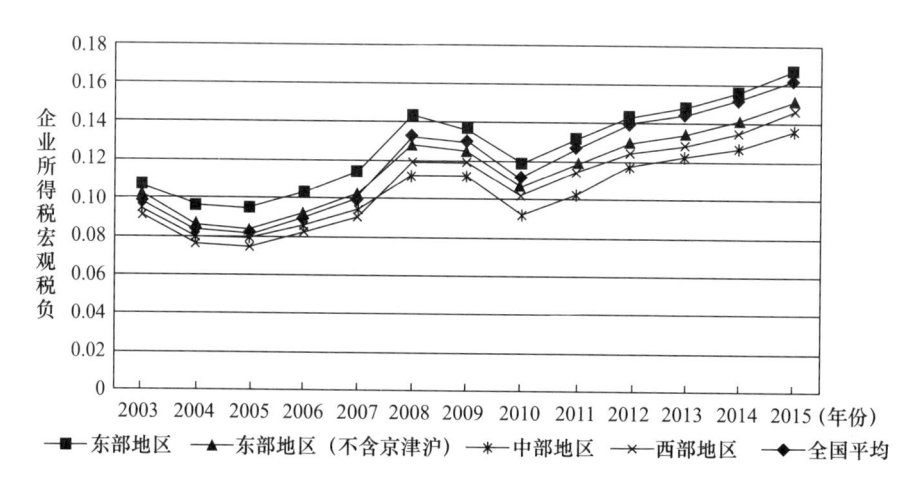

图3-8 2003~2015年剔除总部经济后的东、中、西三大区域企业所得税宏观税负变化趋势

从图3-8中可以看到,我国三大区域的企业所得税宏观税负从基本变化趋势来看是一致的。从税负水平来看,东部地区的所得税宏观税负最高,在两税合并的2008年之前,西部地区企业所得税宏观税负水平低于中部地区,两税合并后,中部地区反而成为了税负最低的区域。当剔除北京、上海和天津这三个直辖市的数据后,东部地区的企业所得税宏观税负明显下降,和全国平均税负相当。因此,我们可以认为,东部地区的北京、上海等聚集总部经济的城市大大提升了整个东部地区的所得税宏观税负。具体来看,东部地区的所得税宏观税负在两税

---

① 云南省国家税务局网站,http://www.yngs.gov.cn/portal/site/site/portal/yngs/showContent.jsp%5BcontentId=120471%5D%5BcategoryId=100739%5D%5BsiteName=yngs%5D%5BcategoryCode=001035009005%5D。

合并之后基本维持在12%~18%的区间，西部地区企业所得税宏观税负水平维持在10%~13%，中部地区所得税宏观税负最低，在9%~12%。

姜欣（2008）认为，由于东部地区经济比较发达，北京和上海等城市聚集了众多企业集团公司总部，而且享受优惠政策较多，在各种要素资源聚集的过程中带来了丰富的税源，增强了这些地区的税收汲取能力。而中西部地区中央与省级企业集团公司较少，税源流出或转移较多。这两个因素叠加在一起使得东部地区能够获取较大的所得税税收利益，同时扩大了中西部不发达地区的税源流失，相应地减弱了中西部地区税源汲取能力。

全意波和司言武（2008）就将营业盈余与GDP的比值作为地区经济发展的指标之一，同时也认为营业盈余越多，纳税能力越强，而这也恰恰是我们计算所得到的结果。

就我们的计算方法来说，较高的所得税宏观税负意味着地方政府从企业创造出的利润中获取收入的能力较强。这种能力是与当地的经济发展水平密不可分的。东部地区在改革开放初期由于为外资进入和企业发展提供了很好的税收优惠政策，大批外资和民营经济涌入东部地区，在强力拉动了当地的经济发展水平的同时也为地方政府带来了丰厚的税收收入。这样的良性循环不仅造就了东部地区良好的投资环境和较成熟的投资管理体制，还形成了投资的示范效应和集聚效应。相反，中、西部地区由于获得的税收优惠较晚，并且这些优惠基本上是东部地区税收优惠政策的照搬，没有较强的倾斜性和特殊性，[1] 加上我们所考虑的时间段是区域性税收优惠已经实行了一段时间以后，政策效应逐渐减弱。综合以上原因，东、中、西三大区域的宏观税负并没有表现出税收优惠政策的区域效果。

四、我国企业所得税微观税负的实证分析

（一）所得税会计与企业所得税微观税负

所得税会计是依据所得税法的规定和要求核算企业的收支盈亏，计算企业在纳税年度应缴纳的所得税款项，并定期编制和提供企业所得税的纳税申报表的一个会计程序，其目的是处理会计收益和应税收益之间的差异，协调财务会计与税务会计之间的关系。

---

[1] 姜欣. 试论我国区域性税收政策效应问题 [J]. 财经问题研究, 2008 (4): 87-91.

在2006年2月财政部颁布《企业会计准则第18号——所得税》之前，我国的所得税会计核算方法主要分为应付税款法和纳税影响会计法。这两种核算方法对税前会计利润和应纳税所得额之间的时间性差异和永久性差异的处理不同。企业在一定时期内的税前会计利润与纳税所得之间由于计算口径或计算时间不同而产生的差异分为时间性差异和永久性差异。时间性差异是指企业一定时期内的税前会计利润和应纳税所得之间的差额，在以后年度可以转回。永久性差异是指企业一定时期内的税前会计利润和应纳税所得之间由于计算口径不同而产生的差异。

应付税款法是将本期会计利润和应纳税所得之间的差异造成的纳税影响额直接计入当期损益而不递延到以后各期的方法。在使用应付税款法计算企业所得税时，应先将当期税前会计利润调整为应纳税所得额，再根据应纳税所得额和企业所适应的所得税税率计算出应纳所得税额，作为本期的所得税费用即本期应付所得税。可以看出，应付税款法对永久性差异和时间性差异不做区分，因而这种方法容易操作，但不符合收入与费用的配比和权责发生制原则。

而纳税影响会计法则着重看待时间性差异，从而将本期会计利润与应纳税所得之间的时间性差异带来的影响纳税金额递延分配到以后各期，计入损益表的所得税费用以及资产负债表的递延税款中，以此达到收入和费用的配比，可以看出，纳税影响会计法将所得税视为一种费用，并按收入与费用配比的原则进行核算。

纳税影响会计法还可以细分为递延法和债务法两种。债务法（也称为利润表债务法）是将本期时间性差异产生的所得税影响额递延和分配到以后各期，并同时转回原已确认的时间性差异对本期所得税影响额的方法。在使用债务法核算时，首先计算当期所得税费用，然后根据当期所得税费用与当期应纳税款之差倒轧出本期的递延税款。虽然纳税影响会计法注重当期所得税费用与收入的配比，但由于计算出的递延税款余额并不实际反映企业的资产与负债，因此这种方法已被我国的新准则淘汰。债务法与递延法的主要区别在于当所得税税率发生变化时，债务法需要调整递延税款账面余额，并按照现行税率计算转回时间性差异的所得税影响金额。而在采用递延法核算时，当税率发生变化时则不需要对原已确认的时间性差异的所得税影响金额进行调整，但要按原所得税税率计算转回时间性差异的所得税影响金额。

2006年颁布的新会计准则中，摒弃了我国以前所得税会计所使用的核算方法，统一按照资产负债表债务法进行核算。资产负债表债务法是以资产负债观为出发点，以资产负债表为基础，将之前的采用利润表为基础的、注重收入费用观的对时间性差异和永久性差异的核算和处理转变为以资产负债表为基础的、注重资产负债观的对暂时性差异的核算和处理。

在资产负债表债务法下，暂时性差异是指资产或负债的账面价值与其计税基础之间的差额；未作为资产和负债确认的项目，按照税法规定可以确定其计税基础的，该计税基础与其账面价值之间的差额也属于暂时性差异。暂时性差异按照对未来期间应税金额的影响，分为应纳税暂时性差异和可抵扣暂时性差异。应纳税暂时性差异，是指在确定未来收回资产或清偿负债期间的应纳税所得额时，将导致产生应税金额的暂时性差异；可抵扣暂时性差异，是指在确定未来收回资产或清偿负债期间的应纳税所得额时，将导致产生可抵扣金额的暂时性差异。[①]

在资产负债表债务法下，对所得税的核算一般遵循以下程序：一是按照相关会计准则规定，确定资产负债表外除递延所得税资产和递延所得税负债以外的其他资产和负债项目的账面价值；二是按照会计准则中对于资产和负债计税基础的确定方法，以适用的税收法规为基础，确定资产负债表中有关资产和负债项目中的计税基础；三是比较资产、负债的账面价值与其计税基础，对于两者之间存在差异的，分析其性质，除会计准则中规定的特殊情况外，分别列应纳税暂时性差异与可抵扣暂时性差异，确定资产负债表日递延所得税负债和所得税资产的应有金额，并与期初递延所得税资产和递延所得税负债的余额相比，确定当期应予进一步确认的所得税资产和递延所得税负债金额或予以转销的金额，作为递延所得税；四是就企业当期发生的交易或事项，按照适用的税法规定计算当期应纳税所得额，将应纳税所得额与适用的所得税税率计算的结果确认为当期应交所得税。五是确定利润表中的所得税费用，包含当期所得税与递延所得税。

所得税会计的核算过程即是对企业所得税的计算过程，与企业所得税的微观税负有很大关系。由于本章所采用的数据来自1994～2016年的上市公司财务报表，而我国的新会计准则于2007年1月1日实施，因此在对所得税的微观税负计算中的当期所得税方面就要区别对待。2007年之前，我国大部分企业主要采用应付税款法，采用纳税影响会计法的很少。[②] 在应付税款法下，企业的所得税

[①] 《企业会计准则第18号——所得税》（财会〔2006〕3号），2006年2月15日。
[②] 此部分的数据来源为CCER色诺芬上市公司数据库，由于下载格式统一为新准则下的资产负债表，没有利润表债务法下的递延税款科目，增加递延所得税资产和递延所得税负债科目，因此我们将这两个科目下有记录的企业视为在旧准则下采用纳税影响会计法对所得税进行核算，由于1994～2007年采用纳税影响会计法的企业占当年上市公司总数不足3%，并且没有递延税款项目的数值，因此对这些公司没有做递延税款处理。

费用就等于当期应纳所得税①，因此，在本章接下来的讨论中，2007年之前的上市公司当期应纳所得税直接采用利润表中的所得税费用科目的数值。2007年之后的当期应纳所得税将采用所得税费用与当期应纳所得税以及递延所得税之间的关系推导得出。

（二）我国上市公司企业所得税微观税负：全国层面分析

1. 文献回顾

王昉（1999）对1993～1997年这五个会计年度中上市公司所得税的实际税率进行计算，得出我国上市公司企业所得税实际税率并不高，平均值只有16.07%，其中有90%的上市公司实际税率小于25%。

钱晟和李筱强（2003）在对2001～2002年上市公司的所得税负担的实证研究中，对上市公司整体税负也进行了计算，用所得税费用与利润总额之间的比值作为所得税负担，得出2001年与2002年我国上市公司整体所得税税收负担分别为20.66%和23.39%。

许景婷等（2009）对我国上市公司的所得税负担进行实证研究后发现，在2003～2007年，上市公司所得税负担总体呈上升趋势。其中2003～2005年有效税率虽逐年增长，但增势平缓，说明税负变化较小；而2005～2006年增长幅度较大，2007年则略有下降，但税率水平依然接近25%，并认为税率下降是企业所得税扣除政策的变化所导致的。

王博（2007）与窦魁（2007）分别计算出的2000～2007年以及2000～2005年的上市公司所得税实际税率分别在16%～25%和18%～25%之间。

针对2008年所得税改革带来的公司实际税负的变化，王素荣和史文博（2010）研究发现，实施新企业所得税法后，虽然制造业总体税负2008年比2007年降低了1.46个百分点，但上市公司总体税负却提高了0.56个百分点。

李增福（2010）的研究则发现，上市公司总体所得税负下降了2.21个百分点；而且进一步的证据还发现，税收负担地区间差异在新企业所得税法实施前显著，实施后不显著，行业间差异在新企业所得税法实施前后都比较显著。

阮永平等（2010）的研究也认为，新企业所得税法实施后我国上市公司的所得税平均实际税负水平有一定的下降。

---

① 《财政部　国家税务总局关于执行〈企业会计准则〉有关企业所得税政策问题的通知》（财税〔2007〕80号）中规定：企业按照国务院财政、税务主管部门有关文件规定，实际收到具有专门用途的先征后返所得税款，按照会计准则规定应计入取得当期的利润总额，暂不计入取得当期的应纳所得额。因此按本研究的方法所计算出的收到所得税先征后返的企业的实际税负会小于在同等条件下没有此优惠的企业。

路军（2012）研究了所得税的外生性变化对不同产权性质企业实际税收负担的影响，结果表明新企业所得税法实施后，法定税率下降的国有企业和民营企业的实际税负都有所下降，而且两类企业实际税负下降幅度无差异；新企业所得税法对企业实际税负的调节效应在2008年释放完毕，2009年公司实际税负没有发生持续性变化；进一步的证据表明，新税法实施后国有企业和民营企业实际税负无显著差异。

2. *数据来源和处理*

本节采用1994~2016年上海和深圳证券交易所全部上市公司财务数据。在数据处理过程当中我们剔除了以下五类公司：一是当年利润总额为负的公司，因为亏损企业不用缴纳所得税，不存在实际税收负担问题；二是由于税收优惠或收到所得税返还导致当年所得税费用为负的公司；三是所得税有效税率出现异常值的公司，这其中包含上市公司数据缺失而导致税率极小（小于0.001%）以及所得税有效税率大于66%的极端值的公司，因为在通常的税收环境下，不太可能出现实际税率超过法定税率两倍的情况；四是行业代码为Ⅰ的金融类上市公司，由于金融行业采用《金融企业会计制度》，与普通公司有很大不同，因此在一般分析中对此类行业公司做剔除处理，单独进行分析；五是当年被列为ST公司、暂停上市以及退市的公司。各年度的有效数据如表3-4所示。

表3-4 1994~2016年企业所得税微观税负计算样本数

年份	有效公司数目（家）	当年上市公司总数（家）	有效数目占总数的比重（%）
1994	260	291	89
1995	281	307	92
1996	457	510	90
1997	640	715	90
1998	683	820	83
1999	765	917	83
2000	867	1053	82
2001	844	1129	75
2002	907	1191	76
2003	943	1251	75
2004	1020	1341	76
2005	952	1342	71
2006	1040	1421	73
2007	1042	1519	69

续表

年份	有效公司数目（家）	当年上市公司总数（家）	有效数目占总数的比重（%）
2008	996	1575	67
2009	1175	1722	68
2010	1571	2072	76
2011	1783	2301	77
2012	1748	2429	72
2013	1785	2474	72
2014	1805	2594	70
2015	1860	2778	67
2016	2084	3066	68

资料来源：CCER色诺芬数据库，http://new.ccerdata.cn/Product2017/10/8。

3. 计算方法

在本节中我们采用分析所得税有效税率最常用的计算方法，即：

$$所得税有效税率 = \frac{当期所得税}{税前会计利润} \quad (3-1)$$

其中，当期所得税在1994~2006年中采用上市公司财务报表中的所得税费用一项，因为在应付税款法的所得税会计核算方法下，所得税费用与当期所得税相等。由于上市公司中采用纳税影响会计法的公司较少，因此我们没有对这个别公司做递延所得税的处理。当期所得税在2007~2016年的上市公司披露的财务数据中，我们通过所得税费用与递延所得税资产和递延所得税负债之间的关系计算出当期所得税作为有效税率的分子。

4. 计算结果和分析

根据式（3-1），我们计算出我国上市公司企业所得税有效税率，结果如表3-5、图3-9所示。

表3-5 1994~2016年我国上市公司企业所得税有效税率

年份	利润总额（亿元）	当期所得税（亿元）	所得税有效税率（%）
1994	250.71	29.86	11.91
1995	245.70	35.88	14.60
1996	339.08	50.34	14.84
1997	571.11	85.88	15.04
1998	689.75	116.35	16.87
1999	820.01	135.05	16.47
2000	1048.13	177.88	16.97

续表

年份	利润总额（亿元）	当期所得税（亿元）	所得税有效税率（%）
2001	1224.16	245.29	20.04
2002	1490.94	344.43	23.10
2003	1959.20	456.17	23.28
2004	2772.92	658.16	23.74
2005	2894.35	724.49	25.03
2006	3806.10	923.62	24.27
2007	7771.27	1986.44	25.56
2008	6119.13	1237.11	20.22
2009	7624.04	1730.88	22.70
2010	11416.40	2466.33	21.60
2011	13192.10	3109.63	23.57
2012	12401.30	3044.21	24.55
2013	14028.50	3732.29	26.60
2014	15261.90	4107.26	26.91
2015	14308.60	3965.14	27.71
2016	17737.60	5034.84	28.38

资料来源：CCER色诺芬数据库，http://new.ccerdata.cn/Product2017/10/8。

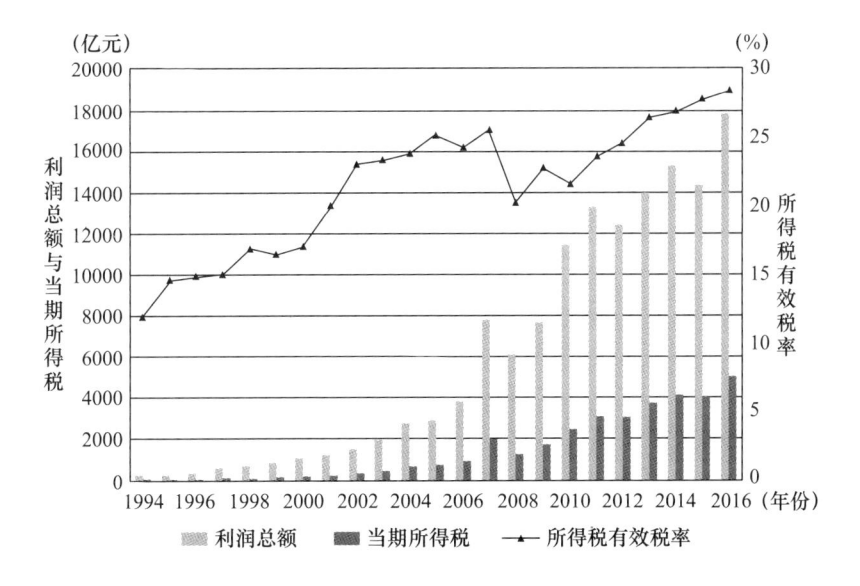

图3-9 1994~2016年我国上市公司企业所得税有效税率

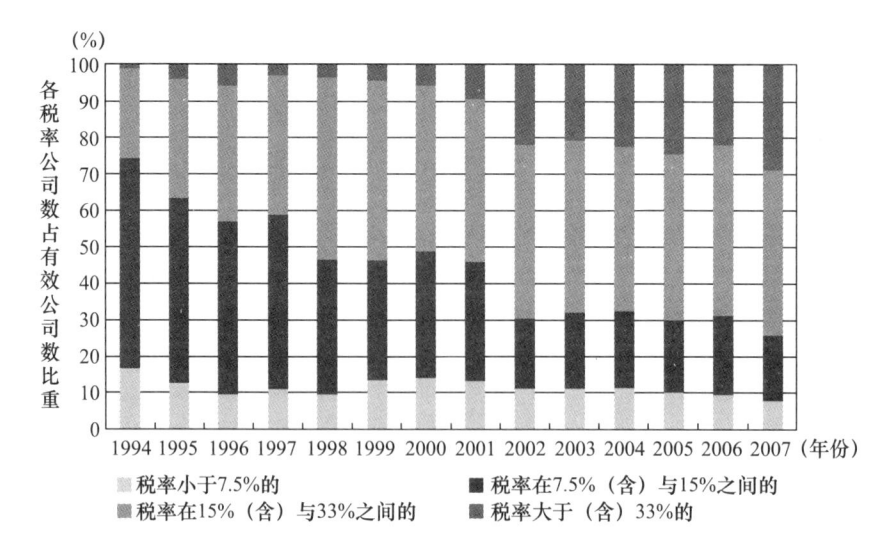

图 3-10 1994~2007 年我国上市公司企业所得税有效税率分布

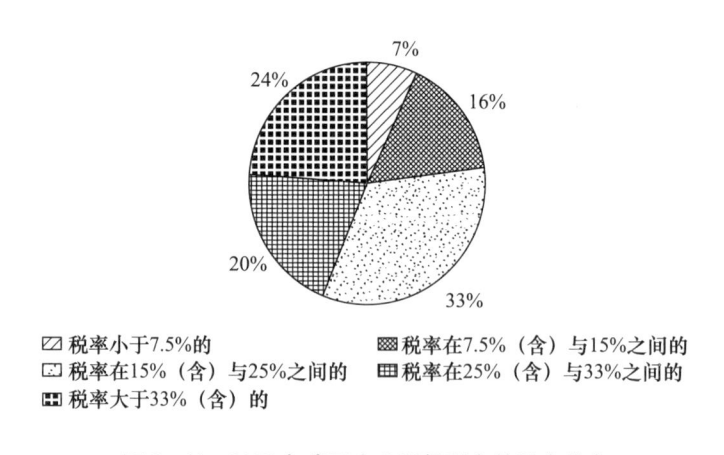

图 3-11 2008 年我国企业所得税有效税率分布

我们分别从三个历史时期来看上市公司实际有效税率：第一个时期是从 1994 年到 2007 年两税合并之前，法定税率为 7.5%~33%，第二个时期是 2008 年两税合并当年，法定税率为 7.5%~25%（过渡性税收优惠 15%，还有"两免三减半"等优惠政策），第三个时期是 2009~2016 年，两税合并后的平稳发展时期，这时候的法定税负基本维持在 25% 左右。这三个时期上市公司的有效税率分布分别对应着图 3-10、图 3-11 和图 3-12。

我们从表 3-5 中可以看出，总体而言，在 2008 年两税合并之前，我国上市公司实际税负基本在 10%~25%，远远低于法定税率 33%。这一是因为我国大部

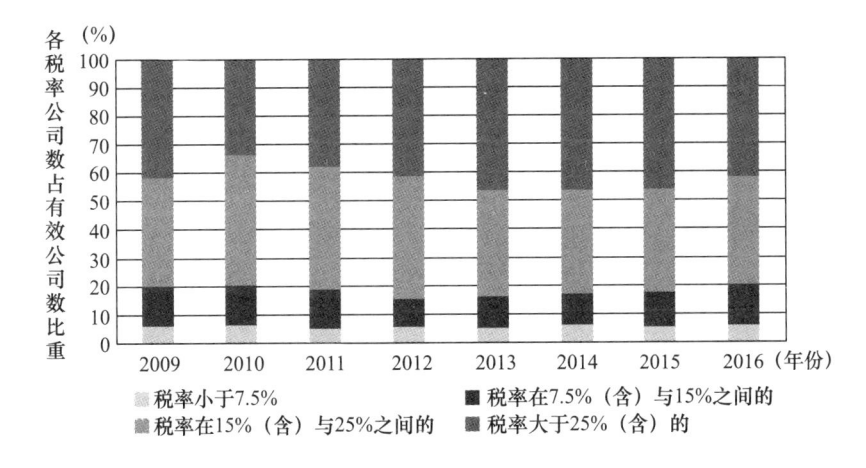

图 3-12　2009~2016 年我国企业所得税有效税率分布

分上市公司都聚集在东部地区、沿海开放城市、保税区等具有所得税优惠税率的地区；二是因为尽管企业所得税的减免权在国务院，而地方政府没有权力制定和批准减免，但各地方政府为了提高本地上市公司的竞争力，纷纷对本地上市公司普遍实行了所得税返还的优惠政策，因此，尽管执行的是 33% 的法定税率，但在先征后返的情况下，各上市公司的实际税率大多为 15% 左右。[①]

具体来看，我们可以将我国上市公司企业所得税的有效税率的变化轨迹分为三个阶段：第一阶段是 1994~2000 年，这一阶段我国上市公司的企业所得税有效税率除 1994 年外，都一直维持在 15% 的水平，可以说在这一阶段，有效税率水平变化还是比较平稳的。从外部环境来看，1994 年是我国实行分税制改革的头一年，新的《中华人民共和国企业所得税暂行条例》也在这一年开始施行。无论对于企业还是政府来说，1994 年都是一个对新政策、新环境逐渐适应的一年，而这个阶段也可以说是一个过渡期，政府和企业都在学习。从各上市公司所得税有效税率水平分布情况来看，1999~2000 年是有效税率在 7.5%~33% 的公司所占比重最大的阶段，绝大多数上市公司实际税负都小于法定税负。

2001~2004 年是第二阶段，这个时期的我国上市公司企业所得税有效税率一直维持在 23% 的水平上，基本没有大的变化。从外部环境来看，当时我国的经济正处于资本市场日趋完善，摆脱 1997 年亚洲金融危机后的一个恢复阶段，尽管 2003 年的"非典"部分地阻止了我国经济复苏的脚步，但在持续积极的财政政策和适度宽松的货币政策支持下，这四年间我国经济仍然保持了较高的增

[①] 王延明和李韬（2003）的研究中对 1994~2001 年的上市公司实际执行税率进行统计发现，在上市公司中实际执行税率为 33% 的公司所占比例很低，比重最高的 2001 年也仅为 13.28%。

长，也可以认为是我国宏观经济成功抵御强大的外来压力，日趋成熟的时期。其中，2002年上市公司所得税有效税率上升幅度较大可以认为是国务院发布的《国务院关于纠正地方自行制定税收先征后返政策的通知》（国发〔2000〕2号）文件执行的结果。该文件对一些地方为了缓解企业困难或实现其他经济目的，违反有关规定，采取税收先征后返（也称列收列支）的办法，对企业已缴纳的税收予以返还的行为坚决予以制止，明令各地区、各部门不得以先征后返或者其他减免税手段吸引投资，更不得以各种方式变通税法和税收政策。各地区自行制定的税收先征后返政策，从2000年1月1日起一律停止执行。① 2000年10月13日，财政部在《关于进一步认真贯彻落实国务院〈关于纠正地方自行制定税收先征后返政策的通知〉的通知》（财税〔2000〕99号）中补充说明，为了促进国有企业改革和发展，保持股市相对稳定，保护广大投资者的利益，经报国务院批准，决定对各地采取的对上市公司所得税的优惠政策在一定期限内予以保留，即对地方实行的对上市公司企业所得税先按33%的法定税率征收再返还18%（实征15%）的优惠政策，允许保留到2001年12月31日，并提前予以公示。从2002年1月1日起，除法律和行政法规另有规定外，企业所得税一律按法定税率征收。② 因此，从2002年开始，大部分上市公司均按法定税率征收，所得税费用增加，所得税有效税率增加幅度较大。从各上市公司所得税有效税率分布来看，这个阶段的各分段税率水平基本维持不变，处于中间负担水平（7.5%~33%）的公司数占总数的比重较前一阶段有所下降，并维持在80%左右。

2005~2007年是第三阶段，在此期间上市公司的所得税有效税率开始上下波动。到2008年，也就是新企业所得税法实施的头一年，所得税有效税率有了大幅下降，达到20%左右。从外部环境来看，这个阶段的关键词就是两税合并，由于上市公司基本都是国内企业，在旧《中华人民共和国企业所得税暂行条例》下，不同地区、行业的上市公司享受到的优惠程度参差不齐，税率多种多样，而新所得税法的规定大大降低了企业的名义税负。按照新税法的要求，不仅以前执行33%的税率的企业可以直接减少8%的名义税负，而且执行优惠税率的企业还可以在过渡期继续执行原优惠税率或者渐进调高至法定税率，所以就整体而言，所得税的有效税率应当降低。而我们所计算出的2008年大幅下降的有效税率就很好地给出了这项政策的效果。从各上市公司所得税有效税率水平分布来看，

---

① 《国务院关于纠正地方自行制定税收先征后返政策的通知》（国发〔2000〕2号），人民网网站，http://www.gov.cn/gongbao/content/2000/content_60600.htm，2017/9/25。

② 《财政部关于进一步认真贯彻落实国务院〈关于纠正地方自行制定税收先征后返政策的通知〉的通知》（财税〔2000〕99号），财政部网站，http://www.mof.gov.cn/zhengwuxinxi/caizhengwengao/caizhengbuwengao2000/caizhengbuwengao20009/200805/t20080519_21517.html2017/9/25。

这个阶段的各水平税率分布情况与上一阶段基本一致，只是在2007年，高于33%实际税率水平的公司占整体的比例有所提高。这里我们将2008年单独进行分析，并以25%的法定税率作为新的分界点。从2008年的上市公司所得税负分布情况可以看出，实际税负在7.5%~33%的公司数所占比重比2007年增加了5个百分点，从63%上升到68%。法定税负的下降直接带来公司实际税负的下降。

2009~2016年是第四阶段，可以看出，这一阶段的上市公司平均有效税率呈现逐渐上升的趋势，从2009年的22.7%上升至2016年的28.4%，略高于法定税率25%的水平，这在一定程度上说明了原先处于税收优惠范围内的企业优惠力度逐渐减弱。并且，从各税率水平分布图中也可以发现，几乎80%的公司所得税实际税率都在15%以上，其中，实际税率超过法定税率25%水平的公司也占到了四成左右，越来越多的上市公司不再享受到原先的地域性税收优惠政策。

（三）我国上市公司企业所得税微观税负：区域分析

1. 文献回顾

王昉（1999）对各省（市、自治区）分别计算1993~1997年上市公司所得税有效税率，结果表明所有地区的有效税率均低于25%，多数集中在15%~20%的水平，内陆省份的税率略高于沿海地区。其中，湖南、黑龙江、贵州等地区的税率明显偏低，吉林、长春、山西、河南等地则明显高于平均值。

王延明和李韬（2003）对1994~2001年的区间段内上市公司所得税的地区性差异进行分析，并得出我国地区性所得税的优惠力度很大，经济特区的所得税税率大大低于其他区域，而过多的优惠政策带来的结果却是优惠税率下的公司经营的低效率。

钱晟和李筱强（2003）对2001~2002年上市公司的所得税负担地区差异进行分析后得出，上市公司的地区性税负差异基本上反映了政府实施区域优先发展的宏观调控政策目标。海南板块、新疆板块、西藏板块、江西板块和宁夏板块的低税负现象，表明了经济欠发达地方政府对上市公司的重视与扶持，并显示了国家税收优惠政策的效力。

王延明（2003）对上市公司所得税税负的区域分析中发现，经济特区、上海市和西部地区以及东部地区和中部地区的税负差异不明显，1996年之前的中部地区上市公司平均实际税负水平最高，1997年之后东部地区的企业所得税实际税负水平变为最高，经济特区和上海市上市公司的平均实际所得税税负水平远低于其他地区。

窦魁（2007）在对上市公司所得税负担地区差异分析中发现，2002年取消所得税"先征后返"后，三大区域税收负担都有所上升，中部地区上升最快，2002年实际税率从低到高依次是经济特区和上海、西部地区、东部地区、中部地区。2003~2005年，东部地区所得税有效税率逐渐走高，中部地区所得税有效税率走势平稳，而西部地区和经济特区所得税有效税率稳中有降。

许景婷等（2009）在分析了2003~2007年的上市公司所得税有效税率后得出，各地区的有效税率尽管存在差异，但根据2007年的情况，可以预测各地区的所得税有效税率的差异将会不断减小，存在汇聚趋势。

2. 地区划分和样本分析

本书中所采用的区域分类方法与宏观税负分析中的类似，只是将经济特区和上海市单独列出。东部地区包括北京、天津、河北、辽宁、江苏、浙江、福建（不含厦门）、山东、广东（不含深圳、珠海、汕头）9个省（市）；中部地区包括山西、吉林、黑龙江、安徽、江西、河南、湖北、湖南8个省；西部地区包括广西、内蒙古、重庆、四川、贵州、云南、西藏、陕西、甘肃、青海、宁夏、新疆12个省（市、自治区）；经济特区包括深圳、汕头、珠海、厦门、海南5个省（市）。加上上海市共五个区域。这五个区域的有效样本分布情况如图3-13所示。

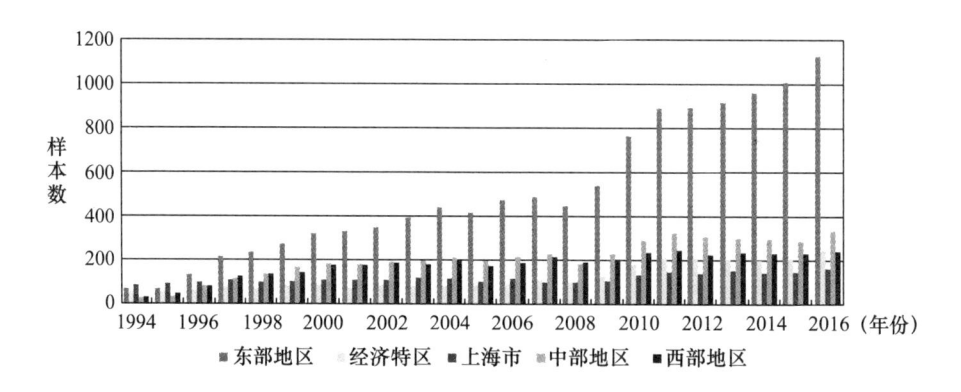

图3-13 1994~2016年五大区域上市公司税负分析样本数量对比

从图3-13可以看出，这五大区域中，东部地区[①]的上市公司有效样本数量最多，并且从1996年开始，从数量上远远超过其他区域，在1999年之后，基本等于中、西部地区的上市公司样本数之和，达到400家，在2009年超过500家，到2016年，东部地区上市公司的有效样本数量已经达到1125家，远远超过其他

---

① 本章中区域分析中的东部地区均不含经济特区，如包含则另有说明。

几个区域上市公司有效样本数量的总和。

3. 数据处理和计算方法

对上市公司所得税税负的区域描述性统计的数据处理和计算方法和本章前文的全国层面分析中相同，这里不再详述。

4. 计算结果和分析

1994~2016年我国五大区域上市公司有效税率计算结果及变化轨迹如表3-6和图3-14所示。

表3-6 1994~2016年我国五大区域上市公司有效税率计算结果　　单位:%

年份	东部地区税率	经济特区税率	上海市税率	中部地区税率	西部地区税率
1994	14.33	10.05	12.23	15.02	14.24
1995	15.05	11.57	13.13	20.41	18.22
1996	15.07	10.82	13.52	16.93	17.50
1997	16.22	10.89	14.50	15.35	14.87
1998	18.24	11.72	13.61	17.98	18.02
1999	17.00	10.49	13.12	19.08	18.66
2000	17.02	11.30	16.92	18.50	18.35
2001	22.64	13.38	17.26	18.03	17.27
2002	25.82	13.70	20.93	24.47	20.47
2003	26.04	15.03	21.79	22.70	19.08
2004	26.76	13.44	21.76	22.56	18.34
2005	27.94	14.21	24.10	24.04	19.00
2006	27.24	15.92	21.94	23.97	17.75
2007	27.09	18.80	21.22	25.39	20.47
2008	18.42	28.89	23.67	21.18	22.94
2009	21.41	29.17	24.35	24.55	23.21
2010	19.87	28.88	23.55	23.89	22.78
2011	21.59	32.28	26.67	24.35	25.44
2012	22.21	33.57	27.90	26.39	27.42
2013	24.53	33.96	33.58	26.52	26.91
2014	25.67	34.86	28.89	25.17	23.85
2015	26.89	35.26	32.71	23.04	24.22
2016	27.14	35.79	31.12	24.58	24.57

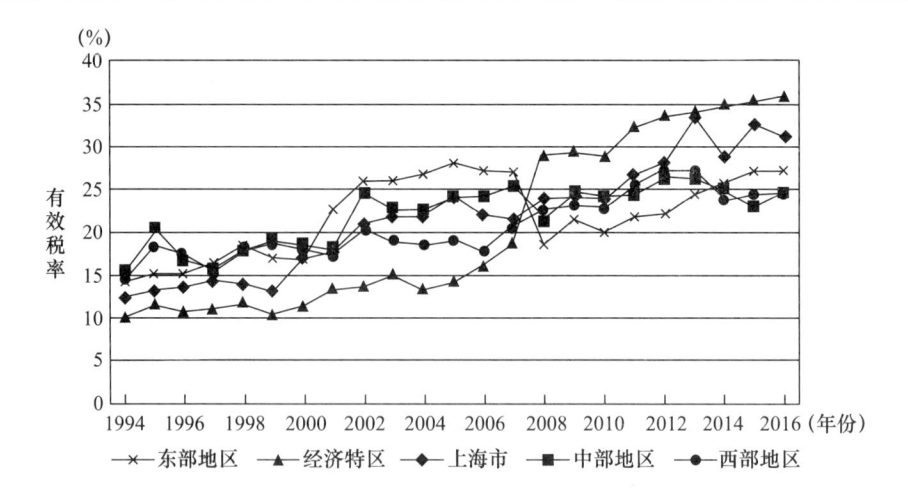

图 3-14　1994~2016 年我国五大区域上市公司有效税率变化轨迹

结合图 3-14 我们分析两个阶段的税率变化情况：第一个阶段是 1994~2007 年两税合并之前，第二个阶段是 2008~2016 年两税合并之后。从上市公司所得税有效税率的总体变化趋势来看，在 2008 年两税合并之前，五大区域的税率都有不同程度的波动，这其中经济特区和西部地区的税率波动最小，在我们所考察的时间范围内税率水平基本没有太大的变化；中部地区和上海市的税率水平波动较大，中部地区的税率在 1994 年、2002 年和 2007 年出现明显的峰值，上海市的税率波动小于中部地区但大于经济特区和西部地区；东部地区所得税有效税率的波动最为剧烈，尤其是在 2000~2002 年，所得税有效税率从 17.02% 上升到 25.82%，增幅达 51.7%。从 2001 年开始，东部地区上市公司所得税税率就在高位运行，前面提到，2001 年正好是国务院取消地方政府的所得税"先征后返"政策的时点，不仅是东部地区，其他四个区域的上市公司所得税税率水平在此期间也有不同幅度的上升。从我们的计算方法来分析，利润和所得税费用的变化趋势如果基本保持一致，那么所得税税率水平就较为稳定。在利润增长率与所得税费用增长差距较大的时段，所得税税率水平会出现波动。如果利润总额的增长率大于当期应缴所得税的增长率，那么相应的税率就会小于上期税率；反之就会大于上期税率。

从上市公司所得税有效税率的总体水平来看，经济特区的税率水平最低，直到 2008 年才达到五大区域中的最高点。经济特区所得税有效税率的变化趋势基本体现了我国改革开放以来对经济特区的所得税优惠政策。除经济特区外，其余四个区域的税率水平都互有交叉，其中上海市的税率水平变化趋势与东部地区基本一样，只是税率水平不同，上海市从 1994 年的 12.23% 上升至 2007 年的

21.22%，而东部地区则由14.33%上升至27.09%，并且这两个地区的税率水平在2008年发生反转，东部地区下降至18.42%，上海市则上升至23.67%。尽管2000年的西部大开发为许多企业提供了所得税优惠政策，但是从我们的计算结果来看效果并不明显，西部地区的上市公司有效税率水平变化平稳，这也可能是我们所采用的样本公司并不是那些享受到西部大开发税收优惠的公司，因为上市公司在2001年之前大多享受"先征后返"政策，其税率已经很低，因此西部大开发的税收优惠力度便没有在上市公司层面体现出来。

但是，我们可以从2008年的税率变化中看出"两税合并"所带来的影响。根据新税法第五十七条的规定，国务院发布了《国务院关于实施企业所得税过渡优惠政策的通知》（国发〔2007〕39号），《通知》中说明，自2008年1月1日起，原享受低税率优惠政策的企业，在新税法施行后5年内逐步过渡到法定税率。其中，享受企业所得税15%税率的企业，2008年按18%税率执行，2009年按20%税率执行，2010年按22%税率执行，2011年按24%税率执行，2012年按25%税率执行；原执行24%税率的企业，2008年起按25%税率执行。自2008年1月1日起，原享受企业所得税"两免三减半""五免五减半"等定期减免税优惠的企业，新税法施行后继续按原税收法律、行政法规及相关文件规定的优惠办法及年限享受至期满为止，但因未获利而尚未享受税收优惠的，其优惠期限从2008年起计算。[①] 可以看出，对于经济特区来说，由于其大部分都是享受优惠税率的企业，新税法的实施会在第一年就增加其名义税负，因此从政策实施我们应该可以预料到其实际税率应该上升，如图3-15所示，经济特区在维持了长时间的低水平实际税率后，在2008年底税率水平发生反转，成为五大区域的最高。而西部大开发的所得税优惠政策继续实行，西部地区税率水平在2008年只是略微上升。上海市的税率水平也没有太大的变化。与此相对照的是，中部地区和不含经济特区的东部地区税率在2008年下降，且幅度较大，其中东部地区从2007年的27.09%下降到2008年的18.42%，下降了近9个百分点，下降幅度达32%。这可能是因为这些地区的上市公司在取消"先征后返"政策后，采用法定税率征收的较多，两税合并后，法定税负直接从33%下降到25%，减少了公司的税收负担，使得上市公司整体实际税负下降。

2008年以来，我国区域间上市公司平均有效税率水平发生了剧烈的变化，东部地区上市公司企业所得税有效税率水平持续不断下降，在2008~2013年成为五大区域最低水平。经济特区和上海市的上市公司企业所得税有效税率水平一跃成为了五大区域的高点，尤其是经济特区，有效税率从2011年开始逐年上升，

[①] 《国务院关于实施企业所得税过渡优惠政策的通知》（国发〔2007〕39号），国务院网站，http://www.gov.cn/zwgk/2007-12/29/content_847112.htm2015/11/2。

在2016年达到35.79%，所得税地域优惠取消后的政策效应凸显。与其他三个区域相比较而言，中部地区和西部地区的上市公司税率虽有波动，但并不剧烈，在2013~2016年成为了企业所得税实际税负最低的区域。

为了更直观地分析我国区域间上市公司所得税税率的差异，我们将经济特区的税率作为基准，其他四大区域与其的差值并与经济特区税率的比值作为税率差异系数进行计算，如表3-7、图3-15所示。

表3-7　1994~2016年东部地区与经济特区、上海市、中部地区和西部地区的税率差异　　　　单位：%

年份	东部税率与特区差异系数	上海税率与特区差异系数	中部税率与特区差异系数	西部税率与特区差异系数
1994	0.43	0.22	0.49	0.42
1995	0.30	0.13	0.76	0.57
1996	0.39	0.25	0.56	0.62
1997	0.49	0.33	0.41	0.37
1998	0.56	0.16	0.53	0.54
1999	0.62	0.25	0.82	0.78
2000	0.51	0.50	0.64	0.62
2001	0.69	0.29	0.35	0.29
2002	0.88	0.53	0.79	0.49
2003	0.73	0.45	0.51	0.27
2004	0.99	0.62	0.68	0.36
2005	0.97	0.70	0.69	0.34
2006	0.71	0.38	0.51	0.11
2007	0.44	0.13	0.35	0.09
2008	-0.36	-0.18	-0.27	-0.21
2009	-0.27	-0.17	-0.16	-0.20
2010	-0.31	-0.18	-0.17	-0.21
2011	-0.33	-0.17	-0.25	-0.21
2012	-0.34	-0.17	-0.21	-0.18
2013	-0.28	-0.01	-0.22	-0.21
2014	-0.26	-0.17	-0.28	-0.32
2015	-0.24	-0.07	-0.35	-0.31
2016	-0.24	-0.13	-0.31	-0.31

第三章 我国企业所得税税负水平分析

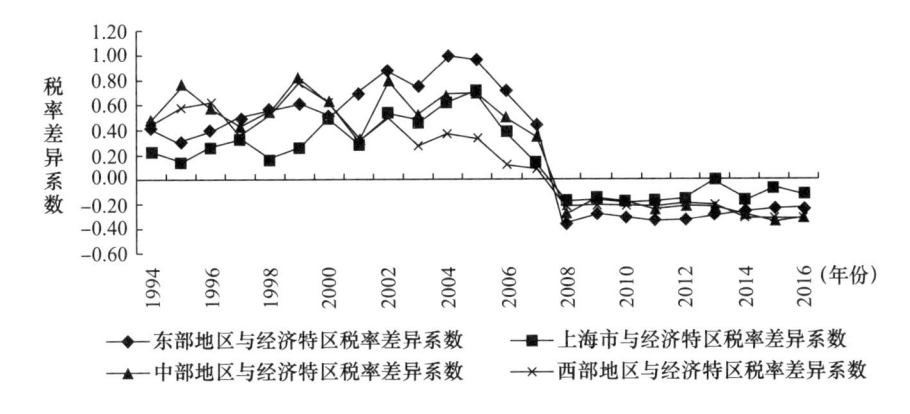

图 3-15 1994~2016 年东部地区、上海市、中部地区和西部地区与经济特区的税率差异系数变化

在计算中我们之所以选择经济特区的上市公司税率为基准，是因为在上面的分析中，我们发现在两税合并之前，经济特区的上市公司平均税率是最低的，也就是其实际税负在五大经济区域中水平最低。从数值来看，截止到2008年，各大经济区域的税率都大于经济特区，因此差异系数为正值。2008年两税合并后，税率差异由正转负，新税法降低实际税负的效应显著。从差异系数的总体变化情况来看，在2001年前，与经济特区税率差异最小的为上海市；中部地区、西部地区与经济特区的税率差异程度基本相同；东部地区与经济特区税率差异逐渐增大。2002~2007年，西部地区与经济特区的税率差异最小，其次为上海市，中部地区与经济特区的税率差异与上海市相当，与经济特区税率差异最大的为东部地区。2008年两税合并后，东部地区、上海市、中部地区和西部地区的税率水平都低于经济特区，差异水平最大的为东部地区。分别来看，东部地区与经济特区税率的相对差异变化趋势以2004年为分界点，在2004年之前，其与经济特区的差异逐渐增大，最高点达到1，从计算方法来看，也就是当时东部地区的税率为经济特区的两倍；2004年之后东部地区与经济特区的税率差异逐渐减小，到2008年两税合并时东部地区的税率已低于经济特区。西部地区与中部地区和经济特区的税率差异系数如前分析，在2001年之前差异率基本相当，之后则"分道扬镳"，中部地区与经济特区税率差异要大于西部地区与经济特区的税率差异，也就是说，中部地区与经济特区的税负差异要大于西部地区。上海市的情况则与中部、西部地区的变化情况相反，2001年之前与经济特区的差异要小于2001年之后的差异。

2008年的新税法对各地区上市公司实际税负的影响效果也十分显著。直观地，在图3-15中可以明显地看到，从2008年开始，各区域与经济特区上市公司所得税的有效税率差异已成负值，这就意味着经济特区已不再具有税率的优惠地位，并且东部地区、中部地区、西部地区以及上海市的上市公司企业所得税有效税率已低于经济特区，五大经济区域的税率相对差异情况基本体现了我国的区域税收政策的变化和执行效果情况。

（四）我国上市公司企业所得税微观税负：行业分析

1. 文献回顾

王昉（1999）对1993~1997年的房地产类、高科技类、工业类、公用事业类、金融类、商业类和综合类的行业上市公司进行所得税实际税率测算，得出在这七个行业中除房地产业外，其余六个行业的税率低于20%，其中，高科技行业的税率最低，为13.42%，金融类、公用事业类和综合类企业的税率也在15%左右。这说明我国的税收政策是有一定的行业区别的。但就目前情况来看，行业差距并不大。

钱晟和李筱强（2003）对2001~2002年上市公司的所得税负担的行业差异进行了实证分析，得出行业内公司利润规模同所得税费用之间呈现正相关关系，而与所得税负担之间呈现负相关关系。

李韬（2004）以2000~2002年的上市公司数据为基础，采用分层统计的抽样方法抽出159家样本公司作为研究对象。研究结果表明，即使是在2002年所得税取消"先征后返"政策正式实施当年，中国上市公司行业间所得税税负在总体上也没有显著差异。而在2001年部分行业间存在所得税税负差异一方面是国家对不同行业的政策扶持力度所导致，而另一方面是不同行业对所得税的会计处理的不同造成的。如批发和零售贸易业的上市公司在激烈的市场竞争条件下，为了扩大销售多会采取赊销、信誉担保等促销手段，而这些销售手段的运用使得当期的部分甚至全部的销售额无法在当期收到，这就造成了大量的暂时性差异。

韩岚岚（2006）对我国上市公司的所得税行业负担进行实证分析后得出，行业间中的传播文化业、木材家具业、综合类和医药生物制品各年的实际税率变化比较大，采掘业、电力煤气及水的生产和供应业、交通运输业以及仓储业的税率较为稳定；行业内部实际税率差异有逐年增大的趋势，但是不同行业内部税率变异程度不同，各年年内行业相对差异变小。

2. 我国企业所得税行业税收优惠政策

在新税法实施之前，我国企业所得税对部分行业企业的优惠政策有以下几个方面：对软件产业和集成电路产业发展的税收政策，即对生产线宽小于0.8微米（含）集成电路产品的生产企业，经认定后，从2002年开始，自获利年度起实行企业所得税"两免三减半"的政策，即自获利年度起，第一年和第二年免征企业所得税，第三年至第五年减半征收企业所得税。自2002年1月1日起至2010年底，对集成电路生产企业、封装企业的投资者，以其取得的缴纳企业所得税后的利润，直接投资于本企业增加注册资本，或作为资本投资开办其他集成电路生产企业、封装企业，经营期不少于5年的，按40%的比例退还其再投资部分已缴纳的企业所得税税款。再投资不满5年撤出该项投资的，追缴已退的企业所得税税款。自2002年1月1日起至2010年底，对国内外经济组织作为投资者，以其在境内取得的缴纳企业所得税后的利润，作为资本投资于西部地区开办集成电路生产企业、封装企业或软件产品生产企业，经营期不少于5年的，按80%的比例退还其再投资部分已缴纳的企业所得税税款。再投资不满5年撤出该项投资的，追缴已退的企业所得税税款。[1]

为鼓励我国软件行业发展，《财政部 国家税务总局 海关总署关于鼓励软件产业和集成电路产业发展有关税收政策问题的通知》（财税〔2000〕25号）规定：对我国境内新办软件生产企业经认定后，自开始获利年度起，第一年和第二年免征企业所得税，第三年至第五年减半征收企业所得税；对国家规划布局内的重点软件生产企业，如当年未享受免税优惠的，减按10%的税率征收企业所得税；软件生产企业的工资、培训费用支出，可按实际发生额在计算应纳税所得额时扣除；企事业单位购进软件，凡购置成本达到固定资产标准或构成无形资产，可以按照固定资产或无形资产进行核算，折旧或摊销年限可适当缩短，最短为两年。对集成电路生产企业的生产性设备的折旧年限也可以适当缩短，最短为三年。

在煤气开采行业方面，对财务核算制度健全、实行查账征税的煤层气抽采企业研究开发新技术、新工艺发生的技术开发费，在按规定实行100%扣除基础上，允许再按当年实际发生额的50%在企业所得税税前加计扣除。对独立核算的煤层气抽采企业购进专用设备，统一采取双倍余额递减法或年数总和法实行加速折旧，其利用银行贷款或自筹资金从事技术改造项目国产设备投资，其项目所需国产设备投资的40%可从企业技术改造项目设备购置当年比前一年新增的企业所得税中抵免。[2]

在公共基础设施行业，如果企业从事《公共基础设施项目企业所得税优惠目录》内符合相关条件和技术标准及国家投资管理相关规定并于2008年1月1日

---

[1] 《财政部 国家税务总局关于进一步鼓励软件产业和集成电路产业发展税收政策的通知》（财税〔2002〕70号），国家税务总局网站，http://www.chinatax.gov.cn/2013/n1586/n1593/n1672/n1677/c217991/content.html2015/11/16。

[2] 《财政部 国家税务总局关于加快煤层气抽采有关税收政策问题的通知》（财税〔2007〕16号），国家税务总局网站，http://www.chinatax.gov.cn/2013/n1586/n1593/n1607/n1618/c70177/content.html2016/11/16。

后经批准的公共基础设施项目,其投资经营的所得,自该项目取得第一笔生产经营收入所属纳税年度起,第一年至第三年免征企业所得税,第四年至第六年减半征收企业所得税。① 这些都是对该行业的所有符合条件的企业都适用的,此外,还有一些行业税收优惠只针对个别地区,例如在对能源、交通产业的税收优惠中,只有经济特区的能源、交通产业的外资企业以及部分西部省市中的从事能源和交通产业的企业能够享受到税收优惠,而其他地区该行业的企业则无法享受。

而在对第三产业的税收优惠方面,只对新办的传统服务业允许1~2年的税收优惠;② 在对高新技术产业企业所得税优惠政策方面,只有对国家批准的高新技术产业开发区内的企业,经有关部门认定为高新技术企业的,才可以享受税收优惠。

而在新税法中的行业税收优惠则更广泛、更具体、更有政策倾向性并且更具有普惠制。如高新技术产业,《企业所得税法》第二十八条中就规定国家需要重点扶持的高新技术企业,减按15%的税率征收企业所得税。国家需要重点扶持的高新技术企业,是指拥有核心自主知识产权,并同时符合下列条件的企业:产品(服务)属于《国家重点支持的高新技术领域》规定的范围;研究开发费用占销售收入的比例不低于规定比例;高新技术产品(服务)收入占企业总收入的比例不低于规定比例;科技人员占企业职工总数的比例不低于规定比例;高新技术企业认定管理办法规定的其他条件等。此外,在《企业所得税》对高新技术行业支持的基础上,还针对有限合伙制创业投资企业进行了投资抵扣规定:有限合伙制创业投资企业采取股权投资方式投资于未上市的中小高新技术企业满两年(24个月,下同)的,其法人合伙人可按照对未上市中小高新技术企业投资额的70%抵扣该法人合伙人从该有限合伙制创业投资企业分得的应纳税所得额,当年不足抵扣的,可以在以后纳税年度结转抵扣。这里所称满两年是指2015年10月1日起,有限合伙制创业投资企业投资于未上市中小高新技术企业的实缴投资满两年,同时,法人合伙人对该有限合伙制创业投资企业的实缴出资也应满两年。如果法人合伙人投资于多个符合条件的有限合伙制创业投资企业,可合并计算其可抵扣的投资额和应分得的应纳税所得额。当年不足抵扣的,可结转以后纳税年度继续抵扣;当年抵扣后有结余应按照企业所得税法的规定计算缴纳企业所得税。

在间接税收优惠方面,针对不同行业,也制定了相应不同的优惠方法,如

---

① 《关于执行公共基础设施项目企业所得税优惠目录有关问题的通知》(财税〔2008〕46号),国家税务总局网站,http://www.chinatax.gov.cn/2013/n2226/n2271/n2272/c128829/content.html2016/11/16。
② 马衍伟,费媛. 统一内外资企业所得税的战略思考[M]. 北京:中国时代经济出版社,2007:283.

《财政部　国家税务总局关于完善固定资产加速折旧企业所得税政策的通知》（财税〔2014〕75号）中规定：对生物药品制造业，专用设备制造业，铁路、船舶、航空航天和其他运输设备制造业，计算机、通信和其他电子设备制造业，仪器仪表制造业，信息传输、软件和信息技术服务业六个行业的企业在2014年1月1日后新购进的固定资产，可缩短折旧年限或采取加速折旧的方法。对上述六个行业的小型微利企业2014年1月1日后新购进的研发和生产经营共用的仪器、设备，单位价值不超过100万元的，允许一次性计入当期成本费用在计算应纳税所得额时扣除，不再分年度计算折旧；单位价值超过100万元的，可缩短折旧年限或采取加速折旧的方法；对所有行业企业2014年1月1日后新购进的专门用于研发的仪器、设备，单位价值不超过100万元的，允许一次性计入当期成本费用在计算应纳税所得额时扣除，不再分年度计算折旧；单位价值超过100万元的，可缩短折旧年限或采取加速折旧的方法。对所有行业企业持有的单位价值不超过5000元的固定资产，允许一次性计入当期成本费用在计算应纳税所得额时扣除，不再分年度计算折旧。企业按以上规定缩短折旧年限的，最低折旧年限不得低于《企业所得税法实施条例》第六十条规定折旧年限的60%；采取加速折旧方法的，可采取双倍余额递减法或者年数总和法。①

在文化产业方面，2009年1月1日到2013年12月31日，广播电影电视行政主管部门（包括中央、省、地市及县级）按照各自职能权限批准从事电影制片、发行、放映的电影集团公司（含成员企业）、电影制片厂及其他电影企业取得的销售电影拷贝收入、转让电影版权收入、电影发行收入以及在农村取得的电影放映收入免征增值税和营业税；2010年底前，广播电视运营服务企业按规定收取的有线数字电视基本收视维护费，经省级人民政府同意并报财政部、国家税务总局批准，免征营业税，期限不超过三年；出口图书、报纸、期刊、音像制品、电子出版物、电影和电视完成片按规定享受增值税出口退税政策；文化企业在境外演出从境外取得的收入免征营业税；在文化产业支撑技术等领域内，依据《关于印发〈高新技术企业认定管理办法〉的通知》（国科发火〔2008〕172号）和《关于印发〈高新技术企业认定管理工作指引〉的通知》（国科发火〔2008〕362号）的规定认定的高新技术企业，减按15%的税率征收企业所得税；文化企业开发新技术、新产品、新工艺发生的研究开发费用，允许按国家税法规定在计算应纳税所得额时加计扣除；出版、发行企业库存呆滞出版物，纸质图书超过五年（包括出版当年），音像制品、电子出版物和投影片（含缩微制品）超过两年

---

① 《财政部　国家税务总局关于完善固定资产加速折旧企业所得税政策的通知》（财税〔2014〕75号），国家税务总局网站，http：//hd.chinatax.gov.cn/guoshui/action/GetArticleView1.do？id＝1519514&flag＝1，2017/09/18。

（包括出版当年），纸质期刊和挂历年画等超过一年（包括出版当年）的，可以作为财产损失在税前据实扣除。已作为财产损失税前扣除的呆滞出版物，以后年度处置的，其处置收入应纳入处置当年的应税收入；为生产重点文化产品而进口国内不能生产的自用设备及配套件、备件等，按现行税收政策有关规定，免征进口关税；对2008年12月31日前新办文化企业，自工商注册登记之日起，免征三年企业所得税，享受优惠的期限截至2010年12月31日。①②

对技术先进性服务企业，《财政部 国家税务总局 商务部 科技部 国家发展改革委关于技术先进型服务企业有关企业所得税政策问题的通知》（财税〔2010〕65号）规定，自2010年7月1日起至2013年12月31日止，在北京、天津、上海、重庆、大连、深圳、广州、武汉、哈尔滨、成都、南京、西安、济南、杭州、合肥、南昌、长沙、大庆、苏州、无锡、厦门21个中国服务外包示范城市（以下简称示范城市）实行以下企业所得税优惠政策：第一，对经认定的技术先进型服务企业，减按15%的税率征收企业所得税。第二，经认定的技术先进型服务企业发生的职工教育经费支出，不超过工资薪金总额8%的部分，准予在计算应纳税所得额时扣除；超过部分，准予在以后纳税年度结转扣除。③

为鼓励企业运用合同能源管理机制，加大节能减排技术改造工作力度，《财政部国家税务总局关于促进节能服务产业发展增值税营业税和企业所得税政策问题的通知》（财税〔2010〕110号）规定自2011年1月1日起，对符合条件的节能服务公司实施合同能源管理项目，符合企业所得税税法有关规定的，自项目取得第一笔生产经营收入所属纳税年度起，第一年至第三年免征企业所得税，第四年至第六年按照25%的法定税率减半征收企业所得税。对符合条件的节能服务公司，以及与其签订节能效益分享型合同的用能企业，实施合同能源管理项目有关资产的企业所得税税务处理按以下规定执行：第一，用能企业按照能源管理合同实际支付给节能服务公司的合理支出，均可以在计算当期应纳税所得额时扣除，不再区分服务费用和资产价款进行税务处理；第二，能源管理合同期满后，节能服务公司转让给用能企业的因实施合同能源管理项目形成的资产，按折旧或

---

① 《财政部 海关总署国家税务总局关于支持文化企业发展若干税收政策问题的通知》（财税〔2009〕31号），国家税务总局网站，http://hd.chinatax.gov.cn/guoshui/action/GetArticleView1.do? id = 10380&flag = 12017/10/8。

② 《国家税务总局关于新办文化企业企业所得税有关政策问题的通知》（国税函〔2010〕86号），国家税务总局网站，http://hd.chinatax.gov.cn/guoshui/action/GetArticleView1.do? id = 76724&flag = 12017/10/8。

③ 《财政部 国家税务总局商务部科技部国家发展改革委关于技术先进型服务企业有关企业所得税政策问题的通知》（财税〔2010〕65号），国家税务总局网站，http://hd.chinatax.gov.cn/guoshui/action/GetArticleView1.do? id =111048&flag = 12017/10/9。

摊销期满的资产进行税务处理，用能企业从节能服务公司接受有关资产的计税基础也应按折旧或摊销期满的资产进行税务处理；第三，能源管理合同期满后，节能服务公司与用能企业办理有关资产的权属转移时，用能企业已支付的资产价款，不再另行计入节能服务公司的收入。①

为进一步推动科技创新和产业结构升级，促进信息技术产业发展，鼓励软件产业和集成电路产业的发展，《财政部 国家税务总局关于进一步鼓励软件产业和集成电路产业发展企业所得税政策的通知》（财税〔2012〕27号）中规定自2011年1月1日起，第一，集成电路线宽小于0.8微米（含）的集成电路生产企业，经认定后，在2017年12月31日前自获利年度起计算优惠期，第一年至第二年免征企业所得税，第三年至第五年按照25%的法定税率减半征收企业所得税，并享受至期满为止。第二，集成电路线宽小于0.25微米或投资额超过80亿元的集成电路生产企业，经认定后，减按15%的税率征收企业所得税，其中经营期在15年以上的，在2017年12月31日前自获利年度起计算优惠期，第一年至第五年免征企业所得税，第六年至第十年按照25%的法定税率减半征收企业所得税，并享受至期满为止。第三，我国境内新办的集成电路设计企业和符合条件的软件企业，经认定后，在2017年12月31日前自获利年度起计算优惠期，第一年至第二年免征企业所得税，第三年至第五年按照25%的法定税率减半征收企业所得税，并享受至期满为止。第四，国家规划布局内的重点软件企业和集成电路设计企业，如当年未享受免税优惠的，可减按10%的税率征收企业所得税。第五，符合条件的软件企业按照《财政部 国家税务总局关于软件产品增值税政策的通知》（财税〔2011〕100号）规定，取得的即征即退增值税款，由企业专项用于软件产品研发和扩大再生产并单独进行核算，可以作为不征税收入，在计算应纳税所得额时从收入总额中减除。第六，集成电路设计企业和符合条件软件企业的职工培训费用，应单独进行核算并按实际发生额在计算应纳税所得额时扣除。第七，企业外购的软件，凡符合固定资产或无形资产确认条件的，可以按照固定资产或无形资产进行核算，其折旧或摊销年限可以适当缩短，最短可为两年（含）。第八，集成电路生产企业的生产设备，其折旧年限可以适当缩短，最短可为三年（含）。②

在企业从事国家重点扶持的公共基础设施项目投资经营的所得、从事符合条

---

① 《财政部 国家税务总局关于促进节能服务产业发展增值税营业税和企业所得税政策问题的通知》（财税〔2010〕110号），国家税务总局网站，http://hd.chinatax.gov.cn/guoshui/action/GetArticleView1.do?id=112329&flag=12017/10/9。

② 《财政部 国家税务总局关于进一步鼓励软件产业和集成电路产业发展企业所得税政策的通知》（财税〔2012〕27号），国家税务总局网站，http://hd.chinatax.gov.cn/guoshui/action/GetArticleView1.do?id=204143&flag=12017/10/9。

· 107 ·

件的环境保护、节能节水项目的所得上,《财政部 国家税务总局关于公共基础设施项目和环境保护节能节水项目企业所得税优惠政策问题的通知》(财税〔2012〕10号)中规定,企业从事符合《公共基础设施项目企业所得税优惠目录》规定、于2007年12月31日前已经批准的公共基础设施项目投资经营的所得,以及从事符合《环境保护、节能节水项目企业所得税优惠目录》规定、于2007年12月31日前已经批准的环境保护、节能节水项目的所得,可在该项目取得第一笔生产经营收入所属纳税年度起,按新税法规定计算的企业所得税"三免三减半"优惠期间内,自2008年1月1日起享受其剩余年限的减免企业所得税优惠。[1]

自2008年1月1日起,在企业购置并实际使用财政部、税务总局、发展改革委公布的《环境保护专用设备企业所得税优惠目录》《节能节水专用设备企业所得税优惠目录》以及财政部、税务总局、安监总局公布的《安全生产专用设备企业所得税优惠目录》中的环境保护专业设备以及节能节水专用设备时,可以按专用设备投资额的10%抵免当年企业所得税应纳税额;企业当年应纳税额不足抵免的,可以向以后年度结转,但结转期不得超过五个纳税年度。企业利用自筹资金和银行贷款购置专用设备的投资额,可以按企业所得税法的规定抵免企业应纳所得税额;企业利用财政拨款购置专用设备的投资额,不得抵免企业应纳所得税额。企业购置并实际投入使用、已开始享受税收优惠的专用设备,如从购置之日起五个纳税年度内转让、出租的,应在该专用设备停止使用当月停止享受企业所得税优惠,并补缴已经抵免的企业所得税税款。转让的受让方可以按照该专用设备投资额的10%抵免当年企业所得税应纳税额;当年应纳税额不足抵免的,可以在以后五个纳税年度结转抵免。[2]

为鼓励企业充分开展资源综合利用,企业自2008年1月1日起以《资源综合利用企业所得税优惠目录》中所列资源为主要原材料,生产《资源综合利用企业所得税优惠目录》内符合国家或行业相关标准的产品取得的收入,在计算应纳税所得额时,减按90%计入当年收入总额。[3]

以上这些针对特定行业的税收优惠都体现了国家对农林牧渔、环保产业、公

---

[1] 《财政部 国家税务总局关于公共基础设施项目和环境保护节能节水项目企业所得税优惠政策问题的通知》(财税〔2012〕10号),国家税务总局网站,http://hd.chinatax.gov.cn/guoshui/action/GetArticleView1.do?id=159641&flag=12017/10/9。

[2] 《关于执行环境保护专用设备企业所得税优惠目录节能节水专用设备企业所得税优惠目录和安全生产专用设备企业所得税优惠目录有关问题的通知》(财税〔2008〕48号),国家税务总局网站,http://hd.chinatax.gov.cn/guoshui/action/GetArticleView1.do?id=4166&flag=12017/10/9。

[3] 《关于执行资源综合利用企业所得税优惠目录有关问题的通知》(财税〔2008〕47号),国家税务总局网站,http://hd.chinatax.gov.cn/guoshui/action/GetArticleView1.do?id=4167&flag=12017/10/9。

共设施项目等行业企业的支持,用于鼓励企业在该行业的发展。从新旧企业所得税对部分产业和行业的税收政策对比中可以看出,新税法更注重于行业税收优惠,而不再区分资金来源和所有制结构,其税收政策与国家的产业政策联系更加紧密。

3. 行业分类

本书的数据来源是中国经济研究中心(CCER)数据库,其中2012年之前的行业分类是按照中国证监会(China Securities Regulatory Commission,CSRC)在2001年制定的行业分类方法,参见《中国上市公司分类指引》(以下简称《指引》)。该《指引》将上市公司的经济活动分为门类、大类两级,中类作为支持性分类参考。由于上市公司集中于制造业,《指引》在制造业的门类和大类之间增设辅助性类别(次类)。与此对应,总体编码采用了层次编码法,类别编码采取顺序编码法,门类为单字母升序编码,制造业下次类为单字母加一位数字编码,大类为单字母加两位数字编码,中类为单字母加四位数字编码。《指引》中上市公司的13个大类分别为:A. 农、林、牧、渔业;B. 采掘业;C. 制造业;D. 电力、煤气及水的生产和供应业;E. 建筑业;F. 交通运输、仓储业;G. 信息技术业;H. 批发和零售贸易;I. 金融、保险业;J. 房地产业;K. 社会服务业;L. 传播与文化产业;M. 综合类。[①] 我们在分析中,对C类制造业采用了二级分类,分别为:C0 食品饮料;C1 纺织、服装、皮毛;C2 木材、家具;C3 造纸、印刷;C4 石油、化学、塑胶、塑料;C5 电子;C6 金属、非金属;C7 机械、设备、仪表;C8 医药、生物制品;C9 其他制造业。2012年10月26日,证监会发布了《上市公司行业分类指引(2012年修订)》[②],对行业分类进一步细化,原先的分类方法废止,因此,在2012~2016年的分析中,我们采用的是修订后的分类方法,新的分类方法如下:A. 农、林、牧、渔业;B. 采矿业;C. 制造业;D. 电力、热力、燃气及水生产和供应业;E. 建筑业;F. 批发和零售业;G. 交通运输、仓储和邮政业;H. 住宿和餐饮业;I. 信息传输、软件和信息技术服务业;J. 金融业;K. 房地产;L. 租赁和商务服务业;M. 科学研究和技术服务业;N. 水利、环境和公共设施管理业;O. 居民服务、修理和其他服务业;P. 教育;Q. 卫生和社会工作;R. 文化、体育和娱乐业;S. 综合。新的分类方法与修订前相比有较大的变化,尤其是对第三产业的划分更为细化,不仅如此,

---

[①] 2001年4月3日,证监会发布了《上市公司行业分类指引》(证监信息字〔2001〕1号),公布当日起实行,本研究2001年以前的上市公司行业分类数据2001年之前部分为旧分类指引下的类别,但此类数据所占比率较小,因此均按照数据库原分类进行分析。

[②] 中国证券监督管理委员会网站,http://www.csrc.gov.cn/pub/zjhpublic/G00306201/201211/t20121116_216990.htm2017/10/7。

对制造业的子类划分也比2001年版的更细。制造业的二级分类如下：13 农副食品加工业；14 食品制造业；15 酒、饮料和精制茶制造业；16 烟草制品业；17 纺织业；18 服饰业；19 皮革、毛皮、羽毛及其制品和制鞋业；20 木材加工和木、竹、藤、棕、草制品业；21 家具制造业；22 造纸和纸制品业；23 印刷和记录媒介复制业；24 文教、工美、体育和娱乐用品制造业；25 石油加工、炼焦和核燃料加工业；26 化学原料和化学制品制造业；27 医药制造业；28 化学纤维制造业；29 橡胶和塑料制品业；30 非金属矿物制品业；31 黑色金属冶炼和压延加工业；32 有色金属冶炼和压延加工业；33 金属制品业；34 通用设备制造业；35 专用设备制造业；36 汽车制造业；37 铁路、船舶、航空航天和其他运输设备制造业；38 电气机械和器材制造业；39 计算机、通信和其他电子设备制造业；40 仪器仪表制造业；41 其他制造业；42 废弃资源综合利用业；43 金属制品、机械和设备修理业。由于2012年之后的上市公司统计数据中并没有表明二级分类，因此我们对上市公司实际税负的制造业行业内部分析中只限于2012年以前的数据。在企业所得税税负的行业分析中，由于涉及不同的行业分类方法，我们以2012年为界，分成两个阶段分别进行分析。

4. 数据处理和计算方法

对上市公司的数据处理和计算依然采用上节研究区域税负的方法，即企业所得税有效税率为当期所得税与税前会计利润之比，这里不再详述。同时，本部分的非参数和参数检验方法是以行业作为因素分析，就是原假设是所有行业总体的所得税有效税率均值相等，如果按照行业对其进行分类所进行检验的结果显著拒绝原假设，也就是在区分行业后所得税的均值显著不一致，那么我们在统计学上就可以认为行业是影响所得税有效税率的因素之一，这里的行业因素不仅仅是代表行业区别，还包含行业间的税收政策的差别。

5. 计算结果和分析

各行业上市公司平均税率情况如表3-8、表3-9所示，1994~2011年我国上市公司所得税有效税率分行业变化趋势如图3-16所示。

表3-8　1994~2011年各行业上市公司平均税率情况　　　　单位：%

年份	农林牧渔业	采掘业	制造业大类	电力煤气和水的生产和供应业	建筑业	交通运输仓储业	信息技术业	批发和零售贸易	房地产业	社会服务业	传播与文化产业	综合类
1994	10.23	—	11.78	10.70	13.58	8.86	11.10	12.94	10.68	13.23	11.80	11.75
1995	35.60	—	13.48	12.58	14.88	13.19	13.88	15.56	15.04	14.29	12.15	14.40
1996	13.60	12.68	14.85	12.11	14.24	13.61	14.58	16.21	15.65	14.26	14.05	14.38

续表

年份	农林牧渔业	采掘业	制造业大类	电力煤气和水的生产和供应业	建筑业	交通运输仓储业	信息技术业	批发和零售贸易	房地产业	社会服务业	传播与文化产业	综合类
1997	15.38	15.87	14.80	13.39	12.14	13.25	11.28	15.17	15.54	14.90	11.69	13.84
1998	13.41	24.71	18.15	16.41	15.62	12.54	11.48	17.70	16.65	13.89	14.83	14.69
1999	12.41	26.00	15.86	15.89	17.31	12.19	12.83	16.86	16.52	14.21	16.91	14.50
2000	14.45	23.26	14.63	17.64	16.86	15.61	14.62	18.00	18.47	15.23	12.35	16.23
2001	15.80	19.23	17.53	16.77	17.46	16.09	14.37	20.20	24.11	21.67	13.59	16.49
2002	12.73	26.80	22.53	21.93	21.43	20.37	17.56	25.64	26.30	23.29	21.00	21.36
2003	14.07	26.09	21.45	20.37	22.44	20.97	16.70	27.79	27.10	25.53	21.58	22.12
2004	12.47	28.67	21.60	20.87	23.56	21.81	20.47	29.92	27.27	26.04	16.68	23.86
2005	11.83	28.32	21.23	22.62	28.20	22.97	19.50	31.72	30.24	24.70	27.23	25.66
2006	8.13	27.80	21.61	22.37	26.71	21.49	17.49	30.13	31.30	22.37	29.93	26.35
2007	15.02	29.48	24.70	29.69	35.34	23.45	23.20	31.11	34.80	27.07	18.04	27.25
2008	13.55	20.81	24.23	27.91	37.77	21.02	23.86	33.19	31.98	26.25	23.10	32.24
2009	14.07	18.78	22.20	17.81	37.74	22.30	35.45	25.45	29.72	26.17	13.03	23.96
2010	12.08	17.13	23.41	17.94	32.03	20.34	20.65	27.37	31.02	27.57	17.25	24.56
2011	10.19	18.17	24.55	22.26	36.68	24.61	24.49	27.12	35.63	27.88	10.86	22.27

表3-9 2012~2016年各行业上市公司平均税率情况　　　　　　单位:%

年份	农林牧渔业	采矿业	制造业	电力、热力、燃气及水生产和供应业	建筑业	批发和零售业	交通运输、仓储和邮政业	住宿和餐饮业	信息传输、软件和信息技术服务业
2012	8.31	17.99	26.05	20.69	33.41	29.02	27.43	29.53	16.41
2013	13.54	21.19	28.38	19.72	32.36	30.00	28.29	29.73	36.64
2014	8.82	24.10	27.81	18.85	30.76	30.66	26.89	28.47	32.12
2015	2.90	29.30	26.75	19.75	32.40	32.65	26.42	27.02	27.35
2016	3.51	33.85	26.53	18.01	31.65	31.47	27.44	23.33	15.95

年份	房地产业	租赁和商务服务业	科学研究和技术服务	水利、环境和公共设施管理业	居民服务、修理和其他服务业	教育	卫生和社会工作	文化、体育和娱乐业	综合
2012	35.29	26.63	23.62	21.73	—	—	28.70	10.99	21.09

续表

年份	房地产业	租赁和商务服务业	科学研究和技术服务	水利、环境和公共设施管理业	居民服务、修理和其他服务业	教育	卫生和社会工作	文化、体育和娱乐业	综合
2013	32.61	26.03	22.51	43.96	—	25.31	31.50	11.20	20.76
2014	34.23	27.67	26.60	15.11	—	56.62	31.05	10.97	18.06
2015	38.84	29.50	23.93	21.47	—	—	30.15	13.50	28.90
2016	36.32	25.85	33.48	23.20	—	28.86	29.57	15.66	36.29

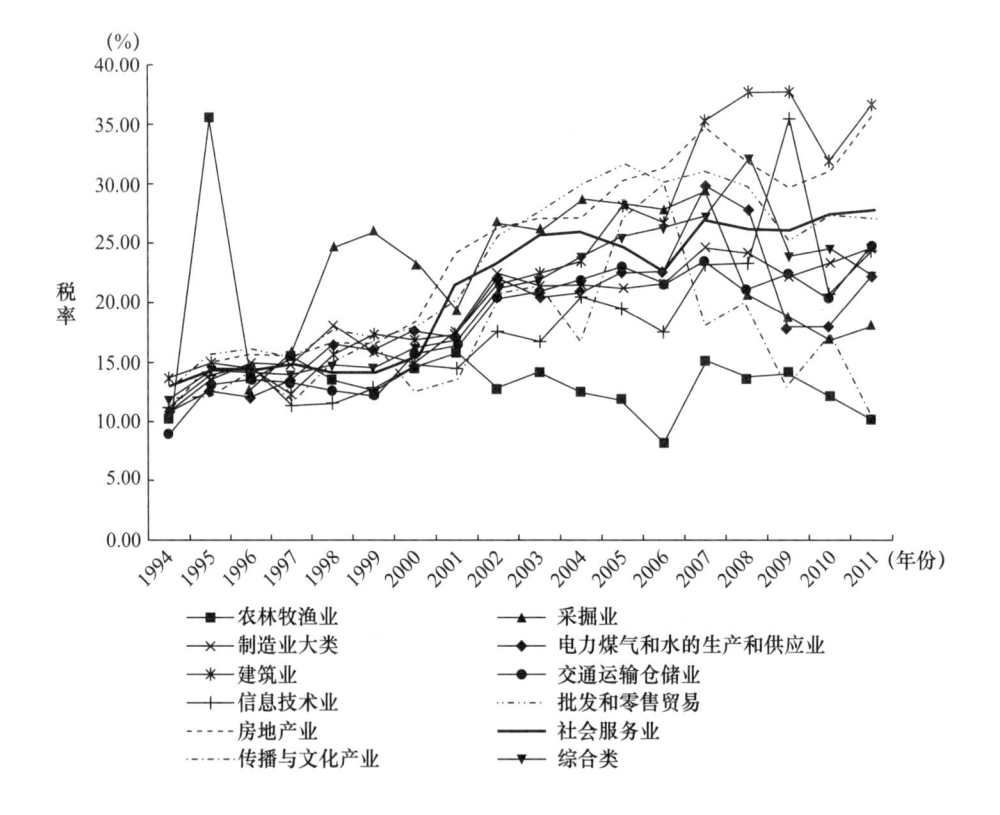

图 3-16 1994~2011 年我国上市公司所得税有效税率变化趋势——按行业分类

从表 3-8、表 3-9 并结合图 3-16 我们可以发现，在 2008 年之前，各个行业上市公司企业所得税的有效税率都在波动中上升，而且在 2008 年两税合并新税法执行当年就看到了明显的效果，几乎所有行业的所得税税率都有所下降。随着时间的推移，两税合并政策效应越发显著，尤其是行业税收优惠。

我们具体来看，属于第一产业的农林牧渔业整体税负水平最低，除了在1995年（样本数太少，只有两家上市公司）有一个突变点之外，变化比较平稳，波动较小，在我们所考察的区间内，企业所得税有效税率在2016年达到最低，为3.51%，这也和国家为鼓励第一产业的发展所采取的税收优惠有关；采掘业的上市公司企业所得税有效税率在1998~2008年基本处在20%以上的水平（2001年除外），可以说是重税行业，税率最高为2007年的接近30%，与法定税率相差不大，但在2009年之后，有效税率有所降低；制造业整体税率也呈波动上升趋势，在2002年税率低于20%，之后一直在23%左右徘徊；电力、煤气和水的生产和供应业也就是公用事业类的税率在2002年之前一直维持较低的水平，税率在15%左右，2002年首次超过了20%，2007年达到最高点为29.69%，与1994年相比税率上升了近两倍；建筑业的税率的上升过程整体来说较为平稳，只是在2007年有一个较大的增长，从26.71%增长到35.34%，增幅近10个百分点，2008年继续上涨至37.77%，远远超出了法定税率，也是重税行业之一；交通运输业的税率变化可以分为三个阶段，2002年之前税率一直在13%~16%区间波动（1994年为8.86%），2002~2011年基本在20%~25%区间波动，变化较为平缓，2012年开始该行业的上市公司企业所得税有效税率就一直在25%以上的高位；信息技术业（含部分高科技产业）（2011年之前与之后没有可比性）在2011年之前的税率水平略高于农林牧渔业，低于其他行业，2007年之前的税率大都低于20%，除了2009年税率有一个突变（35.45%）以外，总体变化也较为平稳，2007年与2008年税率达到23%，但与其他行业相比，信息技术业的税负还是相对较低的。

在2012年新行业分类中，信息传输、软件和信息技术服务业的有效税率变化并没有特定趋势；批发和零售业的税率可以分为三个阶段，1994~2000年税率维持在15%左右的水平，2001~2004年税率升至25%以上，2004年以后进一步上升，达到30%左右，近年来整体税负水平也较高；房地产业在2001年开始便步入了高税负的时期，从之前的15%左右跃升至30%，2015年达到最高点为38.84%，近五年来有效税率一直在35%左右，是典型的高税负行业；传播与文化产业（2011年之前与之后不可比）在2004年、2007年、2009年和2011年的税率水平均有降低，两税合并后，税率水平呈下降趋势，按照2012年新的行业分类中的文化、体育和娱乐业来看，有效税率水平与其他行业相比还是比较低的，只比农林牧渔业的税负高；从税率水平来看综合类也属于税负较重的行业。

在对各行业的税率水平进行分析后，结合图3-16我们可以发现，我国的上市公司行业税负在上升的过程中差异逐渐变大，这也是由于行业间的税收政策差异引起的。如农林牧渔行业的上市公司税负较低,加之新税法实施后保留了原税法中对农、林、牧、渔、水利等行业的优惠,因此可以得出我国农林牧渔业的上市公司税负将会一直维持在较低的水平,这也是惠农政策的重要体现。而信息技术业中包含许多高新技术企业,可以享受优惠税率,因此整体税负水平也较低,同时,新税法也规定了对国家需要重点扶持的高新技术企业实行15%的优惠税率,来支持高科技产业发展。因此,行业间的税负差别基本反映了国家税收政策的行业取向,在以行业优惠代替区域优惠的新税法实施的过程中,这种行业效应会越发明显。

在对制造业进行细化分类计算后,通过表3-10和图3-17,我们可以发现在行业内部,在没有缺失数据的情况下,就总体而言,企业所得税的有效税率差异并不十分明显,在2008年两税合并之前企业所得税有效税率总体趋势也是在波动中上升,这可以从折线图中清楚地看到。截至2007年,电子类和木材家具类的所得税税负较低,基本水平在20%以下,这也是高技术和高新技术公司汇集最多的行业从而能够享受更多的优惠政策,因此税负水平较低;纺织服装皮毛、金属非金属、机械设备仪表、造纸印刷、纺织服装皮毛、医药生物制品和其他制造业税负水平居中,为25%左右;税负水平最高的行业为食品饮料和石油化学塑胶塑料,为25%以上,有的达到近30%,接近法定税率33%的水平。2008年税改之后,除纺织服装皮毛、木材家具、电子、金属非金属和医药生物制品之外,其余行业的税负都有所降低。其中,2008年税改当年,造纸印刷和其他制造业下降幅度最大,均接近5个百分点。此后,大部分的制造业上市公司企业所得税有效税率水平波动不大,维持在一个较为稳定的水平。

表3-10 1994~2011年制造业二级分类上市公司税率情况 单位:%

年份	制造业大类	食品饮料	纺织服装皮毛	木材家具	造纸印刷	石油化学塑胶塑料	电子	金属非金属	机械设备仪表	医药生物制品	其他制造业
1994	11.78	12.07	9.82	—	11.51	14.68	11.72	12.92	13.65	14.31	9.80
1995	13.48	18.92	10.10	—	13.04	17.87	11.50	13.09	13.17	14.49	11.39
1996	14.85	16.22	14.76	10.30	18.77	17.24	12.17	15.13	15.18	15.30	11.74
1997	14.80	13.44	16.20	8.82	12.19	15.81	12.52	15.13	14.43	14.13	12.57
1998	18.15	18.28	14.39	19.47	15.46	18.24	12.88	16.89	17.44	17.33	11.41
1999	15.86	20.32	13.44	11.60	21.42	17.28	15.19	17.84	15.94	19.29	14.44
2000	14.63	18.47	14.95	8.85	14.64	18.85	10.97	16.63	15.23	16.73	14.92
2001	17.53	16.50	19.66	14.28	20.26	19.16	14.93	15.87	16.07	18.41	20.11

第三章 我国企业所得税税负水平分析

续表

年份	制造业大类	食品饮料	纺织服装皮毛	木材家具	造纸印刷	石油化学塑胶塑料	电子	金属非金属	机械设备仪表	医药生物制品	其他制造业
2002	22.53	27.45	24.53	15.31	26.01	22.67	17.09	23.81	20.90	23.14	22.63
2003	21.45	26.07	25.41	17.54	22.34	23.41	15.02	21.81	19.59	23.78	19.52
2004	21.60	23.25	24.43	18.26	24.09	23.71	17.23	21.23	19.39	24.27	20.17
2005	21.23	25.90	25.21	13.28	20.95	25.28	15.47	22.88	19.17	22.67	21.50
2006	21.61	26.23	21.76	17.97	23.54	22.52	16.71	20.14	19.38	25.61	22.28
2007	24.70	28.55	24.22	23.93	25.33	27.83	21.12	22.71	24.69	24.44	24.17
2008	24.23	26.30	27.30	28.53	20.99	24.28	21.85	25.00	23.21	25.16	19.71
2009	22.20	26.98	24.24	26.49	23.75	20.97	24.55	24.55	21.33	15.84	17.41
2010	23.41	27.50	24.64	22.87	23.40	20.97	21.19	23.07	24.52	17.95	17.21
2011	24.55	27.47	23.41	23.31	24.36	21.86	21.74	24.10	26.35	17.80	24.84

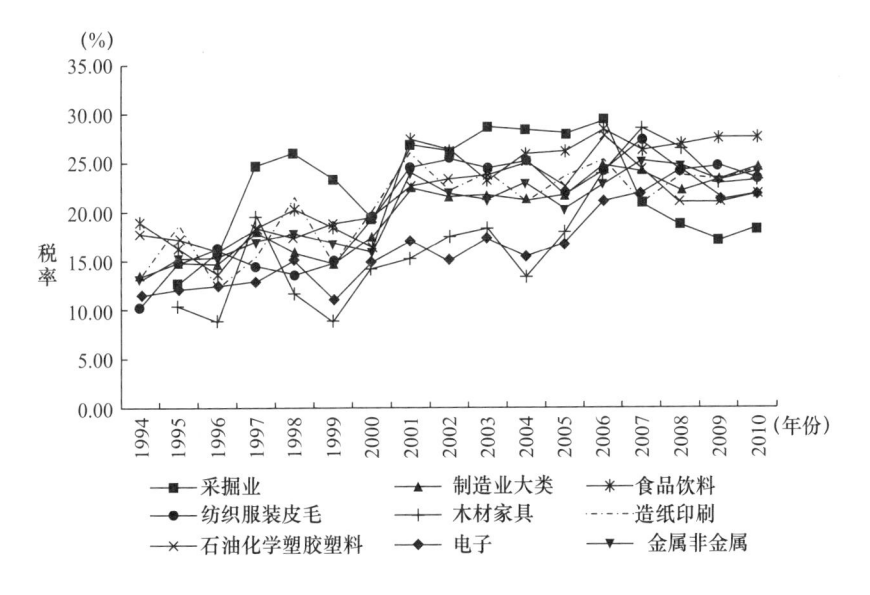

图 3-17　1994~2011 年我国上市公司所得税有效税率变化趋势——按制造业二级行业分类

五、本章小结

本章是本书的核心部分之一，主要是在所得税改革的背景下通过设计所得税的宏观税负和微观税负指标，应用统计数据来对我国的企业所得税的实际税负进行测算。在对企业所得税的几个宏观经济指标进行分析之后，我们运用企业所得税占收入法计算的国民生产总值或者地区生产总值中的营业盈余的比例作为国家或者地区的企业所得税宏观税负，计算结果表明我国的企业所得税宏观税负水平并不高，但在地区间差异很大。在对微观税负计算时以上市公司为研究对象，采用了较为常用的以当期应纳所得税占利润总额的比重作为实际税率的代表，计算结果表明我国上市公司的实际所得税税负水平也远远低于法定税率，而且在2008年两税合并、法定税率下降当年实际税负也出现了大幅下降的情况，政策效应十分显著。本章还对我国上市公司企业所得税实际税负分行业和分地区的税负分别进行描述性分析，结果表明企业所得税实际税负在地区间和行业间存在差异并且分布不均，地区和行业差异是影响所得税有效税率的重要因素。同时，所得税税收负担的水平也基本反映了我国地区和行业间的税收差异政策。

第四章 我国企业所得税税负效应分析

一、我国企业所得税税负的宏观效应分析：对各地区投资的影响

（一）文献回顾

在税收对投资的影响方面，大部分学者将注意力集中于宏观税负与投资的相互关系上。马拴友（2001）对我国固定资产投资规模与结构的数据进行分析后得出，在银行贷款、利用外资和企业自筹资金成为主要来源后，我国财政的直接投资作用逐步下降；在我国经济供求发生重大变化之后，企业投资利润趋于平均化，投资主要取决于利润预期和资本成本，因此税收对投资的影响也会逐步加大。通过建立投资模型进行回归分析得出，税收优惠比例越大，越能促进私人投资，并且有效税率与投资负相关，税收优惠预期与投资正相关。刘初旺（2007）对我国各地区的消费有效税率、劳动有效税率和资本有效税率进行计算后，并与投资率进行比较，发现在2001年西部地区的税负与投资率存在正相关关系，而在其他年份中则呈现理论上所认为的资本税负率与投资率的反向关系情况。他认为，非税收因素抵消了资本税负率的反向效应。

（二）实证检验

1. 模型建立

在本部分对企业所得税宏观税负效应对投资的影响回归分析中，将各省

(市、区)的资本形成总额①作为被解释变量,采用第三章计算出的各省(市、区)的所得税宏观税负作为主要解释变量来考察税率对资本形成的影响,其中控制变量组采用人均地区生产总值作为各地区经济发展水平的指标来进行回归。根据第二章和第三章的分析,可以得出在理论上企业所得税税负水平与投资成负相关关系;而投资水平与经济增长互相促进,呈正相关关系。

在模型选取方面,我们采用面板数据模型对各地区所得税有效税率与资本形成总额进行回归分析。我们之所以选择面板数据是因为相对于通常使用的横截面模型和时间序列模型,面板数据模型最大的优势在于对不可观测的"个体效应"进行控制,使回归结果更为有效。除此之外,面板数据还可以提供更多的信息、更多的变化、较少的共线性、更多的自由度和效率;能够很好地研究动态调整过程;能够确定和估计一些由纯粹横截面或纯粹时间序列无法确定的经济关系;允许构造和验证更为复杂的行为模型。面板数据多用来处理个人、企业或者家庭的微观个体数据。② 面板数据模型可以分析单纯截面数据和时间序列数据无法分析的重要的经济问题。面板数据模型有时可以简化计算和统计推断。比如,非平稳时间序列线性模型的大样本理论表明,当 T 趋于无穷大时,OLS 或 MLE 估计量不是渐近正态分布的,常用的检验统计量行为经常需要通过模拟来得到。如果我们有面板数据,并且假设截面独立,我们可以让截面 n 趋于无穷大,得到的估计量是渐近正态分布,并且 Wald 类型的检验统计量会是渐近卡方分布。更为重要的是,面板数据可以用来有效地处理遗漏变量的模型错误设定问题。我们知道,如果一般线性模型遗漏了一些本该放入模型的变量,而如果这些变量和模型的一些解释变量相关,模型会存在内生性,即模型的扰动项和解释变量相关,所以模型的 OLS 估计量会有偏且不一致。同时,面板数据可以通过对同一个个体的重复观测来解决遗漏变量的问题。③

面板数据模型根据对"个体效应"处理方式的不同分为两种:一种是视其为不随时间改变的固定性因素,相应的模型称为"固定效应"模型;另一种是视其为随机因素,相应的模型称为"随机效应"模型。如果总体空间较小,或者样本数量几乎可以涵盖整个总体空间,通常采用固定效应模型。如果总体空间较大,样本只是总体空间中很小的一部分,则倾向于选择随机效应模型。我们将同时采用这两种模型进行回归分析,并从中筛选出最优模型进行进一步分析。

---

① 由于无法获得各地区的全社会投资数据,因此采用资本形成总额作为总投资的替代变量进行分析。资本形成总额指常住单位在一定时期内获得的减去处置的固定资产(如出售、易货、转移的固定资产)加存货的净变动额,包括固定资本形成总额和存货增加。

② 王志刚. 面板数据模型及其在经济分析中的应用 [M]. 北京:经济科学出版社, 2008:3-4.

③ 靳云汇,金赛男等. 高级计量经济学(下册)[M]. 北京:北京大学出版社, 2011:149-150.

估计模型如下：

$$GA_{it} = \alpha + \beta ETR_{it} + \gamma PGDP_{it} + \varepsilon_{it} \qquad (4-1)$$

其中，GA 为各地区资本形成总额，ETR 为各地区的企业所得税有效税率，PGDP 为各地区人均地区生产总值，ε 为随机误差项。各变量下角标中 i 代表各地区，t 代表时间。

各变量的符号预测如表 4-1 所示。

表 4-1 各变量的符号预测

变量	符号
各地区全社会固定资产投资总额（被解释变量）	—
各地区企业所得税有效税率（解释变量）	负
人均地区生产总值（控制变量）	正

2. 数据来源及处理

在本部分的回归分析中，由于数据所限，我们采用全国 31 个省（市、区）（除港、澳、台地区）2003~2015 年的人均地区生产总值、资本形成总额以及本书中第三章所计算出的企业所得税宏观税负作为样本来进行回归分析。全部数据均出自各年统计年鉴（鉴于数据太多，不在此列出）。

3. 回归结果及分析

在进行回归分析的实际操作中，我们将通过 B-P 检验和豪斯曼检验，筛选出最优的模型。

固定效应模型检验结果如表 4-2 所示。

表 4-2 固定效应模型检验结果

因变量	全社会固定资产总额
	固定效应
所得税税率	-3.188707
	(-2.47)
人均 GDP	0.8561275
	(5.25)
时间趋势变量	0.1215101
	(4.59)
常数项	-0.66895
	(-0.45)

续表

因变量	全社会固定资产总额
	固定效应
R-sq：within	0.9219
R-sq：between	0.2557
R-sq：overall	0.3617
F检验	309.90

注：固定效应括号内的值为稳健方差下的t统计值。

随机效应模型检验结果如表4-3所示。

表4-3 随机效应模型检验结果

因变量	全社会固定资产总额
	固定效应
所得税税率	-3.246506
	(-2.5)
人均GDP	0.8666882
	(6.66)
时间趋势变量	0.1197464
	(5.24)
常数项	-0.7590064
	(-0.64)
R-sq：within	0.9219
R-sq：between	0.2558
R-sq：overall	0.3618
Wald检验	4056.76

注：随机效应括号内的值为稳健方差下的Z统计值。

模型设定检验如下：

以下通过B-P检验和豪斯曼检验，进行模型设定的进一步筛选。固定效应模型中的F检验表明，固定效应模型优于混合OLS模型，通过B-P检验可以进行随机性检验，如表4-4所示。

表 4-4 随机效应 B-P 检验

B-P 检验	284.61 Prob > Chi2 = 0.0000

B-P 检验表明模型中的确存在随机性,为进一步确定采用固定效应模型还是随机效应模型,我们需要通过豪斯曼检验来做确定,如表 4-5 所示。

表 4-5 豪斯曼检验

豪斯曼检验	0.11 Prob > Chi2 = 0.9907

豪斯曼检验接受了原假设,表明随机效应模型回归效果要优于固定效应模型。根据随机效应模型的回归结果,就我们所分析的时间段内,各省(市、区)以企业所得税收入与营业盈余的比值计算出的实际所得税税率与各地区的全社会固定资产投资总额呈显著负相关关系,这说明企业所得税实际税率越高,固定资产投资水平就越低,与我们预期的符号一致,在政策含义上也意味着要吸引投资,所得税的实际税率是不可忽略的因素之一。同时,人均地区生产总值与地区固定资产投资总额之间存在正相关关系,这也与大多数学者的回归结果一致。经济越发达,该地区的基础设施建设也就越好,公民素质也就相对较高,这些投资的硬环境与软环境都会给地区带来投资机会,因此要发展地方经济,提高投资水平,除了要提供给投资企业较为优惠的税率并切实减少其税收负担外,还要为企业投资建立良好的投资环境。在税收竞争日益加剧的今天,可以预见在不久的将来,投资方将越来越看重投资的其他环境而不仅仅是税收因素。

二、我国企业所得税税负的宏观效应分析:对 FDI 的影响

(一) 文献回顾

在对企业所得税税负与 FDI 的影响方面,Agodo(1978)对部分投资于非洲国家的美国制造业公司进行计量分析的结果表明,存在税收优惠(较低的税负)并不是影响 FDI 流动的决定因素。Hartman(1984)在对美国的税收和 FDI 关系

的计量模型的研究中发现，无论国外投资的资金来源如何（该研究中包含利用保留利润进行融资的投资以及从国外转入美国的投资），税收对 FDI 的影响都很强。Feldstein 和 Jun（1987）对 Harman 的 1984 年的回归重新估计，结果表明有效税率降低 10 个百分点会带来外商直接投资与国民生产总值之比的 0.4 个百分点的增长。也就是说，税负的降低会带来 FDI 的增加。马拴友（2001）在对外国直接投资的方程进行回归分析后发现，我国的经济增长速度越快，吸引外资越多；直接计价法的人民币汇率越高，外国资本流入越多；税收优惠与税收优惠预期也与外商投资正相关。夏杰长和李朱（2004）对我国 FDI 相关数据进行分析后认为，我国税收优惠政策对 FDI 的确产生了重要影响。钟炜（2005）认为，两税合并会影响我国吸引外资的能力，税负的增加会打击外商的投资热情。安体富和王海勇（2005）则认为，影响外商投资企业区位选择的主要是基础设施建设、工业化程度和市场容量等，税收因素只是一般影响因素而非决定性因素。曹小春（2006）认为，两税合并以后，对实行免税制的国家以及与中国签订饶让抵免协定的国家的外国投资者而言，法定税负增高及外资企业税收优惠政策的调整会对这些外资企业的税后收益产生影响，而对实行抵免制并且未签订饶让协定国家的外商投资企业的税后收益无影响。祝树金和付晓燕（2008）在对我国三大区域的政策优惠与 FDI 的关系进行回归分析后认为，我国的区域优惠政策对吸引 FDI 的作用具有区域差异和非线性效应，并且当优惠政策过多时，会引发外资企业的恶性竞争，而政策效应也会逐渐减弱。

（二）实证检验

1. 模型建立

本研究将采用一个线性回归模型来对外资企业所得税和我国实际利用外资情况进行回归分析。一般认为，一国市场对 FDI 的影响因素除了税收之外，还包含以下几个方面：一是国家是否稳定的政治因素；二是东道国的市场规模、经济繁荣情况、对外资的开放程度等市场因素；三是交通运输、公司法等基础设施和法律环境因素；四是东道国生产要素的成本因素。除此之外，对于不同类型的 FDI 来说，这些因素的影响程度也不同。市场导向型的外商直接投资目的是开拓市场，其企业行为多倾向于长期投资，因此对东道国的市场潜力关注更多，而上述条件中的政治因素、成本因素也是市场导向型的外商直接投资所看重的。而资源导向型的外商直接投资的目的是获取东道国资源，如廉价的劳动力成本。此类 FDI 对市场潜力关注程度不大，它们所生产出的产品大多销回母国或第三国，因此成本因素是其关注的重点。

根据以上的分析和讨论，我们将影响 FDI 的因素归结为：外资企业的实际税收负担(主要讨论企业所得税)、国内市场规模(国内生产总值)以及要素成本因素(汇率)。在这三个因素中,我们认为,企业所得税实际负担越重,对外资的吸引力越低,对外资有抑制效应;市场规模越大,经济越繁荣,外商直接投资越多,数额越大;直接标价法的汇率越高,即相对母国,东道国的国内要素成本越低,则对外资吸引力越大。但同时,如果无法完全控制合同对资金的控制,同时汇率过快地升高也会导致实体资金和非实体投资领域的投机资金的混淆,热钱流出,也会减少外商直接投资的金额。因此,汇率对外商直接投资的影响应取决于这两种效应之和。我们认为,在我国外商投资工业领域,汇率升高带来的外资流入效应更强,因此预测其与税率之间存在正相关关系。

估计方程如下:

$$FDI_t = \alpha + \beta_1 ETR_t + \beta_2 ETR_{t-1} + \beta_3 GDP_t + \beta_4 ER_t + \varepsilon_t \quad (4-2)$$

其中,FDI 为实际利用外资额,ETR 为外资工业企业所得税实际税率,ER 为直接标价法下 100 美元所能兑换的人民币数额,ε 为随机误差项。

预测各变量的符号如表 4-6 所示。

表 4-6 各变量的符号预测

变量	符号
外商直接投资(被解释变量)	—
外资工业企业所得税实际税率(解释变量)	负
国内生产总值(解释变量)	正
直接标价法下的汇率	正

2. 数据来源与处理

本部分所采用的数据中,在计算外资企业的所得税实际税负时,由于统计数据的限制,税基部分我们采用统计年鉴中各地区外商投资和港澳台商投资工业企业指标中的利润总额。而外资工业企业所缴纳的外商投资和外国企业所得税则使用各年税务年鉴中涉外税收分行业统计中制造业、采矿业和电力、燃气以及水的生产和供应业中中外合资、中外合作以及外资企业所缴纳的外资企业所得税之和。经过计算,我国外资工业企业所贡献的税收占所有外资企业所得税的一半左右(见表 4-7),加之我国的涉外企业所得税优惠制度基本上是普惠制,因此我们近似地将外资工业企业的所得税税负作为整体外资企业所得税税负的代表。汇率为 100 美元所能兑换的人民币金额,为年平均值;外商直接投资额采用实际使用外资额。所有数据都以当年价格计算。数据出自各年统计年鉴及税务年鉴。从图 4-1 的外商直接投资实际使用金额与外资工业企业所得税实际税率的关系可以看出这两者之间呈现明显负相关关系。

表4-7　1994~2007年我国企业所得税税负宏观效应数据

年份	外商投资和外国企业所得税（亿元）	国内生产总值（亿元）	外商直接投资实际使用金额（亿美元）	汇率（直接标价法：100美元可兑换的人民币）年平均值	外资工业企业实际所得税税率（%）	外资工业企业所得税占整体外资企业所得税的百分比（%）
1994	48.10	48197.86	337.67	861.87	—	—
1995	74.20	60793.73	375.21	835.10	—	—
1996	104.40	71176.59	417.26	831.42	—	—
1997	143.10	78973.03	452.57	828.98	—	—
1998	182.50	84402.28	454.63	827.91	—	—
1999	217.80	89677.05	403.19	827.83	—	—
2000	326.10	99214.55	407.15	827.84	12.50	49.17
2001	512.60	109655.17	468.78	827.70	16.43	46.24
2002	616.00	120332.69	527.43	827.70	14.03	42.75
2003	705.40	135822.76	535.05	827.70	11.30	44.48
2004	932.50	159878.34	606.30	827.68	10.84	45.04
2005	1147.70	183217.40	603.25	819.17	12.17	43.91
2006	1534.80	211923.50	630.21	797.18	12.30	43.14
2007	1951.20	249529.90	747.68	760.40	10.72	41.36

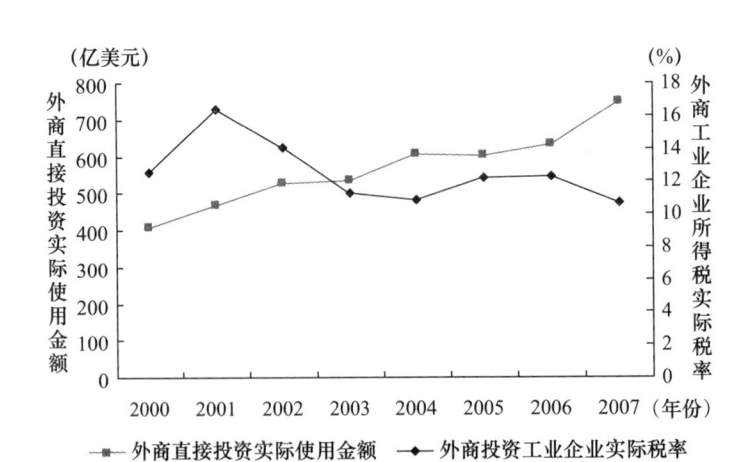

图4-1　2000~2007年外商投资工业企业实际税率与外商直接投资实际使用金额的关系

3. 回归结果和分析

根据我们建立的模型和以上的数据得出的回归结果如下：

$$FDI_t = \underset{(0.98)}{4.46} - \underset{(-1.27)}{2.06ETR_t} + \underset{(0.15)}{0.22ETR_{t-1}} + \underset{(1.20)}{0.28\ln GDP_t} - \underset{(-0.77)}{0.01ER_t} + \varepsilon_t$$

其中，系数下面括号内的值为 t 检验值，调整后的可决系数为 90%，说明拟合的效果比较好。从回归结果可以看出，外商投资工业企业的当期所得税税负与外商直接投资实际利用额呈显著负相关关系，而上期实际税负与外资之间关系并不显著；国内生产总值与外商投资直接利用额呈正相关关系；汇率与外资使用额呈负相关关系但 t 检验值并不显著。

因此，从我们分析的结果来看，本期外资企业所得税有效税率与外资实际使用额呈负相关关系，税率确实是影响外资利用额的一个因素，同时，一国经济发展程度也是外资考虑进入该国的因素之一，由于汇率的形成因素和机制较为复杂，因此在我们的回归分析中对外资的效应并不明确。当然，这也有可能是我们的数据区间较短造成的。在马拴友（2001）的回归模型中就显示出汇率与外商投资呈现显著正相关关系。但我们最为关心的所得税税负与外商直接投资的关系方面的结论是一致的，即外资行业受到的税收优惠越多，外商投资数额越大。这也显示出我国对外资企业实行超国民待遇的税收政策确实对外商直接投资起到了促进作用。

三、我国企业所得税的微观税负效应分析：对公司资本结构的影响

（一）文献回顾

在前面的理论介绍中我们已经知道，MM 定理揭示了所得税政策与企业资本结构和融资方式有着很大关系。但是，对 MM 定理的验证却一直没有统一的结论，前面提到，Scholes 和 Wolfson（1992）认为，这种税收对企业融资决策影响的研究结论的不一致性可能是由于研究设计的不当引起的。因为利息费用的抵减作用只是企业组织最优设计问题中一部分，避税有多种不同的方式。Scholes、Wilson 和 Wolfson（1990）以商业银行业为样本，研究了税收和融资决策的关系，得出了较强的结论来支持修正的 MM 理论假设。他们得出，银行的投资和财务决策是受税收状况所影响的。Gropp（1997）利用美国 1979～1991 年 13 年 929 家

公司的数据对企业所得税的有效税率进行估算，并分析了预期有效税率[1]与公司新增的债务融资的关系，结果表明，所得税的有效税率与债务融资水平呈现高度正相关关系。Graham 和 Rogers（2002）经过研究发现，公司会通过增加债务和利息抵扣的方式来回避税收，这种方式获得的平均税收利益为公司价值的 1.1% 左右。俞微芳（2003）在企业所得税对我国上市公司资本结构的影响研究中，在控制了会对资本结构产生影响的其他变量的基础之上，分别以资产负债率、长期负债率的改变作为因变量，当年边际税率、前一年边际税率作为自变量来检验企业所得税税率对资本结构的影响。结果显示，企业所得税税率对资本结构产生显著的影响，并且得出边际税率高的企业倾向于采用更多的负债。吴联升和岳衡（2006）对取消"先征后返"政策后导致的税率变化对上市公司的财务杠杆的影响进行实证分析，其结论符合资本结构理论，即取消"先征后返"政策之后，企业相应地提高了财务杠杆。王素荣和张新民（2006）分别采用区间分析和回归分析，对资本结构与所得税税负的关系进行实证研究，说明资产负债率为 60%~80%，不仅是激进经营负债区间，也是实际税负最高的区间。杨丽彬和陈晓萍（2007）认为，我国上市公司企业所得税通过影响企业的财务费用从而对企业的债务融资决策产生作用。研究结论支持了修正的 MM 理论关于税收对企业的债务融资决策有影响的观点，得出我国上市公司在债务融资决策中所得税是考虑的因素之一，这主要体现在实际税率较高的企业债务融资的利用程度较高，享受税盾利益的动机相对较强。而与此同时，上市公司的债务性税盾与非债务性税盾的替代作用表现得不明显。Teraoui 和 Chichti（2012）通过向突尼斯的公司的经理人发放问卷的方式考察了税收对资本结构的影响，研究结果发现，利息的税收抵免是促使公司决策者更多地使用债务融资的非常重要的因素之一。彭培鑫和朱学义（2011）就以 2008 年我国的两税合并为背景，以 2004~2009 年经过筛选的上市公司为样本，在理论分析的基础上，实证检验了税率变动对上市公司资本结构的影响，进而验证修正的 MM 理论是否适用中国资本市场。研究结果表明，所得税税率的下降会导致上市公司降低其财务杠杆，并且主要是通过增加其所有者权益的方式进行调整。同样，Tan（2013）也采用几乎同样的方法考察了中国两税合并后的税率和税负效应，发现在 2009~2010 年中国的企业所得税实际税率有了大幅的下降，同时通过实证分析也表明实际税率是企业资本结构的重要考虑因素，有效税率的变化对企业的杠杆率有正向作用，并且在作者所考察的样本范围内，非债务税盾并不是资本结构的决定因素，并且债务和非债务税盾之间不存在明显的替代效应。

---

[1] 预期的有效税率是根据现期的税损结转、投资税收抵免、现期的有效税率以及其他可观测到的公司特征等信息估算出来的。

本部分我们将利用上章计算出的所得税有效税率为解释变量,对公司资本结构有关的变量进行回归分析,试图寻找所得税负担与公司资本结构之间的关系,进而对 MM 定理进行验证。

(二) 实证检验

1. 模型建立

在本节的回归分析中,我们将企业负债融资的目的视为税负最小化,即企业在进行融资决策时,债务利息支出的抵税作用是决定因素。我们以债务资产比率(即资产负债率)作为公司的资本结构指标,作为被解释变量,将企业所得税的实际税率作为我们主要关注的解释变量,来重点考察这两者之间的关系。而这也是因为《中华人民共和国企业所得税法实施条例》第三十八条规定:企业在生产经营活动中发生的下列利息支出,准予扣除:一是非金融企业向金融企业借款的利息支出、金融企业的各项存款利息支出和同业拆借利息支出、企业经批准发行债券的利息支出;二是非金融企业向非金融企业借款的利息支出,不超过按照金融企业同期同类贷款利率计算的数额的部分。因此,我们认为,企业所得税的有效税率与公司的负债比例正相关。

而控制变量的选取我们根据 Titman 和 Wessels 在 1988 年的《资本结构选择的决定因素》一文中的讨论并结合具体的税收政策来进行选择。Titman 和 Wessels (1988) 认为,影响公司资本结构的因素有以下几个:一是公司资产的可担保价值,资产的可担保价值越高,[1] 其举债的数额可能越大;二是非债务性税盾,用投资税收抵免与资产的比值以及折旧与资产的比值来代表,但他们认为,非债务性税盾对资本结构的影响不确定;[2] 三是公司的成长性,成长性与公司长期负债水平呈反向关系[3][4],成长性可以用资本支出占总资产的比率、总资产的增长率以及研发支出占销售收入的比率来表示;四是异质性,产品或服务的异质性与债务比率负相关,异质性也可以用研发支出占销售收入的比率[5]来代表,除

---

[1] 可以采用无形资产占总资产的比率及存货和机器设备之和占总资产的比率间接与可担保资产价值建立关系,其中前者与可担保资产价值成反比,后者成正比。

[2] DeAngelo 和 Masulis (1980) 认为,包含较大的非债务性税盾(相对于所期望的现金流)的公司包含较低的负债。

[3] Myers (1977) 认为,公司若将短期负债融资替代长期负债融资,那么短期负债比率应当与公司成长性正相关。

[4] 还有很多学者认为,可转换债务比率与公司成长性正相关,如 Jensen 和 Meckling (1979), Smith 和 Warner (1979) 以及 Green (1984)。

[5] 异质性较强的公司更可能投入更多的研发费用,因为其产品和服务在市场上的替代品较少。

此之外，还可以用销售支出占销售收入的比率、公司员工的离职率[①]作为公司异质性的指标；五是行业分类，不同行业的上市公司对公司资本结构也有影响；六是公司规模，一般认为大规模的公司通常具有较高的财务杠杆率，公司规模可以用销售收入以及离职率[②]来表示；七是营利性，可以使用营业利润占销售收入的比率以及营业利润占总资产的比率来衡量。Titman 和 Wessels 通过回归分析得出，异质性与公司财务杠杆负相关，短期债务比率与公司规模负相关，但非债务性税盾、易变性、可担保资产价值以及成长性与公司资本结构没有明显关系。可以看出，尽管影响公司资本结构的因素很多，但在计量回归过程中的结果可能并不显著，一方面是由于指标的选择不可能完全代表公司在某方面的情况，另一方面也是由于各个因素之间并不是完全独立、互不影响的，交叉因素的影响也会导致结果的不确定性。

在本部分的回归分析中，结合我国上市公司的实际情况，我们选取以下指标作为回归分析的控制变量：[③] 公司成长性指标，采用公司总资产的增长率；公司盈利能力指标，采用净利润率；非债务性税盾指标，采用折旧与资产的比率。同样，我们采用面板数据模型分别估计固定效应模型和随机效应模型，并从中筛选出最优模型进行具体分析。

根据以上的分析，我们建立模型如下：

$$ALR_{it} = \alpha + \beta_1 ETR_{it} + \beta_2 X_{it} + \varepsilon_{it} \qquad (4-3)$$

其中，ALR 为上市公司的资产负债率，ETR 为所得税有效税率，X 为控制变量组，其中包括公司总资产增长率 AGR、净利润 NP、折旧与总资产的比率 DAR，ε 为误差项。各变量的下标 i 代表各个上市公司，t 代表时间变量。

预测各变量的符号如表 4-8 所示。

表 4-8　各变量的符号预测

变量	符号
债务资本比率（被解释变量）	—
所得税有效税率（解释变量）	正
总资产增长率（控制变量）	不确定

---

① 新产品的出现会导致公司采用更多的广告支出和销售支出来对产品和服务进行推广，因此该指标与公司产品和服务的异质性成正比，较高的离职率意味着公司异质性较弱，因为异质性较强的公司需要的员工专业性更强，且其再就业的机会成本较高。
② Titman 和 Wessels 认为，较大规模的公司可以为职员提供广阔的职业选择，因此离职率较低。
③ 这里，我们参考了吴联升和岳衡 2006 年的文章。

续表

变量	符号
净利润率（控制变量）	负①
折旧与总资产的比率（控制变量）	负

2. 数据来源及处理

我们采用中国经济研究中心上市公司一般财务数据库中的数据，选取1998～2016年连续19年的上市公司财务数据为分析对象，剔除交易状态异常的公司、当年所得税费用以及利润总额为负的公司的财务数据作为样本。之所以选择连续上市19年的公司是认为这些公司在各个方面比上市时间较短或刚上市的公司成熟，其财务数据能够反映公司的基本情况且波动较小（由于数据较多，具体数据不在此列出）。

3. 回归结果及分析

在进行回归分析的实际操作中，我们将通过 B-P 检验和豪斯曼检验，筛选出最优的模型。

固定效应模型估计结果如表4-9所示。

表4-9 固定效应模型估计结果

因变量	债务资产比率
	固定效应
所得税税率	0.0005029（2.65）
资产增长率	0.0162765（1.97）
净利润率	-0.0252525（-1.37）
折旧总资产比率	-0.3222836（-9.04）
常数项	0.4729391（89.47）
R-sq: within	0.0816
R-sq: between	0.1031
R-sq: overall	0.0893
F 检验	27.31

注：固定效应括号内的值为稳健方差下的 t 统计值。

---

① Myers（1983）在总结 Donaldson（1961）、Brealey 和 Myers（1984）研究的基础上提出，公司在进行融资时的偏好依次为：保留利润、借债、发行股票。因此，我们假设盈利能力强的公司会更多地利用保留利润进行融资。

随机效应模型估计结果如表 4-10 所示。

表 4-10　随机效应模型估计结果

因变量	债务资产比率
	随机效应
所得税税率	0.0005644　(5.08)
资产增长率	0.0169789　(1.98)
净利润率	-0.027391　(-1.36)
折旧总资产比率	-0.3294184　(-9.60)
常数项	0.4738188　(4738188)
R-sq：within	0.0816
R-sq：between	0.1045
R-sq：overall	0.0898
Wald 检验	Wald Chi2 (5) 2612.22

注：随机效应括号内的值为稳健方差下的 Z 统计值。

模型设定检验：

以下通过 B-P 检验和豪斯曼检验，进行模型设定的进一步筛选。固定效应模型中的 F 检验表明，固定效应模型优于混合 OLS 模型，通过 B-P 检验可以进行随机性检验，如表 4-11 所示。

表 4-11　B-P 检验

B-P 检验	3747.45
	Prob > Chi2 = 0.0000

B-P 检验表明，模型中的确存在随机性，为进一步确定采用固定效应模型还是随机效应模型，我们需要通过豪斯曼检验来做确定，如表 4-12 所示。

表 4-12　豪斯曼检验

豪斯曼检验	2.65
	Prob > Chi2 = 0.9152

豪斯曼检验接受了原假设，表明随机效应模型回归效果要优于固定效应模式，我们选取我国部分上市公司为样本点，相对于全国的公司数，选择随机效应

模式也是较为稳妥的。

从回归结果看，无论是固定效应模型还是随机效应模型，我们最为关注的解释变量所得税税率的符号均为正，并且 t 或 Z 检验均比较显著，表明所得税税率对于我国公司的资本结构的确存有正向的影响关系，即公司所面临的所得税实际税负越高，公司越倾向于增加负债，与修正的 MM 定理结论一致，债务性税盾确实起到减少负债成本的作用。从随机效应模型的结果来看，公司总资产的增长率对债务资产比率也存在正相关关系。也就是说，公司的成长性越好，其负债比率越高。

从这个结论出发，我们认为，高成长性的公司所需要的资金越多，使用负债的动机也就越大。净利润率与公司负债资产比率负相关，这也符合我们之前的预测，根据 Myers（1983）的公司融资顺序理论，盈利能力越强的公司更可能选用保留利润进行融资而较少使用负债。代表非债务性税盾的指标累计折旧与总资产的比率与债务资产比率负相关，也与我们的预测一致，也验证了非债务性税盾与债务税盾的替代作用，加速折旧等政策也具有抵税作用，公司可采用的折旧抵税越多，其使用债务进行抵税的动机就越小，因此非债务性税盾的增加会减少公司的负债程度。

四、本章小结

本章在第三章的基础上对我国企业所得税税负效应进行了实证检验。在企业所得税税负的宏观效应方面，我们在对各地区企业所得税的宏观税负与各地区的固定资产投资的回归分析中发现，所得税税负与投资存在负相关关系，所得税税负是影响地区投资的一个重要因素。在企业所得税的微观效应方面，我们对企业所得税对公司资本结构的影响方面进行回归分析后得出，在我国，就我们所分析的样本而言，企业所得税实际税负与公司资本结构有显著正相关关系，同时也验证了含公司税的 MM 定理在我们的分析框架中是有效的。

第五章　企业所得税税负及其改革的国际比较

本章主要对部分国家（主要是OECD国家）的企业所得税法定税负、实际税负进行比较分析，并讨论各国家企业所得税的改革和发展趋势。经济合作与发展组织作为世界上最大的非政府经济合作组织，其成员国涵盖了大部分工业化国家，其公司税税收政策分析将为我国的企业所得税改革和完善提供有益的政策和建议。

经济合作与发展组织（Organization for Economic Cooperation and Development, OECD）成立于1961年，前身是欧洲经济合作组织（OEEC），其历史可以追溯到"二战"后重建欧洲经济的马歇尔计划，目前共有30个成员国[①]，其成员国的国民生产总值总和占全世界的2/3。OECD的职能主要是研究分析和预测世界经济的发展走向，协调成员国关系，促进成员国合作。OECD的主要目标是促进成员国的持续经济增长、就业以及生活水平的提高，同时保持财政的稳定，以此对世界经济的发展做出贡献；帮助成员国和其他国家在经济发展进程中保持健康的经济增长步伐；在多边、平等的基础上促进世界贸易的发展。经合组织提供各国政府可以相互比较的政策实践，寻求共同问题的解决方案以及协调国内、国际政策的机制，并以平等的监督作为有效的激励手段来促进政策的进步。OECD提供了当今世界上最大、最可靠的比较统计、经济及社会的数据。其数据库包括国民经济核算、国家预算、经济指标、劳力、贸易、就业、人力资本流动、教育、能源、卫生、工业、税收、旅游业，以及环境在内的多个领域。我们所采用的OECD的所得税资料出自OECD税收政策报告中公司税部分。

---

① 分别为澳大利亚、奥地利、比利时、加拿大、捷克共和国、丹麦、芬兰、法国、德国、希腊、匈牙利、冰岛、爱尔兰、意大利、日本、韩国、卢森堡、墨西哥、荷兰、新西兰、挪威、波兰、葡萄牙、斯洛伐克共和国、西班牙、瑞典、瑞士、土耳其、英国和美国。

一、企业所得税的几个宏观指标的国际比较

（一）企业所得税税收收入占 GDP 的比重

图 5-1 所示为 1982 年、1994 年和 2004 年 OECD 成员国公司税税收收入占 GDP 的比重。

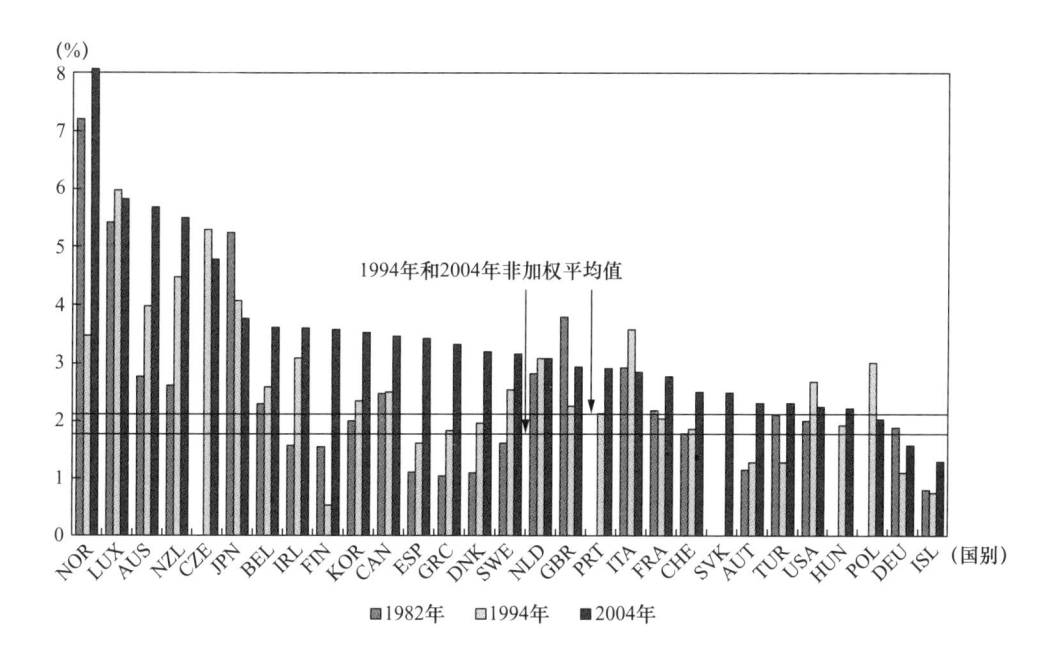

图 5-1　1982 年、1994 年和 2004 年 OECD 成员国公司税税收收入占 GDP 的比重

注：图中两条横线从上至下分别为 2004 年和 1994 年各成员国公司税税收收入占 GDP 比重的非加权平均值。1982 年的数据中不包含捷克共和国、葡萄牙、斯洛伐克共和国、匈牙利、波兰和墨西哥；1994 年的数据中不包含斯洛伐克共和国和墨西哥；2004 年的数据中不包含墨西哥。非加权平均值中不包含挪威。本章中数据图表均出自 OECD（2007），Tax Policy Studies Fundamental Reform of Corporate Income Tax，No. 16. http：//www.oecd.org/document/53/0，3343，en_2649_34533_39663797_1_1_1_1，00.html.

从图 5-1 中我们可以看出，1982～2004 年，只有部分国家的公司税税收收入占 GDP 的比重有所下降（日本、英国、德国和意大利），其余 20 个成员国中该指标均有所上升。其中，挪威、澳大利亚、新西兰、爱尔兰、芬兰、西班牙、

希腊和丹麦的税收收入占 GDP 的比重均比 1982 年上升了至少 2 个百分点。

图 5-2 所示为 1982~2004 年 OECD 各成员国公司税税收收入占 GDP 比重变化趋势。

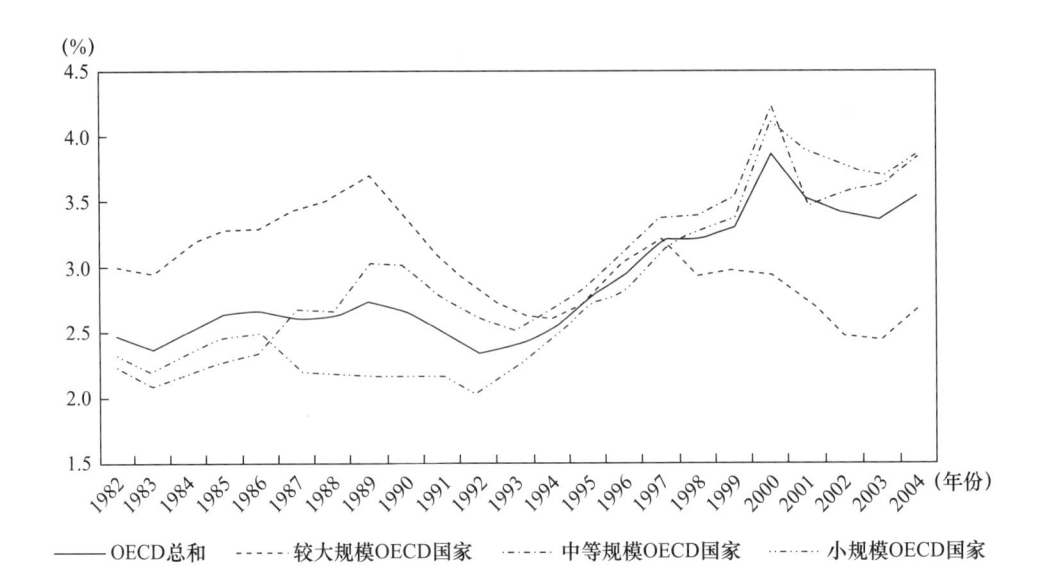

图 5-2　1982~2004 年 OECD 各成员国公司税税收收入占 GDP 比重变化趋势

动态地看，从图 5-2 中显示的税收收入占 GDP 的比重的时间变化趋势中可以看出，以数据完整的 OECD 成员国计算的税收收入占 GDP 的比重均值从 1982 年的 2.5% 上升到 2004 年的 3.5%。[①] 根据各国 GDP 的总量不同将所有成员国分为较大规模的经济体（美国、日本、德国、英国、法国和意大利）、中等规模的经济体（加拿大、西班牙、韩国、墨西哥、澳大利亚和荷兰）以及小规模经济体（比利时、土耳其、瑞典、奥地利、波兰、挪威、丹麦、爱尔兰、芬兰、葡萄牙、新西兰、匈牙利、斯洛伐克共和国、卢森堡、冰岛、捷克共和国、希腊和瑞士）并分别计算其税收收入占 GDP 的比重后发现，小规模经济体的税收收入占 GDP 的比重从 1982 年的 2.3% 上升至 2004 年的 3.8%，中等规模的经济体从 2.2% 上升至 3.8%，较大规模的经济体则从 3% 下降至 2.7%。大规模经济体的税收收入占 GDP 比重的下降主要是因为日本的税收收入占国内生产总值比重的下滑（从 1982 年的 5.2% 下降至 2004 年的 3.8%）。而其他国家的这个指标则基

---

① 资料来源：OECD 网站，OECD 税收数据库. Corporate and Capital Income Taxes [EB/OL]. http://www.oecd.org/document/60/0, 3343, en_2649_34533_1942460_1_1_1_1, 00.html, 2014-11-6.

本保持稳定。中国在2004年的企业所得税占GDP的比重为2.55%，基本与美国、德国、英国、法国和意大利的水平相当，也就是与OECD中大规模经济体成员国的水平一致。

（二）公司税收入占税收收入的比重

OECD各成员国的企业所得税情况各有不同，就整体而言，公司税税收收入占全部税收收入比重不是很高，为10%左右，如表5-1所示。

表5-1 1965~2009年OECD国家主要税种占税收收入的比例 单位：%

税种\年份	1965	1975	1985	1995	2005	2009
个人所得税	26	30	30	26	24	25
公司税	9	8	8	8	10	8
社会保险税	18	22	22	25	25	27
消费税（包含特殊消费税与一般消费税）	36	31	32	32	31	31

资料来源：OECD税收数据库. Corporate and Capital Income Taxes [EB/OL]. http://www.oecd.org/document/60/0,3343,en_2649_34533_1942460_1_1_1_1,00.html, 2014-11-6.

静态地看，从表5-1中可以看出，OECD国家税收收入的主要构成部分依然是所得税，其中个人所得税约占三成，公司税约占一成。就组成来看，公司税并不是税制结构中的主要部分，但公司税对微观经济主体即公司行为有直接影响，因此各成员国在近30年都对公司税进行了较大幅度的改革，不管是在法定税率还是税收类型的选择上。[①] 相比而言，我国在1995年、2005年以及2009年企业所得税占全国税收收入的比重分别为14.02%、17.85%以及19.27%，大大高于OECD平均值，这也与我国以流转税占主体而不是所得税制为主体有关，尽管如此，公司税也是我国仅次于增值税的第二大税种。

图5-3所示为1982年、1994年和2004年OECD各成员国公司税收入占税收收入的比重。

具体到公司税收入来看，在图5-3中的各成员国中，1982~2004年，公司

[①] Shaviro Daniel N. Corporate Tax Shelters in a Global Economy [M]. Washington D. C.：The AEI Press, 2004.

税收入占税收收入的比重有所降低的国家只有日本、土耳其、意大利、英国和德国。其余19个成员国比重都出现了上升。其中,该比率的增长幅度超过5个百分点的成员国有挪威、澳大利亚、新西兰、爱尔兰、加拿大、西班牙和希腊。

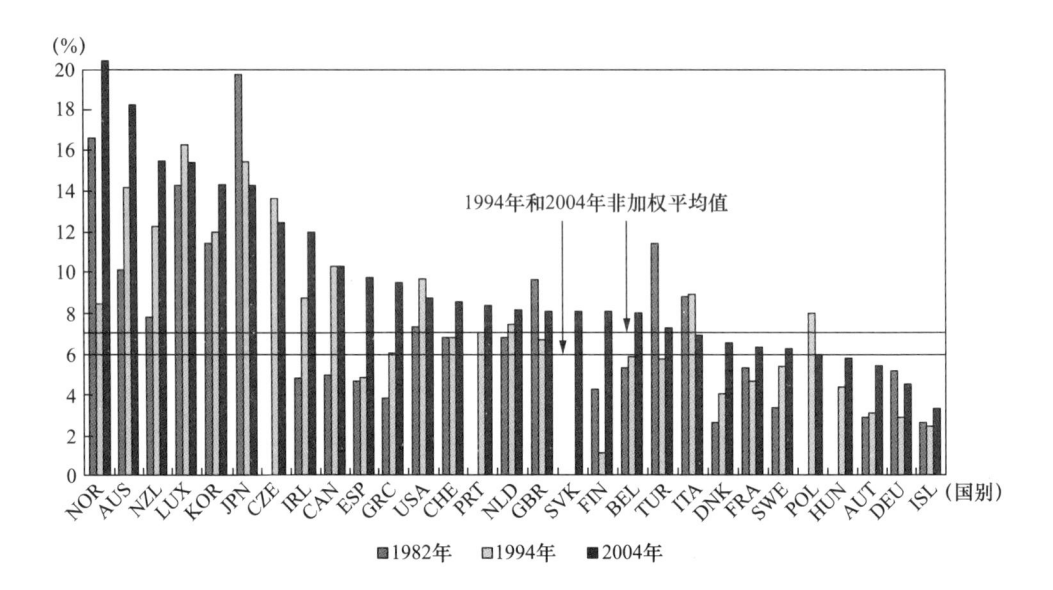

图5-3 1982年、1994年和2004年OECD各成员国公司税收入占税收收入的比重

注:图上两条横线从上至下分别为各成员国该比率在2004年和1994年的均值。缺失数据的国家与税收收入占GDP比重相同。

从图5-4中的成员国该指标的非加权平均值以及大、中、小经济体的公司税收入占税收收入的比重均值趋势中可以看出,中等规模的经济体的该比重远远高于大规模经济体以及小规模经济体,在我们考察的区间内上升了4.7个百分点(从1982年的7.6%上升至2004年的12.1%)。这主要是因为属于中等经济体的澳大利亚的公司税收入占税收总收入的比重远远大于同等级的其他国家。较大规模经济体的公司税收入占税收收入的比重从1982年的9.3%下降至2004年的8.1%,与公司税收入占GDP的比重相同,这种下降趋势依然是因为日本的公司税收入占税收收入比重的大幅下降所导致。整个OECD国家的公司税收入占税收收入比重的均值从1982年的7.5%上升至2004年的9.9%。而我国在2004年企业所得税占税收收入的比重为15.84%,远远高于OECD国家的均值,与挪威[①]和澳大利亚同时期的水平相当。

---

① 挪威是由于对石油开采行业的利润征重税,因此其公司税收入较高。

尽管公司税收入占税收总收入的比重较为稳定，但税收政策制定者对公司税的改革带来的税收收入能否增加或者维持现状的担心有三：其一，虽然我们的数据显示，尽管公司税税负降低但公司税收入占 GDP 的比重以及税收收入的比重不变或上升，但这种情况是否能继续维持，也就是说，税率的大幅降低带来的减税效应是否依旧小于税基拓宽的增税效应是政策制定者所担心的。其二，大多数公司税方面的改革都意味着要损失部分公司税收入。如果政府想维持收入不变，则需要增加其他税种的收入或者削减财政支出。其三，越来越多的公司参与到税收筹划以及避税活动中以此来进行避税，[①] 这也使维持税收收入的压力不断增大。

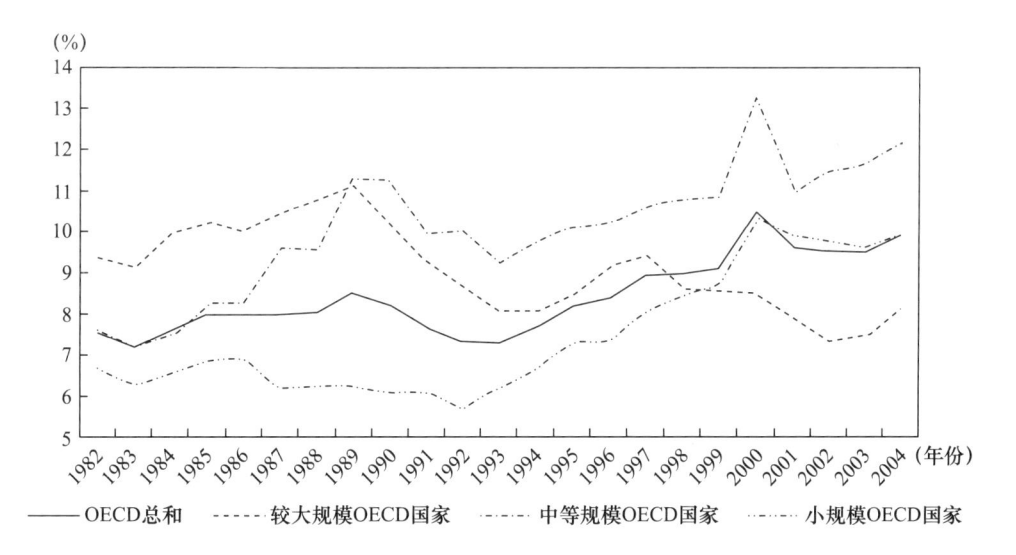

图 5-4 1982~2004 年 OECD 各成员国公司税收入占税收收入比重变化

从动态角度来看，如图 5-4 所示，以经济规模划分的 OECD 各成员国公司税收入占税收收入比重的变化中，除中等规模经济体之外，其余经济体的公司税收入占税收收入比重的变化趋势基本呈现出在波动中上升的态势，并且在 2001 年都有一个向上的拐点。

---

① Shaviro Daniel N. Corporate Tax Shelters in a Global Economy [M]. Washington D. C.：The AEI Press，2004.

二、企业所得税税负的国际比较

（一）企业所得税法定税负的国际比较及变化趋势

1. 公司税法定税率的变化趋势

这里我们分别选取了1981年、1991年、2001年和2011年这四年数据较为完整的OECD成员国的公司税法定税率作为分析对象来考察其税率变化趋势。从图5-5中可以看出，无论是从纵向还是横向来看，几乎所有国家的公司税法定税率都呈现下降趋势（挪威除外），并且2011年的公司税名义税率比1981年的有显著下降（挪威除外，匈牙利1981年数据缺失）。税率下降的主要原因是各个国家间的税收竞争和国际税收筹划的日益增加，税率降低的直接效应是减轻了企业的负担。尽管各个成员国的税率普遍呈下降趋势，但税率下降带来的税收减少却被税基拓宽带来的税收增加所抵消，这可以从不断上升的公司税总收入占税收收入总额的百分比看出。

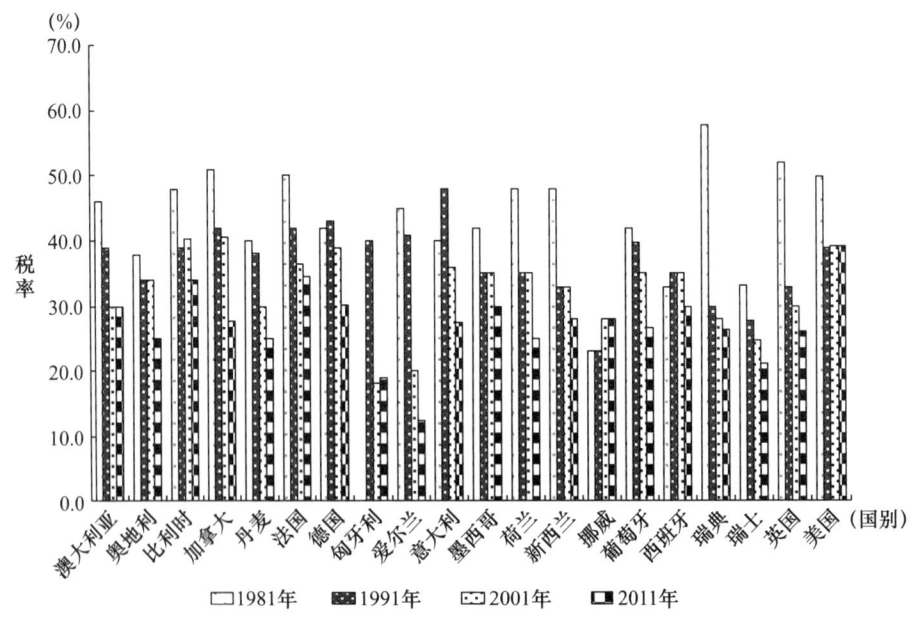

图5-5 1981年、1991年、2001年和2011年OECD成员国企业所得税税率对比情况

资料来源：Basic (non-targeted) Corporate Income Tax Rates [EB/OL]. http://www.oecd.org/document/60/0,3343,en_2649_34533_1942460_1_1_1_1,00.html.

从图 5-5 中可以看到，自 1982 年以来，从我们所观测到数据的这 17 个成员国国家来看，20 世纪 80 年代末期是公司税法定税率下降幅度最大的时间段，这 17 个成员国的公司税整体平均税率从 1982 年的 50.9% 下降到 1990 年的 41.8%。虽然平均税率在 1994 年和 1997 年又出现了上升，但自那时起到 2006 年，公司税税率一直维持下降趋势。而在 2006 年之后成员国中有一半数量的国家的公司税税率水平基本保持稳定，只有加拿大、捷克共和国、德国、希腊、冰岛、意大利、韩国、卢森堡、新西兰、西班牙和瑞典的公司税税率水平出现下降。西班牙、意大利、希腊和捷克共和国下降幅度近 5 个百分点，其余国家税率下降幅度在 1%~3% 不等。不管是从 20 世纪 80 年代还是 21 世纪初来看，OECE 各成员国的公司税法定税负在逐渐降低。税率下降的主要原因是各个国家间的税收竞争和国际税收筹划的日益增加。尽管各个成员国的税率普遍呈下降趋势，但税率下降带来的税收减少却被税基拓宽带来的税收增加所抵消，因此各成员国公司税总收入占 GDP 百分比和税收收入总额的比重在升高，同时，经济实力较强或规模较大的国家的公司税率高于经济实力较弱或规模较小的国家，具体如表 5-2 所示。

表 5-2　1981~2009 年 OECD 各成员国公司税税率变化趋势[①]　　单位:%

国家	1981 年	1982 年	1983 年	1984 年	1985 年	1986 年	1987 年	1988 年	1989 年	1990 年
澳大利亚	46.00	46.00	46.00	46.00	46.00	49.00	49.00	39.00	39.00	39.00
奥地利	55.00	55.00	55.00	55.00	55.00	55.00	55.00	55.00	30.00	30.00
比利时	48.00	48.00	45.00	45.00	45.00	45.00	43.00	43.00	43.00	41.00
加拿大	50.92	49.53	48.27	47.63	49.43	49.76	48.58	41.29	41.34	41.45
捷克共和国	—	—	—	—	—	—	—	—	—	—
丹麦	40.00	40.00	40.00	40.00	50.00	50.00	50.00	50.00	50.00	40.00
芬兰	61.50	61.75	61.50	61.75	61.75	51.50	51.50	51.50	52.50	44.50
法国	50.00	50.00	50.00	50.00	50.00	50.00	45.00	42.00	42.00	42.00
德国	60.00	60.00	60.00	60.00	60.00	60.00	60.00	60.00	60.00	54.55
希腊	45.00	45.00	45.00	45.00	49.00	49.00	49.00	49.00	46.00	46.00
匈牙利	—	—	—	—	—	—	—	—	50.00	40.00
冰岛	—	—	—	—	—	—	—	—	—	—
爱尔兰	45.00	50.00	50.00	50.00	50.00	50.00	50.00	47.00	43.00	43.00

① 资料来源：OECD 税收数据库，http：//www.oecd.org/document/60/0,3343,en_2649_34533_1942460_1_1_1_1,00.html#cci.

续表

国家	1981年	1982年	1983年	1984年	1985年	1986年	1987年	1988年	1989年	1990年
意大利	36.25	41.34	46.40	46.40	46.40	46.40	46.40	46.40	46.40	46.40
日本	—	—	—	—	—	—	—	—	—	49.98
韩国	—	—	—	—	—	—	—	—	—	—
卢森堡										
墨西哥	42.00	42.00	42.00	42.00	42.00	42.00	40.60	39.20	37.00	36.00
荷兰	48.00	48.00	48.00	43.00	43.00	42.00	42.00	42.00	35.00	35.00
新西兰	45.00	45.00	45.00	45.00	45.00	48.00	48.00	28.00	33.00	33.00
挪威	50.80	50.80	50.80	50.80	50.80	50.80	50.80	50.80	50.80	50.80
波兰	—	—	—	—	—	—	—	—	—	—
葡萄牙	48.96	50.72	55.12	55.12	55.12	50.28	48.08	48.08	40.15	40.15
斯洛伐克共和国	—									
西班牙	33.00	33.00	33.00	35.00	35.00	35.00	35.00	35.00	35.00	35.00
瑞典	57.80	57.80	58.10	56.60	56.60	56.60	56.60	56.60	48.08	53.00
瑞士	33.05	33.05	33.05	32.87	31.87	31.68	31.69	30.59	30.60	30.60
土耳其	—									
英国	52.00	52.00	50.00	45.00	40.00	35.00	35.00	35.00	35.00	34.00
美国	49.70	49.70	49.83	49.79	49.79	49.82	44.18	38.59	38.67	38.65

国家	1991年	1992年	1993年	1994年	1995年	1996年	1997年	1998年	1999年	2000年
澳大利亚	39.00	39.00	33.00	33.00	36.00	36.00	36.00	36.00	36.00	34.00
奥地利	30.00	30.00	30.00	34.00	34.00	34.00	34.00	34.00	34.00	34.00
比利时	39.00	39.00	40.17	40.17	40.17	40.17	40.17	40.17	40.17	40.20
加拿大	41.81	42.52	42.56	42.58	42.86	42.94	42.94	42.94	42.87	42.57
捷克共和国	—	—	45.00	42.00	41.00	39.00	39.00	35.00	35.00	31.00
丹麦	38.00	34.00	34.00	34.00	34.00	34.00	34.00	34.00	32.00	32.00
芬兰	42.00	39.00	25.00	25.00	25.00	28.00	28.00	28.00	28.00	29.00
法国	42.00	34.00	33.33	33.33	36.66	36.66	41.66	41.66	40.00	37.76
德国	56.25	58.15	56.52	52.17	55.11	55.88	56.80	56.05	52.03	52.03
希腊	46.00	46—35	35.00	35.00	35.00	35.00	35.00	40.00	40.00	40.00

续表

国家	1991年	1992年	1993年	1994年	1995年	1996年	1997年	1998年	1999年	2000年
匈牙利	40.00	40.00	40.00	36.00	18.00	18.00	18.00	18.00	18.00	18.00
冰岛	—	—	—	—	—	—	—	—	—	30.00
爱尔兰	40.00	40.00	40.00	40.00	38.00	36.00	36.00	32.00	28.00	24.00
意大利	47.80	52.20	52.20	53.20	53.20	53.20	53.20	37.00	37.00	37.00
日本	49.98	49.98	49.98	49.98	49.98	49.98	49.98	46.36	40.87	40.87
韩国	—	—	—	—	—	—	—	—	—	30.80
卢森堡	—	—	—	—	—	—	—	—	—	37.45
墨西哥	35.00	35.00	34.80	34.00	34.00	34.00	34.00	34.00	35.00	35.00
荷兰	35.00	35.00	35.00	35.00	35.00	35.00	35.00	35.00	35.00	35.00
新西兰	33.00	33.00	33.00	33.00	33.00	33.00	33.00	33.00	33.00	33.00
挪威	50.80	28.00	28.00	28.00	28.00	28.00	28.00	28.00	28.00	28.00
波兰	—	40.00	40.00	40.00	40.00	40.00	38.00	36.00	34.00	30.00
葡萄牙	39.60	39.60	39.60	39.60	39.60	39.60	37.40	37.40	37.40	35.20
斯洛伐克共和国	—	—	45.00	40.00	40.00	40.00	40.00	40.00	40.00	29.00
西班牙	35.00	35.00	35.00	35.00	35.00	35.00	35.00	35.00	35.00	35.00
瑞典	30.00	30.00	30.00	28.00	28.00	28.00	28.00	28.00	28.00	28.00
瑞士	27.72	28.03	28.47	28.47	28.47	28.47	28.47	27.80	25.09	24.93
土耳其	—	—	—	—	—	—	—	—	—	33.00
英国	33.00	33.00	33.00	33.00	33.00	33.00	31.00	31.00	30.00	30.00
美国	38.85	38.86	39.75	39.69	39.61	39.53	39.45	39.44	39.39	39.34

国家	2001年	2002年	2003年	2004年	2005年	2006年	2007年	2008年	2009年
澳大利亚	30.00	30.00	30.00	30.00	30.00	30.00	30.00	30.00	30.00
奥地利	34.00	34.00	34.00	34.00	25.00	25.00	25.00	25.00	25.00
比利时	40.20	40.17	33.99	33.99	33.99	33.99	33.99	33.99	33.99
加拿大	40.51	38.05	35.95	34.42	34.36	34.07	34.09	31.72	31.32
捷克共和国	31.00	31.00	31.00	28.00	26.00	24.00	24.00	21.00	20.00
丹麦	30.00	30.00	30.00	30.00	28.00	28.00	25.00	25.00	25.00
芬兰	29.00	29.00	29.00	29.00	26.00	26.00	26.00	26.00	26.00
法国	36.43	35.43	35.43	35.43	34.95	34.43	34.43	34.43	34.43
德国	38.90	38.90	40.22	38.90	38.90	38.90	38.90	30.18	30.18
希腊	37.50	35.00	35.00	35.00	32.00	29.00	25.00	25.00	25.00
匈牙利	18.00	18.00	18.00	16.00	16.00	17.33	20.00	20.00	20.00

续表

国家	2001年	2002年	2003年	2004年	2005年	2006年	2007年	2008年	2009年
冰岛	30.00	18.00	18.00	18.00	18.00	18.00	18.00	15.00	15.00
爱尔兰	20.00	16.00	12.50	12.50	12.50	12.50	12.50	12.50	12.50
意大利	36.00	36.00	34.00	33.00	33.00	33.00	33.00	27.50	27.50
日本	40.87	40.87	40.87	39.54	39.54	39.54	39.54	39.54	39.54
韩国	30.80	29.70	29.70	29.70	27.50	27.50	27.50	27.50	24.20
卢森堡	37.45	30.38	30.38	30.38	30.38	29.63	29.63	29.63	28.59
墨西哥	35.00	35.00	34.00	33.00	30.00	29.00	28.00	28.00	28.00
荷兰	35.00	34.50	34.50	34.50	31.50	29.60	25.50	25.50	25.50
新西兰	33.00	33.00	33.00	33.00	33.00	33.00	33.00	30.00	30.00
挪威	28.00	28.00	28.00	28.00	28.00	28.00	28.00	28.00	28.00
波兰	28.00	28.00	27.00	19.00	19.00	19.00	19.00	19.00	19.00
葡萄牙	35.20	33.00	33.00	27.50	27.50	27.50	26.50	26.50	26.50
斯洛伐克共和国	29.00	25.00	25.00	19.00	19.00	19.00	19.00	19.00	19.00
西班牙	35.00	35.00	35.00	35.00	35.00	35.00	32.50	30.00	30.00
瑞典	28.00	28.00	28.00	28.00	28.00	28.00	28.00	28.00	26.30
瑞士	24.70	24.42	24.10	24.10	21.32	21.32	21.32	21.17	21.17
土耳其	33.00	33.00	30.00	33.00	30.00	20.00	20.00	20.00	20.00
英国	30.00	30.00	30.00	30.00	30.00	30.00	30.00	28.00	28.00
美国	39.26	39.30	39.33	39.31	39.28	39.30	39.26	39.25	39.10

2. 公司税法定税率与国家经济总量的关系

在OECD成员国中的公司税法定税率分布中，可以看出在法定税负呈显著下降的趋势中经济总量不同国家的公司税法定税率也有很大区别。从表5-3中可以看出，经济总量较大（GDP总量较大）的国家的公司税法定税率也较高，一直在35%以上；经济总量居中的国家的公司税税率低于经济总量较大的国家，但高于小规模经济体；经济总量较小的国家公司税税率也较低。国内生产总值与公司税率呈现明显的正相关关系，2005年这两者的相关系数为0.52。而我国的企业所得税法定税率在税制改革后和新税法实施之前对内资企业实行33%的税率，而对外资企业实行0、7.5%、15%等多档优惠税率，若以内资企业为例，则在2000～2006年我国的企业所得税法定税率的33%水平略高于OECD国家的税率平均值。

表5-3 2000年、2005年和2011年按经济总量分大、中、
小规模经济体的公司税税率情况　　　　　　单位:%

国家规模	2000年法定税率	2005年法定税率	2011年法定税率
经济总量较大型	39.5	35.9	32.8
经济总量居中型	35.7	31.7	27.8
经济总量较小型	30.9	25.2	23.2
OECD平均值	33.6	28.6	26.0

注：根据各国GDP的总量不同将所有成员国分为较大规模的经济体（美国、日本、德国、英国、法国和意大利）、中等规模的经济体（加拿大、西班牙、韩国、墨西哥、澳大利亚和荷兰）以及小规模经济体（比利时、土耳其、瑞典、奥地利、波兰、挪威、丹麦、爱尔兰、芬兰、葡萄牙、新西兰、匈牙利、斯洛伐克共和国、卢森堡、冰岛、捷克共和国、希腊和瑞士），其中并未包含斯洛文尼亚、爱沙尼亚、以色列和智利，这四国由于加入OECD时间较晚以及企业所得税数据不完整等原因并未纳入这三类经济体中的任意一类。

（二）企业所得税实际税负的国际比较

1. 企业所得税平均有效税率的国际比较

图5-6所示为1982年、1994年和2005年OECD成员国公司税平均有效税率。

从图5-6中可以看到，在1982~2005年，19个成员国中有17个国家的公司税实际有效税率水平有所降低，其中降幅最大的为芬兰、德国、葡萄牙和瑞典。税率水平升高的国家只有加拿大和爱尔兰。19个成员国的公司税平均税率均值从1982年的34.2%降到2005年的24.4%。从平均有效税率变化的时间趋势来看，其下降的幅度也是较为明显的，在给定通胀率为3.5%的情形下，可以看到公司税平均有效税率的非加权平均值在1987~1993年以及1997~2001年出现大幅下降，而在1982~1986年以及1993~1997年水平较为稳定。在实际通胀率下也能观察到类似的现象，如图5-7所示。2005年各成员国平均税率的均值为23.6%。由于此处对平均税率的计算方法不同，因此我国没有一致的数据进行比较，但可以使用本书第三章中的制造业平均有效税率来作近似。我国制造业上市公司的所得税平均税率在2005年为21.23%，若此数据能够代表中国企业的所得税平均税率，那么该水平若与OECD整体均值相比则高于OECD，与各成员国相比则与奥地利、瑞典、芬兰、英国、葡萄牙的平均税率水平相当。

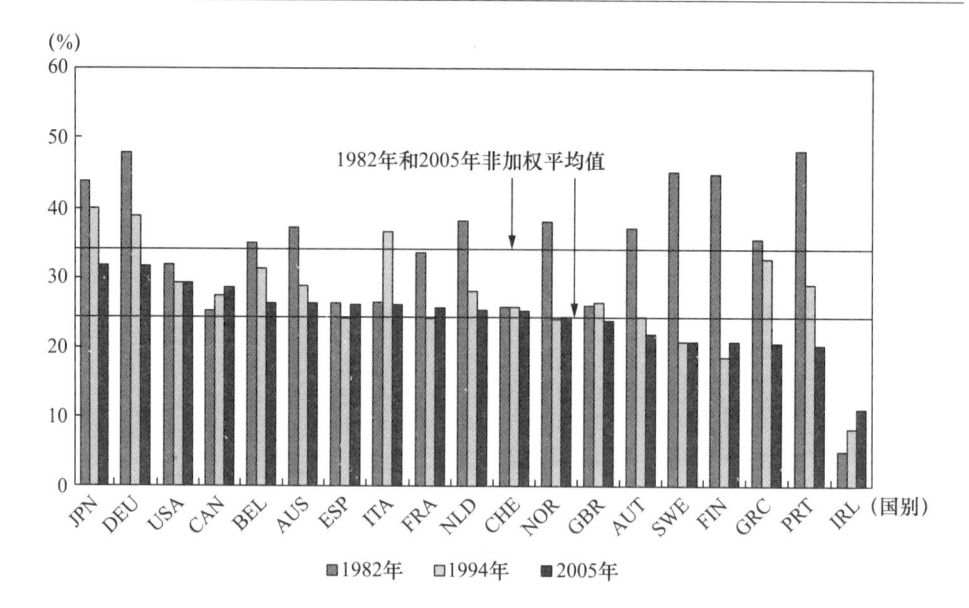

图 5-6　1982 年、1994 年和 2005 年 OECD 成员国公司税平均有效税率

注：图中两条横线从上到下分别为 17 个成员国 1982 年和 2005 年的平均有效税率的均值，图中所示各国的公司税平均有效税率数据出自制造业行业公司，横轴的成员国按照 2005 年公司税平均有效税率由大到小降序排列。计算方法为：假设公司以 10% 的期望收益率以保留利润或资产对机器设备进行投资来计算得出，其中假设实际折旧率为 10%，通货膨胀率为 3.5%，经济折旧率为 12.25%。

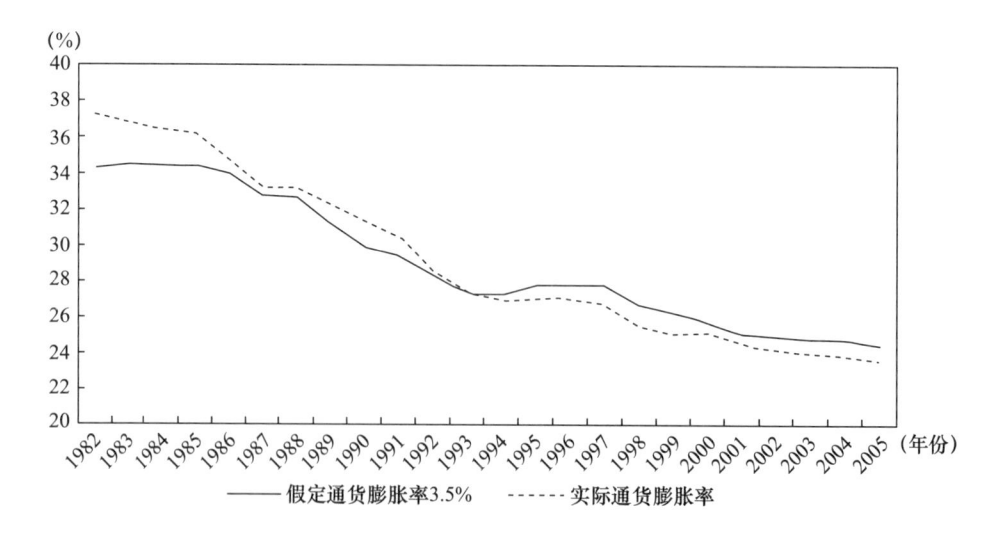

图 5-7　1982~2005 年 OECD 成员国公司税平均有效税率变化趋势

注：数据只限于 19 个成员国国家的制造业部门。

2. 企业所得税边际有效税率的国际比较

图 5-8 所示为 1982 年、1994 年和 2005 年 OECD 成员国公司税边际有效税率。

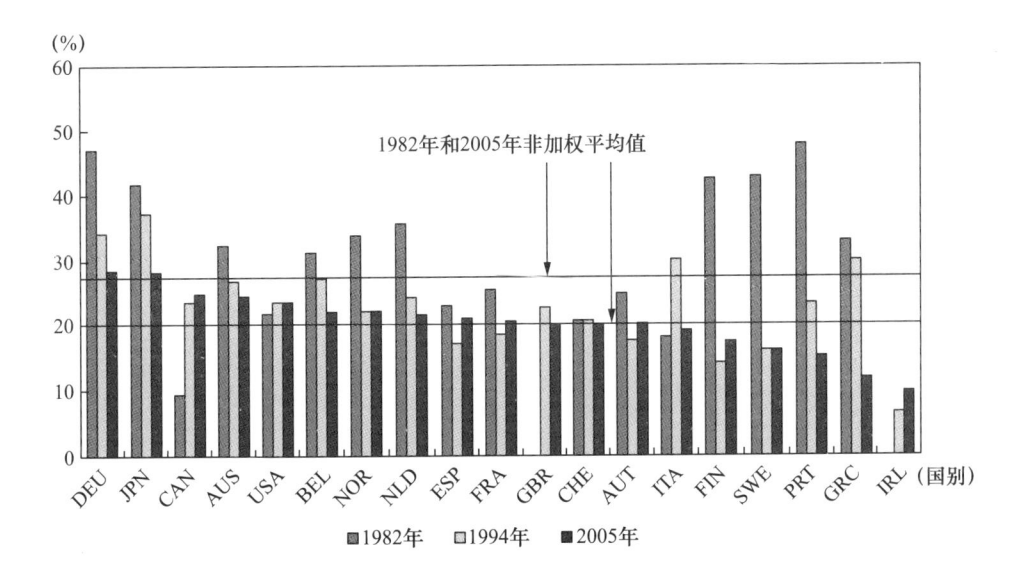

图 5-8 1982 年、1994 年和 2005 年 OECD 成员国公司税边际有效税率

注：图中两条横线从上到下分别为 19 个成员国 1982 年和 2005 年的边际有效税率的均值，图中所示各国的公司税平均有效税率数据出自制造业行业公司，横轴的成员国按照 2005 年公司税边际有效税率由大到小降序排列。计算方法为：假设公司以保留利润或资产对机器设备进行一项投资，当投资项目达到盈亏平衡点时计算得出。这种计算方法彻底摒弃了税率和税基之间的相互影响，而仅仅关注特定的投资项目。计算中假设实际折旧率为 10%，通货膨胀率为 3.5%，经济折旧率为 12.25%。

从 OECD 各成员国所计算出的边际有效税率的数值和变化情况来看，在 1982~2005 年，19 个成员国中有 14 个国家降低了公司税边际税率，其中芬兰、希腊、葡萄牙和瑞典的税率下降幅度最大。加拿大、英国、爱尔兰、意大利和美国的公司税边际税率有所上升。19 个成员国的边际税率总体均值从 1982 年的 27.9% 下降到 2005 年的 20.3%。从整体边际税率均值变化情况来看，边际税率在 1988~1994 年以及 1997~2001 年这两个区间段内发生较为剧烈的下降。而在 1982~1987 年、1994~1997 年以及 2001~2005 年这三个时间段内边际税率水平较为稳定，出现三个平台。2005 年各成员国公司税的边际税率的均值水平为 18.5% 左右。我们可以发现，图 5-9 中的边际税率的变化趋势与上节所讨论的平均税率的变化趋势基本相同，而平均税率的变化情况与法定税率相关而与税收补贴关系不大，因此，这种关系进一步印证了法定税率的降低所带来的降低税收的影响要大于税基拓宽所带来的增加税收的影响。

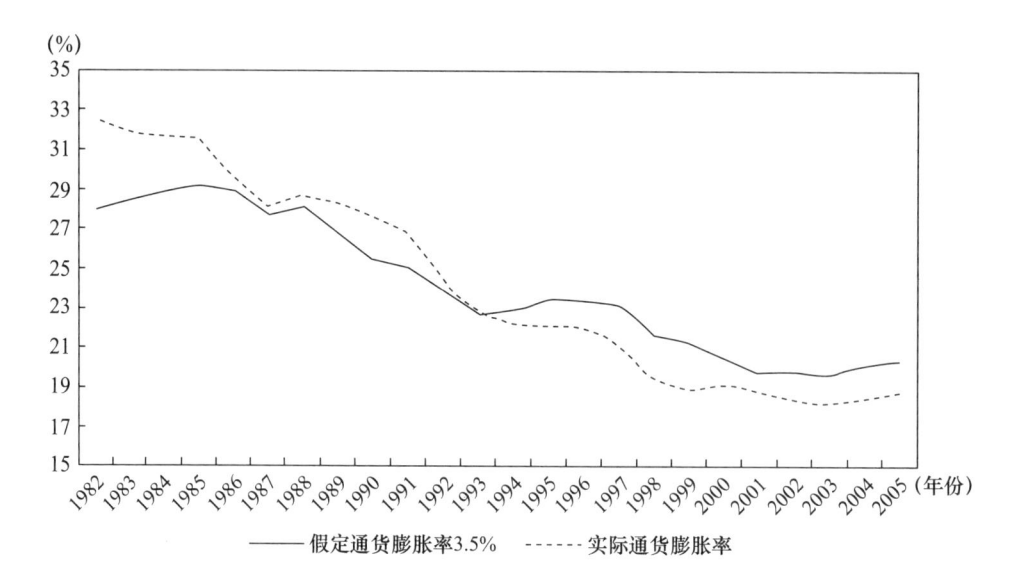

图 5-9 1982~2005 年 OECD 成员国公司税边际有效税率变化趋势

注：数据只限于 19 个成员国国家的制造业部门。

三、税负降低背后的公司税改革

以上我们对 OECD 成员国的公司税的规模、法定税负和实际税负进行对比分析，发现公司税负担的下降是近十几年来各国公司税改革的主要成果之一。OECD 国家对公司税的改革主要集中对税率的降低和税基的拓宽上。从前两节的分析结果可以得出，税率降低的税收减少被税基拓宽的税基增加效应基本抵消，从而公司税收入基本与 GDP 增长水平相当甚至在有的年份出现了超 GDP 的增长。

成功的公司税改革不仅包含对税率的改革，也包含对公司税类型的选择。在 OECD 国家的公司税实践中，公司税的类型以采用的会计记账基础不同分为两大类：一类是以权责发生制为基础的公司所得税制，另一类是以收付实现制为基础的公司流转（收付实现）税制。其实，这两类也就是我们国家的企业所得税和增值税，因此，本章所涉及的公司税改革不仅仅限于所得税，也有流转税的内容。在权责发生制下，公司收入无论是否收到都应包含在税基中，公司发生的支出无论是否实际支付都可以在税前扣除。即不在本期但能够在未来若干年带来收益的支出不能从税基中立即扣除；当期收到但与未来相关的现金流入也不被包含在当期的税基中。因此，权责发生制下的公司税税基与公司的现金流量有很大差异，出于纳税目的要对公司的应纳税所得进行调整，这也是我们之前所讨论的所得税会计的主要内容。OECD成员国中的大部分都采用权责发生制会计核算，对会计与所得税之间的调整规则引致了很大的行政成本。在收付实现制下，收入与支出的确定是以实际收到和支付资金为准，公司税税基包含现金收到时确认的收入以及购买原料、存货机器设备等净支出。投资的成本可以在税基中一次性扣除而不必在资产使用期内进行折旧。权责发生制下的公司税是以所得为税基，而收付实现制下的公司税以"消耗""流转"为税基。以下我们就对OECD部分成员国的公司税制的种类和改革进行简要分析和对比。

（一）以权责发生制为基础的公司所得税制

公司所得税制的形式有很多种，但不同形式的公司所得税制的特点都是以对资产和负债的不同税收处理以及如何有效避免双重征税为出发点的。目前，OECD各成员国的公司税实践中所采用的主要税制如下：

1. 传统的公司税制

（1）古典制（Classical System）和修正古典制（Modified Classical System）

古典制将公司所得税与个人所得税并行征收，两者之间的纳税义务没有连带关系。公司和股东须对所有收入进行纳税，公司支付给股东的股息不能在税前扣除，股东所取得的股息也必须缴纳个人所得税，这是对股息存在双重征税的所得税制。修正的古典制是将股息在股东层面以比利息等收入更优惠的税率征收个人所得税，修正古典制削弱了双重征税的程度。在税收实践中，奥地利、比利时、捷克共和国、德国、冰岛、爱尔兰、荷兰和瑞典采用古典制，而丹麦、希腊、日本、波兰、葡萄牙、西班牙、瑞士和美国采用修正古典制公司税。

（2）完全归集抵免制（Full Imputation）和部分归集抵免制（Partial Imputation）

即对公司派发的股利和保留利润所征收的公司税在个人层面完全扣除和部分扣除的公司税制。在完全归集抵免制下，公司税仅仅是提前支付对个人资本所征收的所得税而已，并且完全归集抵免制避免了对同一经济利润的双重征税。在封闭经济中，完全归集抵免制在所有融资方式中保持税收中性，因为它对不同形式的公司所有收入都以相同的税率征收。在开放经济中，如果非居民企业既没有获得东道国的税收抵免也没有获得母国的税收抵免，那么如果东道国采用完全归集抵免制就会增加公司的资金成本。部分归集抵免制是只将公司税的一部分看作是股东个人所得税的预先扣除。在计算股东个人所得税时，必须先估算出这部分预扣的税款并加入其应纳所得额中，算出个人总的应纳税额后再抵扣这部分税额，这种制度只能部分消除对股息的双重征税。在公司税实践中，澳大利亚、加拿大、墨西哥和新西兰采用的是完全归集抵免制，而英国和韩国使用的是部分归集抵免制。

（3）双率制（Split Rate System）

即对留存利润使用较低的税率而分配利润使用较高的税率分别征收公司税的制度。这种制度鼓励利润分配，但在现实中，企业所得税征税在前，利润分配在后，在税率差别较大的情况下，很难区分分配利润或留存利润，管理难度较大。[①] 目前 OECD 国家中没有成员国采取双率制，德国、日本、奥地利等国曾使用过该税制，但最终废弃了。

（4）部分归属制（Partial Inclusion）

即个人所收到的公司分配的股息的一部分要计入个人所得税应纳税所得额中的税制，股息作为收入不能全额免税或抵税，而只能免除一部分，因此这种税制也不能完全避免对公司经济利润的双重征税。目前，土耳其、卢森堡、芬兰和法国在实践中采用此税制。

2. 新型的公司税制

所谓新型的公司税制，大多是在实践中对传统税制的改进，与传统税制有密切关系。但由于时间不长，因此使用国家较少，现在只有部分国家在部分行业和地区采用这些较新的税制。

（1）权益抵免制（Allowance for Corporate Equity Tax System，ACE）

即公司权益资本的正常收益在缴纳公司税时可以扣除的公司税制。它改变了在普通的公司税制下，利息支出可以扣除而权益资本融资的收入要全部纳税的一般规定。可抵免的权益收入大致等于公司的正常收益。权益抵免制也不会影响公司在债务和资本两者间选择的融资决策，但如果对资本利得征税是基于收付实现制而不是权责发生制时，这种公司税制就会影响到公司的融资决策。权益的股东抵免制（Shareholder ACE）是对权益抵免制的一种变通。在这种制度下，公司的税收抵免额度与权益抵免制下的计算方法类似，并且这部分抵免额将被分配到每股股票中，这样股东就持有含有部分公司税抵免额的股票并有权从其自身的资产收入的税基中扣除（个人所得税层面）。采用权益抵免制的国家有奥地利、克罗地亚、意大利和巴西。其中，奥地利和意大利只在部分地区采用了权益抵免制公

---

① 靳东升，李本贵. 企业所得税理论与实践 [M]. 北京：经济科学出版社，2006：38.

司税，并分别在2005年和2004年降低了税率。克罗地亚在1994~2001年使用了该税制，之后便降低了法定税率并取消了权益抵免制。

（2）股东权益抵免制（Allowance for Shareholder Equity Tax System，ASE）

即与权益抵免制相对应，将权益资本的正常收益不在公司税层面而在股东层面（个人所得税）抵免的公司税制。这种税制能够避免对权益资本收入的双重征税。在此，公司税税率在个人层面上对权益资本的全部收益（正常收益与超额收益之和）征税起到加强作用，而不是在权益抵免制中，公司税率仅仅对超过正常收益的利润起作用。在封闭经济中，股东权益抵免制不会带来公司融资结构的扭曲，而在开放经济中，这种税制会使采用权益资本融资的投资项目成本降低，从而增加居民国的投资水平。股东权益抵免制是一种较新的税种，目前只在挪威使用，被称为回报率抵免制，抵免额的计算方法为股本的购买价格乘以无风险的资产税后利息率（2006年为2.1%[①]）。

（3）综合所得税制（Comprehensive Business Income Tax System，CBIT）

在综合所得税制下，只对公司的资本收入征收一次性税收，不允许从应纳税所得中扣除任何利息支出、权益资本等回报，并且除综合所得税率外，在股东分配的利润以及利息支出方面没有其他附加的税收。如果采用此税制的公司收到其他已缴纳综合所得税公司的股利或者利息，则这部分可以抵税以避免双重征税。同时，这种税制也不会对公司的资本结构和融资方式产生影响。但这种税制会抑制外商直接投资，因为国外投资者也要为利息付税而在母国很有可能免税。

表5-4所示为2009年OECD成员国所采用的公司税类型和概况[②]。

表5-4　2009年OECD成员国所采用的公司税类型和概况

国家	公司税类型	综合公司税税率（含附加税）（%）	税前分配利润[a]	归集比例[b]（%）	税收抵免/扣除额[c]
澳大利亚	完全归集抵免型	30.0	142.9	30.0	42.9
奥地利	古典型	25.0	133.3	—	—
比利时	古典型	34.0	151.5	—	—
加拿大	完全归集抵免型	27.6	138.2	26.4	37.3
智利	完全归集抵免型	20.0	125.0	17.0	20.5
捷克共和国	古典型	19.0	123.5	—	—
丹麦	修正古典型	25.0	133.3	—	—

① 即三个月期政府债券的税后利息率的年平均值。
② 其中，日本和葡萄牙的数据为2008年。

续表

国家	公司税类型	综合公司税税率（含附加税）(%)	税前分配利润[a]	归集比例[b]（%）	税收抵免/扣除额[c]
爱沙尼亚	对股息不征税	21.0	126.6	—	—
芬兰	部分归属型	26.0	135.1		
法国	部分归属型	34.4	152.5		
德国	古典型	30.2	143.2		
希腊	修正古典型	20.0	125.0		
匈牙利	其他种类	19.0	123.5		
冰岛	古典型	20.0	125.0		
爱尔兰	古典型	12.5	114.3		
以色列	修正古典型	24.0	131.6		
意大利	古典制/部分归属型	27.5	137.9		
日本	修正古典型	39.5	165.4		
韩国	部分归集抵免型	24.2	131.9	10.7	12
卢森堡	部分归属型	28.6	140.0		
墨西哥	完全归集抵免型	30.0	142.9	30.0	42.9
荷兰	古典型	25.0	133.3	—	—
新西兰	完全归集抵免型	28.0	138.9	28.0	38.9
挪威	其他种类	28.0	138.9		
波兰	修正古典型	19.0	123.5		
葡萄牙	修正古典型	26.5	136.1		
斯洛伐克共和国	对股息不征税	19.0	123.5		
斯洛文尼亚	古典型	20.0	125.0		
西班牙	修正古典型	30.0	142.9		
瑞典	古典型	26.3	135.7		
瑞士	修正古典型	21.2	126.9	—	—

注：a. 以100单位的税后分配利润计算得出，即用100除以（1－税率），税率为分配利润所适用的税率。

b. 在完全归集抵免或部分归集抵免下将公司税归集到股东的比例，在完全归集抵免制下，该比例就等于税率，在部分归集抵免制下，该比例小于公司税税率。

c. 在100个单位的税后可分配利润中可抵免或扣除的额度。

资料来源：OECD 税收数据库. Corporate and capital income taxes [EB/OL]. http：//www. oecd. org/document/60/0, 3343, en_ 2649_ 34533_ 1942460_ 1_ 1_ 1_ 1, 00. html.

（二）以收付实现制为基础的公司税制

为了减少税法和税收规则的复杂性，降低过多的行政成本并相对减少避税和逃税行为，越来越多的国家和地区开始研究和使用收付实现制下的公司税制，并且这种税制在实际应用中具有不错的政策效果。增值税就是几乎所有 OECD 成员国都采用的一种公司层面的流转税制。与公司所得税制最显著的区别就是公司流转税制是间接税而不是直接税。下面我们将简要介绍这种公司税制。

1. 公司流转税的类型

公司流转税可以按税基的不同分为三种：一是 R 型税基流转公司税，也就是税基是以真实交易的收入与支出来确定。税基数额等于销售收入减去购买支出。资本市场的交易不包含在税基中，也不允许为投资而借款的利息扣除，因此不会影响公司的融资决策。二是 R + F 型税基流转公司税，也就是 R 型税基与非权益资本的金融交易之和。后者指资金的借入和贷出。资金借入者的税基包含贷款本金，并可扣除利息以及当偿还时的全部本金。资金贷出者可以在资金贷出当时将本金从税基中扣除，税基中包含贷款的本金和利息。三是 S 型税基流转公司税，即公司股东的净收入流，即公司支付的股利与购买的股票之和再减去新发行的新股之差，代表了公司对股东的股票交易的净流量。从税基来看，公司流转税制与增值税更为相似。但在具体税收实践中，各个国家都根据自身情况采用不同的税基计算方式。在开放经济条件下，如果以征税对象是资金来源国还是目的国来看，则可以分为来源公司流转税（Origin – based Corporate Cash – flow Taxes）和目的公司流转税（Destination – based Corporate Cash – flow Taxes）。来源公司流转税是以商品和服务来源地为税收管辖地并对其进行征税而无论这些商品和服务在何处消费。进口商品和服务是不征税的，出口商品和服务在国内已征税。目的公司流转税是以商品和服务的消费地为税收管辖地并对其进行征税而无论这些商品和服务在何处生产，进口商品和服务征税而出口商品或服务免税。

2. 公司流转税税收实践

公司流转税的应用主要集中在部分国家的个别行业和地区，还没有被大规模使用。例如，英国的北海财政收入体制对石油和天然气的开采征收的重税中的石油收益税，即对石油和天然气产品征收的一种特定税收就是 R 型税基的公司流转税，它以个人所有的油田利润的 50% 征收高额税收。但这项税收已于 1993 年 3 月 16 日废止，并没有征收真正意义上的公司流转税。挪威虽然对该国的石油开采行业以利润的 28% 的普通公司税税率来征收公司税，但额外还要征收 50% 的特种税。因此在挪威，公司税的最高边际税率为 78%。虽然从事石油开采行业要承受巨大的税收压力，但其部分支出可以一次性扣除，如开采、研发和运营等支出，因此这项税收也可以算是具有部分流转性质的公司税。意大利对公司经营活动征收的地方税是一种 R 税基的公司流转税，税基包含除特定资本收入、特定事项的收入和融资收益，减去除某些劳动成本、利息支出、资本损失和特定事项以外所有的成本和费用。爱沙尼亚的流转公司税制与源泉流转公司税制较为接近，如果爱沙尼亚的分配税允许公司从收入中扣除新发行的股本，这种税制就可以认为是 S 税基的公司流转税。

（三）公司税的改革趋势和路径

根据上面分别对公司所得税制以及公司流转税制的分析，我们可以看出，在公司层面，传统的公司所得税制由于存在利息扣除因素而鼓励公司为了减少税收负担而过多使用负债。而在公司流转税制中对投资的正常回报是免税的，同时利息也不允许税前扣除，因此公司在选择融资方式时对负债和资本无差异，从而减少了公司过度负债的概率，也不会影响公司的边际投资决策。在公司所得税制下，经济折旧与税法中规定的折旧不同不仅会扭曲公司的投资规模，而且会对投资的类型造成影响。而在流转公司税制下，由于投资可以直接支出，避免了因为折旧方法的不同而带来的扭曲效应，并且由于该税制建立在当期收入和支出数额上，也降低了在公司所得税制下由于通货膨胀造成的对资产价值的调整。

在宏观层面，尽管现存的公司所得税制确实为大部分 OECD 成员国带来了不少的税收收入，但也有学者指出现有的公司所得税制已经很难增加更多的收入。[1] 公司流转税比公司所得税提供了更宽泛的投资激励，投资的直接支出所得到的税收利益已经超过了公司所得税下的折旧宽免带来的税收利益。但是若要增加同等规模的收入，在流转税制下税率的提高幅度较大。另外，投资的直接支出会使得流转税制下的公司税收入有暂时性的大规模降低，并且投资决策在这种税制下变得更加敏感。而在所得税制下，折旧宽免则分布在整个资产的生命期内。在税制遵从成本层面，公司所得税制度增加了税收的复杂性和行政成本。而流转税制则相反，不仅降低了税收法律的复杂程度还简化了公司的投融资决策。相对于公司所得税制，公司流转税制在对公司资产结构影响、宏观税收收入影响以及税收遵从成本上都优于现有的公司所得税制。因此，公司流转税制将成为 OECD 成员国的公司税制的改革方向。

将现有的所得税制改革为流转税制最重要的问题就是对现存的所得税制下享有折旧宽免的资产的处理。对这种资产的处理有以下几个方法：一是自由进入

---

[1] Gordon Roger H., Joel Slemrod. Do We Collect Any Revenues from Taxation of Capital Income? [R]. in Lawrence H. Summers (ed.), Tax Policy and the Economy, National Bureau of Economic Research and MIT Press, 1998 (2): 89–130.

法，即允许采用原所得税制下的公司将未折旧的资产一次性支出，支出额等于现存资产存量的折旧价值。此方法会导致税收收入的暂时下降。二是冷处理法，也就是对现存资产的任何额外扣除都是不允许的。这种方法会带来税收收入的大幅上升，但是会失去资产的剩余折旧宽免额。公司则会失去扣除利息带来的税收利益。三是对新旧资产的不同处理方法，也就是说对现存的资产实行所得税制下的折旧办法，直到现存所有资产均折旧完毕。公司可以通过购买新资产来享受流转税制下的税收利益，也可以建立新公司并购买旧公司的资产来享受这份利益。

四、本章小结

本章在对 OECD 成员国的公司税改革的实践基础上首先分析和比较了成员国的公司税中的所得税税收收入占 GDP 的比重以及占税收收入的比重；其次对各成员国的公司税法定税负和实际税负进行比较并结合我国的数据进行对比分析；最后在前两项描述性分析的基础上结合国外公司税税收实践对 OECD 成员国的公司税改革进行简单介绍。

第六章 进一步完善我国企业所得税的思考

一、建立公平的企业所得税宏观税负的税收归属机制

从本书中第三章对我国企业所得税的宏观税负的分析结果来看,地区之间的宏观税负差异主要表现为经济发展水平与企业所得税宏观税负没有对应关系,例如属于西部地区的云南和东部地区的上海、北京、浙江的宏观税负远远高于其他省市。就我们的计算方法来看,企业所得税的实际税负更多地表现为一种事后的政府从营业盈余中获取收入的能力,但由于各地区的经济发展水平、企业规模以及企业的盈利水平存在一定差异,所以导致各地区的企业所得税的宏观税负与经济发展没有必然的和直接的联系。我们在分析中更多地将其归因为汇总纳税的影响。分支机构所在地在经营过程中使用了当地的资源而没有收入贡献,不符合税收的受益原则,因此,要平衡地区间所得税负担,妥善处理地区间利益分配关系,就必须要改革跨地区经营企业的所得税征收处理政策,使各地区在更为公平的环境下征收企业所得税,同时还要发挥财政转移支付的作用,通过转移支付增加落后地区的经济环境的建设,建立良好的投资环境以吸引适合本地区发展的企业进入,增强地方的经济活力和经济增长质量。

(一) 改革跨地区经营的所得税征收处理

我国在新税法实施之前对内资企业实行以独立经济核算单位纳税人就地缴纳企业所得税的管理模式。因此,独立经济核算的分支机构的盈亏不能与总机构盈亏合并计算纳税。只有少部分国有大型内资企业才可以进行汇总纳税,但必须首先经过税务主管部门批准。并且,以下五类企业不实施统一计算、分级管理、就

地预交、集中清算的企业所得税征收管理办法：一是由铁道部汇总纳税的铁路运输企业；二是由国家邮政总局汇总纳税的邮政企业；三是由中国工商银行、中国农业银行、中国建设银行、中国银行汇总纳税的各级分行、支行；四是由中国人民财产保险公司、中国人寿保险公司汇总纳税的各级分公司；五是国家税务总局规定的其他企业。这几类企业中的前四类都缴纳中央企业所得税，其税收收入不参与所得税分享，但在具体实施过程中，除上述的四类企业之外，绝大部分集团化企业，如较大的证券公司、在各地都有分支机构的地方性银行等都能够采用汇总纳税，其收入或归入总部所在地所有或纳入中央与地方共享范畴。但是，对外商投资企业和外国企业执行的是汇总纳税制度，也就是以独立法人作为判定纳税人标准。因此，具有众多外商投资企业和跨国公司总部的北京和上海就成为外资企业的纳税地，而其众多分支部门散布在全国各地并取得的利润却没有计入当地的所得税税收收入，这对于提供当地资源却没有得到相应的收入的当地地方政府是不公平的。因此，对合并纳税和跨地区企业纳税问题的处理是企业所得税宏观税负的地区差异因素之一，并且该因素并不是基于公平的市场环境和竞争，而是基于不公平的税收政策。

根据税收的受益原则，企业使用经营地的自然资源、公共设施、人力资源以及其他大部分由当地政府所提供的公共服务时，作为受益人应当缴纳一定税收，而不应当仅仅将这部分税收归于注册所在地。并且在全球化的今天，大型企业的注册地与实际经营地均处于分离状态，这无形之中又减少了经营地的税源，对当地政府是不公平的。在新税法实行法人纳税制度下，对部分原先实行独立核算可以就地纳税的部分企业在新税法下只能选择汇总纳税，这无形之中加大了地区间所得税税负的不均衡性，违背了税收的受益原则和税收归属与税源一致的原则。

因此，根据国家税务总局关于印发《跨地区经营汇总纳税企业所得税征收管理暂行办法》的通知以及《财政部、国家税务总局、中国人民银行关于印发〈跨省市总分机构企业所得税分配及预算管理暂行办法〉的通知》（财预〔2008〕10号）文件中的规定，采用汇总纳税企业的总机构和分支机构应分期预缴的企业所得税，其中属于当期中央与地方共享收入范围的企业所得税要按照统一规范、兼顾总机构和分支机构所在地利益的原则，实行"统一计算、分级管理、就地预缴、汇总清算、财政调库"的处理办法，50%在各分支机构间分摊预缴①，

---

① 分支机构分摊的预缴税款为总机构在每月或每季终了之日起10日内，按照以前年度（1~6月按上上年，7~12月按上年）各省份分支机构的经营收入、职工工资和资产总额三个因素，将统一计算的企业当期应纳税额的50%在各分支机构之间进行分摊（总机构所在省市同时设有分支机构的，同样按三个因素分摊），各分支机构根据分摊税款就地办理缴库，所缴纳税款收入由中央与分支机构所在地按60%和40%分享。分摊时三个因素权重依次为0.35、0.35和0.3。当年新设立的分支机构自第二年起参与分摊；当年撤销的分支机构自第二年起不参与分摊。

由各分支机构所在地分享，50%由总机构预缴。总机构预缴的部分，其中50%就地入库，所缴纳税款收入由中央与总机构所在地按60：40分享。其余50%预缴入中央国库，所缴纳税款收入60%为中央收入，40%由财政部按照2004～2006年各省市三年实际分享企业所得税占地方分享总额的比例定期向各省市分配。

这种改革办法对缓解跨地区经营企业对地方所得税利益的影响起到了一定作用，但其政策效果还有待于实践的进一步检验，同时该政策的实施还需要各级各地方税务部门的合作与协调。同时，要根据实际情况建立完善的横向税收调节的机制而不仅仅限于跨地区经营的汇总纳税的企业所得税征收管理办法，根据各分支机构的税源规模来确定税收收入在各地区间的分配。除此之外，还要改革现有的对企业所得税分享部分"先征后分"的方法，也就是在现有的所得税分享制度下，只有在每年年底，各总机构进行所得税汇算清缴后，经过计算对当年预缴所得税与实际应纳税额进行对比完成多退少补后，各地方政府所能分配到的属于该地区的税收收入才能由财政部门按照核定的系数调整至地方金库。因此，地方政府的年终税收收入会出现较大的变化和不确定性。这对于地方政府制定预算以及提供公共服务等决策的制定和执行都会带来影响。可以考虑将部分收入及时就地入缴地方金库，待年底再进行汇总计算，先由企业进行汇总计算多退少补后，地方财政根据应收收入与实际收入相比同样对中央财政多退少补，这样可以在平缓地方政府收入波动的同时减少政府决策的不确定性。

（二）完善税收分享和转移支付制度

我国的企业所得税是中央与地方共享税种，1994年税制改革时就对企业所得税的收入归属问题及征管范围进行了规定。其中，中央企业所得税由国税进行征管，收入归中央统一管理；地方企业所得税由地税部门征管，收入归地方统一管理；中央参股企业所得税按投资比例在中央和地方分享；外商投资企业和外国企业所得税由国税系统征管，收入基本归地方。在这样的分享体制的所得税收入增长迅猛，成为国税和地税系统财政收入的主要组成部分。但这种分享体制客观上使地方政府为了增加本级收入，采取地方保护主义行为。因此，从2002年底开始，中央政府推行新的企业所得税分享体制改革。

此次改革的主要内容是：除铁路运输、邮政、银行以及海洋石油天然气企业所得税收入作为中央收入外，其他企业所得税以2001年为基期，基数内部分由中央返还地方，超过基数部分由中央与地方按比例分享，2002年中央和地方各分享50%，2003年起中央分享60%，地方分享40%。完不成基数的地方，中央将调整减少基数并相应扣减地方分享收入。中央因为所得税分享改革增加的收入，主要将用于中西部地区的转移支付。国税部门和地税部门的征管范围基本不变，但改革后新办理和设立开业登记的企业和其他缴纳企业所得税的组织，其企业所得税由国税部门征收管理。2009年起，企业所得税全额为中央收入的企业和在国家税务局缴纳营业税的企业，其企业所得税由国家税务局管理。银行（信用社）、保险公司的企业所得税由国家税务局管理，除上述规定外的其他各类金融企业的企业所得税由地方税务局管理。外商投资企业和外国企业常驻代表机构的企业所得税仍由国家税务局管理。[①] 这种分享方式部分遏制了地方政府的保护主义行为，提高了中央政府的财政集中度，同时弱化了地方财政的收入集中能力，平均化了各地方企业所得税收入水平。为了提高2001年的基数，各地方政府在2001年的企业所得税收入出现超常增长，而2002年的增长水平出现大幅下滑，这种现象可以说是地方政府为了获取高基数，争取多返还的一种政策应对。这种分享体制的改革削弱了地方政府积极培植税源、征收企业所得税的积极性。

本书认为，应当适当放开部分企业所得税的归属，将其纳入中央与地方共享税范畴，例如部分汇总纳税应计入中央收入的大型股份制银行的企业所得税，扩大地方企业所得税的收入范围，减少中央与地方间的税收博弈。同时，充分利用财政转移支付制度来缓解地方所得税税负分布不均的状况。我国的财政转移支付制度主要采取纵向调节模式，即实行以平衡财政资金的横向和纵向的均衡状况、促进落后地区经济发展、缩小区域经济差距为目标的中央政府为主导的对地方政府的单向的收入转移。例如在所得税分享改革后，将中央政府所增加的税收收入用于中西部地区的转移支付就是典型的纵向分配税收收入并调节横向之间的区域发展的转移支付手段。

我国的转移支付分为财力性转移支付和专项转移支付两种，或者可以称为无条件转移支付和有条件的转移支付。前者是对转移支付的资金的用途不加规定，地方政府可以自主决定其用途，后者是附加一定限制条件或要求地方政府提供配套资金、制定资金用途的转移支付。在平衡企业所得税税负的地方差异中，既可以选择无条件转移支付来均衡地区财力，也可以规定资金使用用途来使得转移支付资金能够在特定项目上被使用，如完善地区基础设施、改善投资环境等项目。但在具体实施过程中要考虑到不发达地区的财力状况，降低使用有条件转移支付的资金要求或者不要求配套资金，减轻其财政压力。同时，对所得税分享体制的税收返还制度要逐步改变以"基数法"来确定转移支付数额的维护地方既得利益的支付手段，逐渐过渡到以"因素法"为基础的转移支付制度。"因素法"顾名思义是以影响各地区财政收入的因素作为确定转移支付规模的基础，如人口数量、经济发展水平等。要对企业所得税的宏观税负进行调节，就要在"因素法"

---

① 参见《国家税务总局关于调整新增企业所得税征管范围问题的通知》（国税发〔2008〕120号）。

的基础上按照各地区不同的财政收入水平和经济发展状况确定相应的指标体系来确定转移支付的规模,以税收归属与税收来源地相一致的原则来平衡各地方政府财力,促进各地区均衡发展。

二、建立差异化的企业所得税微观税负的税收优惠体系

(一) 继续完善以产业税收优惠为主的税收优惠政策

从本书第三章和第四章对企业所得税的微观税负的研究中可以看出,就上市公司而言,其企业所得税税负平均水平不算太高,实际税负水平均低于法定税负。2008年两税合并,法定税率直接导致了上市公司企业所得税微观税负的明显下降,政策效应十分显著。但由于时间较短,数据局限性较大,我们无法检验新税法有关产业税收优惠对企业所得税税负影响大小及其效应。但从已有的结果来看,我国的企业所得税税收优惠政策的效果在行业间差别还是较为显著的,国家鼓励产业的上市公司所得税负担水平都不高,而区域间的税收优惠政策在以上市公司为样本的研究中却并没有显示较强的政策效应,这是因为在各地区上市公司都被看作是优质资源,地方政府多加扶持并制定相关优惠政策的结果。

两税合并后,在税收优惠的政策取向方面更倾向于行业税收优惠而不是区域税收优惠,例如从事农、林、牧、渔等第一产业的企业的所得,企业利用从事国家重点扶持的公共基础设施项目投资经营的所得,企业从事环保、节水等项目的所得,符合条件的技术转让所得,国家需要重点扶持的高新技术企业都能够获得部分的企业所得税优惠。在区域优惠方面,除西部大开发税收优惠政策继续实行之外,其余地区的税收优惠政策除规定了过渡期外一律停止。以行业税收优惠与少量区域税收优惠替代以区域税收优惠为主导的旧制度对公平地区间税负尤其是不同地区的行业税负有着重要意义。根据我们的计算结果,吸纳劳动力较多的传统服务业,如批发零售、社会服务业等企业都具有较高的税收负担率。因此,在制定鼓励行业发展的所得税优惠政策时,不仅要根据国家的中长期产业规划,也要及时根据国民经济发展情况进行产业税收优惠调整,例如在就业压力较大的时期就要根据就业人口规模和结构多关注吸纳就业较强的劳动密集型产业的发展并制定与之相配套的优惠政策。

(二) 加强企业所得税间接税收优惠的力度

我国的企业所得税优惠政策在新税法实施之前多采用税率优惠等直接优惠方

式，而较少采用加速折旧、投资税收抵免等措施。改革后的新税法在税收优惠方面则改变了这种直接优惠较多、间接优惠较少的状况，除了对小型微利企业以及部分国家重点扶持的高新技术企业采用优惠税率之外，其余的税收优惠均采用间接优惠方式，例如对部分支出的加计扣除、创业投资的税收抵免、加速折旧等。新税法实施之前的直接税收优惠多用于特定区域内外商投资企业，其目的是吸引外资、促进国内经济发展。但随着我国经济实力的逐渐增强，单纯的税率优惠效应已经逐渐减弱。在第四章的实证分析中我们可以看到，所得税负担对外资的影响并不显著，外资进入国内市场已不仅仅考虑所得税税率因素。同时，税率优惠也导致了内外资企业税负的差异过大并阻碍了内资企业的发展。

在各国的税收实践中，大多数发达国家在公司税的优惠方面都采取间接优惠的方式，几乎不采用直接税收优惠，并且多采用加速折旧和投资税收抵免这两种方式。这是因为间接税收优惠针对性较强，可以有效引导企业通过调整投资和经营活动来符合国家政策目标，同时又能减少税收整体的不公平性和较小地影响政府的财政收入。例如对环保产业的发展，法国、日本等国家都采用加速折旧等方法来鼓励企业在这方面的投资。我国的新税法在此方面借鉴了发达国家的税收优惠的政策经验。此外，企业所得税的间接优惠政策还能够提高中小企业的生存能力、促进中小企业发展以及增加企业进行自主创新的动力。

在今后的税收实践中，要更加强化企业所得税间接优惠的力度，增强其政策导向型，并且要根据国民经济发展和调整产业结构的需要适时更新税收优惠的方向和手段。在间接税收优惠方式的选择上，要为企业提供多种选择，例如可以在加速折旧与投资税收抵免二者选一的政策。要加大对投资税收抵免政策的运用，与加速折旧相比，投资税收抵免能够为企业产生直接的税收利益，其政策效应更为明显。

要建立差异化的企业所得税微观税负的税收优惠政策体系就要在现行税法基础上坚持以产业税收优惠为导向并充分利用间接税收优惠手段来对部分行业和企业个体进行税收调节，从而为建立公平有序的企业经营环境和税收环境以及为国家的产业发展提供必要的条件和有力的支持。

三、本章小结

本章是在对第三章、第四章实证分析结论的基础上，根据我国企业所得税法实施以来的具体实践对完善我国企业所得税制度所提出的几点建议，具体包括：

一要建立公平的企业所得税收入归属机制来解决企业所得税宏观税负分布不均的状况。这就要求对现有的跨地区经营、汇总纳税的所得税征收处理以及所得税分享体制进行改革，并配合财政转移支付进行地区间的财力调节分配。二要完善现有的企业所得税的优惠政策，使所得税税负差异成为国家推行产业政策、引导企业投资的重要手段。这就要求在税收优惠方向上以产业税收优惠为主、区域税收优惠为辅，在优惠方式上多采用间接税收优惠。

附 录

中华人民共和国企业所得税法

（2007年3月16日第十届全国人民代表大会第五次会议通过）

目 录

第一章　总　则
第二章　应纳税所得额
第三章　应纳税额
第四章　税收优惠
第五章　源泉扣缴
第六章　特别纳税调整
第七章　征收管理
第八章　附　则

第一章　总　则

第一条　在中华人民共和国境内，企业和其他取得收入的组织（以下统称企业）为企业所得税的纳税人，依照本法的规定缴纳企业所得税。

个人独资企业、合伙企业不适用本法。

第二条　企业分为居民企业和非居民企业。

本法所称居民企业，是指依法在中国境内成立，或者依照外国（地区）法律成立但实际管理机构在中国境内的企业。

本法所称非居民企业，是指依照外国（地区）法律成立且实际管理机构不在中国境内，但在中国境内设立机构、场所的，或者在中国境内未设立机构、场所，但有来源于中国境内所得的企业。

第三条 居民企业应当就其来源于中国境内、境外的所得缴纳企业所得税。

非居民企业在中国境内设立机构、场所的，应当就其所设机构、场所取得的来源于中国境内的所得，以及发生在中国境外但与其所设机构、场所有实际联系的所得，缴纳企业所得税。

非居民企业在中国境内未设立机构、场所的，或者虽设立机构、场所但取得的所得与其所设机构、场所没有实际联系的，应当就其来源于中国境内的所得缴纳企业所得税。

第四条 企业所得税的税率为25%。

非居民企业取得本法第三条第三款规定的所得，适用税率为20%。

第二章 应纳税所得额

第五条 企业每一纳税年度的收入总额，减除不征税收入、免税收入、各项扣除以及允许弥补的以前年度亏损后的余额，为应纳税所得额。

第六条 企业以货币形式和非货币形式从各种来源取得的收入，为收入总额。包括：

（一）销售货物收入；

（二）提供劳务收入；

（三）转让财产收入；

（四）股息、红利等权益性投资收益；

（五）利息收入；

（六）租金收入；

（七）特许权使用费收入；

（八）接受捐赠收入；

（九）其他收入。

第七条 收入总额中的下列收入为不征税收入：

（一）财政拨款；

（二）依法收取并纳入财政管理的行政事业性收费、政府性基金；

（三）国务院规定的其他不征税收入。

第八条 企业实际发生的与取得收入有关的、合理的支出，包括成本、费用、税金、损失和其他支出，准予在计算应纳税所得额时扣除。

第九条 企业发生的公益性捐赠支出，在年度利润总额12%以内的部分，准予在计算应纳税所得额时扣除。

第十条 在计算应纳税所得额时，下列支出不得扣除：

（一）向投资者支付的股息、红利等权益性投资收益款项；

（二）企业所得税税款；

（三）税收滞纳金；

（四）罚金、罚款和被没收财物的损失；

（五）本法第九条规定以外的捐赠支出；

（六）赞助支出；

（七）未经核定的准备金支出；

（八）与取得收入无关的其他支出。

第十一条 在计算应纳税所得额时，企业按照规定计算的固定资产折旧，准予扣除。

下列固定资产不得计算折旧扣除：

（一）房屋、建筑物以外未投入使用的固定资产；

（二）以经营租赁方式租入的固定资产；

（三）以融资租赁方式租出的固定资产；

（四）已足额提取折旧仍继续使用的固定资产；

（五）与经营活动无关的固定资产；

（六）单独估价作为固定资产入账的土地；

（七）其他不得计算折旧扣除的固定资产。

第十二条 在计算应纳税所得额时，企业按照规定计算的无形资产摊销费用，准予扣除。

下列无形资产不得计算摊销费用扣除：

（一）自行开发的支出已在计算应纳税所得额时扣除的无形资产；

（二）自创商誉；

（三）与经营活动无关的无形资产；

（四）其他不得计算摊销费用扣除的无形资产。

第十三条 在计算应纳税所得额时，企业发生的下列支出作为长期待摊费用，按照规定摊销的，准予扣除：

（一）已足额提取折旧的固定资产的改建支出；

（二）租入固定资产的改建支出；

（三）固定资产的大修理支出；

（四）其他应当作为长期待摊费用的支出。

第十四条 企业对外投资期间，投资资产的成本在计算应纳税所得额时不得扣除。

第十五条 企业使用或者销售存货，按照规定计算的存货成本，准予在计算应纳税所得额时扣除。

第十六条 企业转让资产，该项资产的净值，准予在计算应纳税所得额时扣除。

第十七条 企业在汇总计算缴纳企业所得税时，其境外营业机构的亏损不得抵减境内营业机构的盈利。

第十八条 企业纳税年度发生的亏损，准予向以后年度结转，用以后年度的所得弥补，但结转年限最长不得超过五年。

第十九条 非居民企业取得本法第三条第三款规定的所得，按照下列方法计算其应纳税所得额：

（一）股息、红利等权益性投资收益和利息、租金、特许权使用费所得，以收入全额为应纳税所得额；

（二）转让财产所得，以收入全额减除财产净值后的余额为应纳税所得额；

（三）其他所得，参照前两项规定的方法计算应纳税所得额。

第二十条 本章规定的收入、扣除的具体范围、标准和资产的税务处理的具体办法，由国务院财政、税务主管部门规定。

第二十一条 在计算应纳税所得额时，企业财务、会计处理办法与税收法律、行政法规的规定不一致的，应当依照税收法律、行政法规的规定计算。

第三章 应纳税额

第二十二条 企业的应纳税所得额乘以适用税率，减除依照本法关于税收优惠的规定减免和抵免的税额后的余额，为应纳税额。

第二十三条 企业取得的下列所得已在境外缴纳的所得税税额，可以从其当期应纳税额中抵免，抵免限额为该项所得依照本法规定计算的应纳税额；超过抵免限额的部分，可以在以后五个年度内，用每年度抵免限额抵免当年应抵税额后的余额进行抵补：

（一）居民企业来源于中国境外的应税所得；

（二）非居民企业在中国境内设立机构、场所，取得发生在中国境外但与该机构、场所有实际联系的应税所得。

第二十四条　居民企业从其直接或者间接控制的外国企业分得的来源于中国境外的股息、红利等权益性投资收益，外国企业在境外实际缴纳的所得税税额中属于该项所得负担的部分，可以作为该居民企业的可抵免境外所得税税额，在本法第二十三条规定的抵免限额内抵免。

第四章　税收优惠

第二十五条　国家对重点扶持和鼓励发展的产业和项目，给予企业所得税优惠。

第二十六条　企业的下列收入为免税收入：

（一）国债利息收入；

（二）符合条件的居民企业之间的股息、红利等权益性投资收益；

（三）在中国境内设立机构、场所的非居民企业从居民企业取得与该机构、场所有实际联系的股息、红利等权益性投资收益；

（四）符合条件的非营利组织的收入。

第二十七条　企业的下列所得，可以免征、减征企业所得税：

（一）从事农、林、牧、渔业项目的所得；

（二）从事国家重点扶持的公共基础设施项目投资经营的所得；

（三）从事符合条件的环境保护、节能节水项目的所得；

（四）符合条件的技术转让所得；

（五）本法第三条第三款规定的所得。

第二十八条　符合条件的小型微利企业，减按20%的税率征收企业所得税。国家需要重点扶持的高新技术企业，减按15%的税率征收企业所得税。

第二十九条　民族自治地方的自治机关对本民族自治地方的企业应缴纳的企业所得税中属于地方分享的部分，可以决定减征或者免征。自治州、自治县决定减征或者免征的，须报省、自治区、直辖市人民政府批准。

第三十条　企业的下列支出，可以在计算应纳税所得额时加计扣除：

（一）开发新技术、新产品、新工艺发生的研究开发费用；

（二）安置残疾人员及国家鼓励安置的其他就业人员所支付的工资。

第三十一条　创业投资企业从事国家需要重点扶持和鼓励的创业投资，可以按投资额的一定比例抵扣应纳税所得额。

第三十二条　企业的固定资产由于技术进步等原因，确需加速折旧的，可以缩短折旧年限或者采取加速折旧的方法。

第三十三条　企业综合利用资源，生产符合国家产业政策规定的产品所取得的收入，可以在计算应纳税所得额时减计收入。

第三十四条　企业购置用于环境保护、节能节水、安全生产等专用设备的投资额，可以按一定比例实行税额抵免。

第三十五条　本法规定的税收优惠的具体办法，由国务院规定。

第三十六条　根据国民经济和社会发展的需要，或者由于突发事件等原因对企业经营活动产生重大影响的，国务院可以制定企业所得税专项优惠政策，报全国人民代表大会常务委员会备案。

第五章　源泉扣缴

第三十七条　对非居民企业取得本法第三条第三款规定的所得应缴纳的所得税，实行源泉扣缴，以支付人为扣缴义务人。税款由扣缴义务人在每次支付或者到期应支付时，从支付或者到期应支付的款项中扣缴。

第三十八条　对非居民企业在中国境内取得工程作业和劳务所得应缴纳的所得税，税务机关可以指定工程价款或者劳务费的支付人为扣缴义务人。

第三十九条　依照本法第三十七条、第三十八条规定应当扣缴的所得税，扣缴义务人未依法扣缴或者无法履行扣缴义务的，由纳税人在所得发生地缴纳。纳税人未依法缴纳的，税务机关可以从该纳税人在中国境内其他收入项目的支付人应付的款项中，追缴该纳税人的应纳税款。

第四十条　扣缴义务人每次代扣的税款，应当自代扣之日起七日内缴入国库，并向所在地的税务机关报送扣缴企业所得税报告表。

第六章　特别纳税调整

第四十一条　企业与其关联方之间的业务往来，不符合独立交易原则而减少企业或者其关联方应纳税收入或者所得额的，税务机关有权按照合理方法调整。

企业与其关联方共同开发、受让无形资产，或者共同提供、接受劳务发生的成本，在计算应纳税所得额时应当按照独立交易原则进行分摊。

第四十二条　企业可以向税务机关提出与其关联方之间业务往来的定价原则和计算方法，税务机关与企业协商、确认后，达成预约定价安排。

第四十三条　企业向税务机关报送年度企业所得税纳税申报表时，应当就其与关联方之间的业务往来，附送年度关联业务往来报告表。

税务机关在进行关联业务调查时，企业及其关联方，以及与关联业务调查有关的其他企业，应当按照规定提供相关资料。

第四十四条　企业不提供与其关联方之间业务往来资料，或者提供虚假、不完整资料，未能真实反映其关联业务往来情况的，税务机关有权依法核定其应纳税所得额。

第四十五条　由居民企业，或者由居民企业和中国居民控制的设立在实际税负明显低于本法第四条第一款规定税率水平的国家（地区）的企业，并非由于合理的经营需要而对利润不作分配或者减少分配的，上述利润中应归属于该居民企业的部分，应当计入该居民企业的当期收入。

第四十六条　企业从其关联方接受的债权性投资与权益性投资的比例超过规定标准而发生的利息支出，不得在计算应纳税所得额时扣除。

第四十七条　企业实施其他不具有合理商业目的的安排而减少其应纳税收入或者所得额的，税务机关有权按照合理方法调整。

第四十八条　税务机关依照本章规定作出纳税调整，需要补征税款的，应当补征税款，并按照国务院规定加收利息。

第七章　征收管理

第四十九条　企业所得税的征收管理除本法规定外，依照《中华人民共和国税收征收管理法》的规定执行。

第五十条　除税收法律、行政法规另有规定外，居民企业以企业登记注册地为纳税地点；但登记注册地在境外的，以实际管理机构所在地为纳税地点。

居民企业在中国境内设立不具有法人资格的营业机构的，应当汇总计算并缴纳企业所得税。

第五十一条　非居民企业取得本法第三条第二款规定的所得，以机构、场所所在地为纳税地点。非居民企业在中国境内设立两个或者两个以上机构、场所的，经税务机关审核批准，可以选择由其主要机构、场所汇总缴纳企业所得税。

非居民企业取得本法第三条第三款规定的所得，以扣缴义务人所在地为纳税地点。

第五十二条 除国务院另有规定外，企业之间不得合并缴纳企业所得税。

第五十三条 企业所得税按纳税年度计算。纳税年度自公历1月1日起至12月31日止。

企业在一个纳税年度中间开业，或者终止经营活动，使该纳税年度的实际经营期不足十二个月的，应当以其实际经营期为一个纳税年度。

企业依法清算时，应当以清算期间作为一个纳税年度。

第五十四条 企业所得税分月或者分季预缴。

企业应当自月份或者季度终了之日起十五日内，向税务机关报送预缴企业所得税纳税申报表，预缴税款。

企业应当自年度终了之日起五个月内，向税务机关报送年度企业所得税纳税申报表，并汇算清缴，结清应缴应退税款。

企业在报送企业所得税纳税申报表时，应当按照规定附送财务会计报告和其他有关资料。

第五十五条 企业在年度中间终止经营活动的，应当自实际经营终止之日起六十日内，向税务机关办理当期企业所得税汇算清缴。

企业应当在办理注销登记前，就其清算所得向税务机关申报并依法缴纳企业所得税。

第五十六条 依照本法缴纳的企业所得税，以人民币计算。所得以人民币以外的货币计算的，应当折合成人民币计算并缴纳税款。

第八章 附 则

第五十七条 本法公布前已经批准设立的企业，依照当时的税收法律、行政法规规定，享受低税率优惠的，按照国务院规定，可以在本法施行后五年内，逐步过渡到本法规定的税率；享受定期减免税优惠的，按照国务院规定，可以在本法施行后继续享受到期满为止，但因未获利而尚未享受优惠的，优惠期限从本法施行年度起计算。

法律设置的发展对外经济合作和技术交流的特定地区内，以及国务院已规定执行上述地区特殊政策的地区内新设立的国家需要重点扶持的高新技术企业，可以享受过渡性税收优惠，具体办法由国务院规定。

国家已确定的其他鼓励类企业，可以按照国务院规定享受减免税优惠。

第五十八条 中华人民共和国政府同外国政府订立的有关税收的协定与本法有不同规定的，依照协定的规定办理。

第五十九条 国务院根据本法制定实施条例。

第六十条 本法自2008年1月1日起施行。1991年4月9日第七届全国人民代表大会第四次会议通过的《中华人民共和国外商投资企业和外国企业所得税法》和1993年12月13日国务院发布的《中华人民共和国企业所得税暂行条例》同时废止。

中华人民共和国企业所得税法实施条例

中华人民共和国国务院令第 512 号

第一章　总　则

第一条　根据《中华人民共和国企业所得税法》（以下简称企业所得税法）的规定，制定本条例。

第二条　企业所得税法第一条所称个人独资企业、合伙企业，是指依照中国法律、行政法规成立的个人独资企业、合伙企业。

第三条　企业所得税法第二条所称依法在中国境内成立的企业，包括依照中国法律、行政法规在中国境内成立的企业、事业单位、社会团体以及其他取得收入的组织。

企业所得税法第二条所称依照外国（地区）法律成立的企业，包括依照外国（地区）法律成立的企业和其他取得收入的组织。

第四条　企业所得税法第二条所称实际管理机构，是指对企业的生产经营、人员、账务、财产等实施实质性全面管理和控制的机构。

第五条　企业所得税法第二条第三款所称机构、场所，是指在中国境内从事生产经营活动的机构、场所，包括：

（一）管理机构、营业机构、办事机构；

（二）工厂、农场、开采自然资源的场所；

（三）提供劳务的场所；

（四）从事建筑、安装、装配、修理、勘探等工程作业的场所；

（五）其他从事生产经营活动的机构、场所。

非居民企业委托营业代理人在中国境内从事生产经营活动的，包括委托单位或者个人经常代其签订合同，或者储存、交付货物等，该营业代理人视为非居民企业在中国境内设立的机构、场所。

第六条 企业所得税法第三条所称所得，包括销售货物所得、提供劳务所得、转让财产所得、股息红利等权益性投资所得、利息所得、租金所得、特许权使用费所得、接受捐赠所得和其他所得。

第七条 企业所得税法第三条所称来源于中国境内、境外的所得，按照以下原则确定：

（一）销售货物所得，按照交易活动发生地确定；

（二）提供劳务所得，按照劳务发生地确定；

（三）转让财产所得，不动产转让所得按照不动产所在地确定，动产转让所得按照转让动产的企业或者机构、场所所在地确定，权益性投资资产转让所得按照被投资企业所在地确定；

（四）股息、红利等权益性投资所得，按照分配所得的企业所在地确定；

（五）利息所得、租金所得、特许权使用费所得，按照负担、支付所得的企业或者机构、场所所在地确定，或者按照负担、支付所得的个人的住所地确定；

（六）其他所得，由国务院财政、税务主管部门确定。

第八条 企业所得税法第三条所称实际联系，是指非居民企业在中国境内设立的机构、场所拥有据以取得所得的股权、债权，以及拥有、管理、控制据以取得所得的财产等。

第二章　应纳税所得额

第一节　一般规定

第九条 企业应纳税所得额的计算，以权责发生制为原则，属于当期的收入和费用，不论款项是否收付，均作为当期的收入和费用；不属于当期的收入和费用，即使款项已经在当期收付，均不作为当期的收入和费用。本条例和国务院财政、税务主管部门另有规定的除外。

第十条 企业所得税法第五条所称亏损，是指企业依照企业所得税法和本条例的规定将每一纳税年度的收入总额减除不征税收入、免税收入和各项扣除后小于零的数额。

第十一条 企业所得税法第五十五条所称清算所得，是指企业的全部资产可变现价值或者交易价格减除资产净值、清算费用以及相关税费等后的余额。

投资方企业从被清算企业分得的剩余资产，其中相当于从被清算企业累计未分配利润和累计盈余公积中应当分得的部分，应当确认为股息所得；剩余资产减除上述股息所得后的余额，超过或者低于投资成本的部分，应当确认为投资资产转让所得或者损失。

第二节 收 入

第十二条 企业所得税法第六条所称企业取得收入的货币形式，包括现金、存款、应收账款、应收票据、准备持有至到期的债券投资以及债务的豁免等。

企业所得税法第六条所称企业取得收入的非货币形式，包括固定资产、生物资产、无形资产、股权投资、存货、不准备持有至到期的债券投资、劳务以及有关权益等。

第十三条 企业所得税法第六条所称企业以非货币形式取得的收入，应当按照公允价值确定收入额。

前款所称公允价值，是指按照市场价格确定的价值。

第十四条 企业所得税法第六条第（一）项所称销售货物收入，是指企业销售商品、产品、原材料、包装物、低值易耗品以及其他存货取得的收入。

第十五条 企业所得税法第六条第（二）项所称提供劳务收入，是指企业从事建筑安装、修理修配、交通运输、仓储租赁、金融保险、邮电通信、咨询经纪、文化体育、科学研究、技术服务、教育培训、餐饮住宿、中介代理、卫生保健、社区服务、旅游、娱乐、加工以及其他劳务服务活动取得的收入。

第十六条 企业所得税法第六条第（三）项所称转让财产收入，是指企业转让固定资产、生物资产、无形资产、股权、债权等财产取得的收入。

第十七条 企业所得税法第六条第（四）项所称股息、红利等权益性投资收益，是指企业因权益性投资从被投资方取得的收入。

股息、红利等权益性投资收益，除国务院财政、税务主管部门另有规定外，按照被投资方作出利润分配决定的日期确认收入的实现。

第十八条 企业所得税法第六条第（五）项所称利息收入，是指企业将资金提供他人使用但不构成权益性投资，或者因他人占用本企业资金取得的收入，包括存款利息、贷款利息、债券利息、欠款利息等收入。

利息收入，按照合同约定的债务人应付利息的日期确认收入的实现。

第十九条 企业所得税法第六条第（六）项所称租金收入，是指企业提供固定资产、包装物或者其他有形资产的使用权取得的收入。

租金收入，按照合同约定的承租人应付租金的日期确认收入的实现。

第二十条　企业所得税法第六条第（七）项所称特许权使用费收入，是指企业提供专利权、非专利技术、商标权、著作权以及其他特许权的使用权取得的收入。

特许权使用费收入，按照合同约定的特许权使用人应付特许权使用费的日期确认收入的实现。

第二十一条　企业所得税法第六条第（八）项所称接受捐赠收入，是指企业接受的来自其他企业、组织或者个人无偿给予的货币性资产、非货币性资产。

接受捐赠收入，按照实际收到捐赠资产的日期确认收入的实现。

第二十二条　企业所得税法第六条第（九）项所称其他收入，是指企业取得的除企业所得税法第六条第（一）项至第（八）项规定的收入外的其他收入，包括企业资产溢余收入、逾期未退包装物押金收入、确实无法偿付的应付款项、已作坏账损失处理后又收回的应收款项、债务重组收入、补贴收入、违约金收入、汇兑收益等。

第二十三条　企业的下列生产经营业务可以分期确认收入的实现：

（一）以分期收款方式销售货物的，按照合同约定的收款日期确认收入的实现；

（二）企业受托加工制造大型机械设备、船舶、飞机，以及从事建筑、安装、装配工程业务或者提供其他劳务等，持续时间超过12个月的，按照纳税年度内完工进度或者完成的工作量确认收入的实现。

第二十四条　采取产品分成方式取得收入的，按照企业分得产品的日期确认收入的实现，其收入额按照产品的公允价值确定。

第二十五条　企业发生非货币性资产交换，以及将货物、财产、劳务用于捐赠、偿债、赞助、集资、广告、样品、职工福利或者利润分配等用途的，应当视同销售货物、转让财产或者提供劳务，但国务院财政、税务主管部门另有规定的除外。

第二十六条　企业所得税法第七条第（一）项所称财政拨款，是指各级人民政府对纳入预算管理的事业单位、社会团体等组织拨付的财政资金，但国务院和国务院财政、税务主管部门另有规定的除外。

企业所得税法第七条第（二）项所称行政事业性收费，是指依照法律法规等有关规定，按照国务院规定程序批准，在实施社会公共管理，以及在向公民、法人或者其他组织提供特定公共服务过程中，向特定对象收取并纳入财政管理的费用。

企业所得税法第七条第（二）项所称政府性基金，是指企业依照法律、行政法规等有关规定，代政府收取的具有专项用途的财政资金。

企业所得税法第七条第（三）项所称国务院规定的其他不征税收入，是指企业取得的，由国务院财政、税务主管部门规定专项用途并经国务院批准的财政性资金。

第三节　扣　　除

第二十七条　企业所得税法第八条所称有关的支出，是指与取得收入直接相关的支出。

企业所得税法第八条所称合理的支出，是指符合生产经营活动常规，应当计入当期损益或者有关资产成本的必要和正常的支出。

第二十八条　企业发生的支出应当区分收益性支出和资本性支出。收益性支出在发生当期直接扣除；资本性支出应当分期扣除或者计入有关资产成本，不得在发生当期直接扣除。

企业的不征税收入用于支出所形成的费用或者财产，不得扣除或者计算对应的折旧、摊销扣除。

除企业所得税法和本条例另有规定外，企业实际发生的成本、费用、税金、损失和其他支出，不得重复扣除。

第二十九条　企业所得税法第八条所称成本，是指企业在生产经营活动中发生的销售成本、销货成本、业务支出以及其他耗费。

第三十条　企业所得税法第八条所称费用，是指企业在生产经营活动中发生的销售费用、管理费用和财务费用，已经计入成本的有关费用除外。

第三十一条　企业所得税法第八条所称税金，是指企业发生的除企业所得税和允许抵扣的增值税以外的各项税金及其附加。

第三十二条　企业所得税法第八条所称损失，是指企业在生产经营活动中发生的固定资产和存货的盘亏、毁损、报废损失，转让财产损失，呆账损失，坏账损失，自然灾害等不可抗力因素造成的损失以及其他损失。

企业发生的损失，减除责任人赔偿和保险赔款后的余额，依照国务院财政、税务主管部门的规定扣除。

企业已经作为损失处理的资产，在以后纳税年度又全部收回或者部分收回时，应当计入当期收入。

第三十三条　企业所得税法第八条所称其他支出，是指除成本、费用、税金、损失外，企业在生产经营活动中发生的与生产经营活动有关的、合理的支出。

第三十四条　企业发生的合理的工资、薪金支出，准予扣除。

前款所称工资、薪金，是指企业每一纳税年度支付给在本企业任职或者受雇的员工的所有现金形式或者非现金形式的劳动报酬,包括基本工资、奖金、津贴、补贴、年终加薪、加班工资,以及与员工任职或者受雇有关的其他支出。

第三十五条　企业依照国务院有关主管部门或者省级人民政府规定的范围和标准为职工缴纳的基本养老保险费、基本医疗保险费、失业保险费、工伤保险费、生育保险费等基本社会保险费和住房公积金,准予扣除。

企业为投资者或者职工支付的补充养老保险费、补充医疗保险费,在国务院财政、税务主管部门规定的范围和标准内,准予扣除。

第三十六条　除企业依照国家有关规定为特殊工种职工支付的人身安全保险费和国务院财政、税务主管部门规定可以扣除的其他商业保险费外,企业为投资者或者职工支付的商业保险费,不得扣除。

第三十七条　企业在生产经营活动中发生的合理的不需要资本化的借款费用,准予扣除。

企业为购置、建造固定资产、无形资产和经过 12 个月以上的建造才能达到预定可销售状态的存货发生借款的,在有关资产购置、建造期间发生的合理的借款费用,应当作为资本性支出计入有关资产的成本,并依照本条例的规定扣除。

第三十八条　企业在生产经营活动中发生的下列利息支出,准予扣除:

(一)非金融企业向金融企业借款的利息支出、金融企业的各项存款利息支出和同业拆借利息支出、企业经批准发行债券的利息支出;

(二)非金融企业向非金融企业借款的利息支出,不超过按照金融企业同期同类贷款利率计算的数额的部分。

第三十九条　企业在货币交易中,以及纳税年度终了时将人民币以外的货币性资产、负债按照期末即期人民币汇率中间价折算为人民币时产生的汇兑损失,除已经计入有关资产成本以及与向所有者进行利润分配相关的部分外,准予扣除。

第四十条　企业发生的职工福利费支出,不超过工资、薪金总额 14% 的部分,准予扣除。

第四十一条　企业拨缴的工会经费,不超过工资、薪金总额 2% 的部分,准予扣除。

第四十二条　除国务院财政、税务主管部门另有规定外,企业发生的职工教育经费支出,不超过工资、薪金总额 2.5% 的部分,准予扣除;超过部分,准予在以后纳税年度结转扣除。

第四十三条　企业发生的与生产经营活动有关的业务招待费支出,按照发生额的 60% 扣除,但最高不得超过当年销售(营业)收入的 5‰。

第四十四条　企业发生的符合条件的广告费和业务宣传费支出,除国务院财政、税务主管部门另有规定外，不超过当年销售（营业）收入15%的部分，准予扣除；超过部分，准予在以后纳税年度结转扣除。

第四十五条 企业依照法律、行政法规有关规定提取的用于环境保护、生态恢复等方面的专项资金，准予扣除。上述专项资金提取后改变用途的，不得扣除。

第四十六条 企业参加财产保险，按照规定缴纳的保险费，准予扣除。

第四十七条 企业根据生产经营活动的需要租入固定资产支付的租赁费，按照以下方法扣除：

（一）以经营租赁方式租入固定资产发生的租赁费支出，按照租赁期限均匀扣除；

（二）以融资租赁方式租入固定资产发生的租赁费支出，按照规定构成融资租入固定资产价值的部分应当提取折旧费用，分期扣除。

第四十八条 企业发生的合理的劳动保护支出，准予扣除。

第四十九条 企业之间支付的管理费、企业内营业机构之间支付的租金和特许权使用费，以及非银行企业内营业机构之间支付的利息，不得扣除。

第五十条 非居民企业在中国境内设立的机构、场所，就其中国境外总机构发生的与该机构、场所生产经营有关的费用，能够提供总机构出具的费用汇集范围、定额、分配依据和方法等证明文件，并合理分摊的，准予扣除。

第五十一条 企业所得税法第九条所称公益性捐赠，是指企业通过公益性社会团体或者县级以上人民政府及其部门，用于《中华人民共和国公益事业捐赠法》规定的公益事业的捐赠。

第五十二条 本条例第五十一条所称公益性社会团体，是指同时符合下列条件的基金会、慈善组织等社会团体：

（一）依法登记，具有法人资格；

（二）以发展公益事业为宗旨，且不以营利为目的；

（三）全部资产及其增值为该法人所有；

（四）收益和营运结余主要用于符合该法人设立目的的事业；

（五）终止后的剩余财产不归属任何个人或者营利组织；

（六）不经营与其设立目的无关的业务；

（七）有健全的财务会计制度；

（八）捐赠者不以任何形式参与社会团体财产的分配；

（九）国务院财政、税务主管部门会同国务院民政部门等登记管理部门规定的其他条件。

第五十三条 企业发生的公益性捐赠支出，不超过年度利润总额12%的部分，准予扣除。

年度利润总额，是指企业依照国家统一会计制度的规定计算的年度会计利润。

第五十四条 企业所得税法第十条第（六）项所称赞助支出，是指企业发生的与生产经营活动无关的各种非广告性质支出。

第五十五条 企业所得税法第十条第（七）项所称未经核定的准备金支出，是指不符合国务院财政、税务主管部门规定的各项资产减值准备、风险准备等准备金支出。

第四节　资产的税务处理

第五十六条 企业的各项资产，包括固定资产、生物资产、无形资产、长期待摊费用、投资资产、存货等，以历史成本为计税基础。

前款所称历史成本，是指企业取得该项资产时实际发生的支出。

企业持有各项资产期间资产增值或者减值，除国务院财政、税务主管部门规定可以确认损益外，不得调整该资产的计税基础。

第五十七条 企业所得税法第十一条所称固定资产，是指企业为生产产品、提供劳务、出租或者经营管理而持有的、使用时间超过12个月的非货币性资产，包括房屋、建筑物、机器、机械、运输工具以及其他与生产经营活动有关的设备、器具、工具等。

第五十八条 固定资产按照以下方法确定计税基础：

（一）外购的固定资产，以购买价款和支付的相关税费以及直接归属于使该资产达到预定用途发生的其他支出为计税基础；

（二）自行建造的固定资产，以竣工结算前发生的支出为计税基础；

（三）融资租入的固定资产，以租赁合同约定的付款总额和承租人在签订租赁合同过程中发生的相关费用为计税基础，租赁合同未约定付款总额的，以该资产的公允价值和承租人在签订租赁合同过程中发生的相关费用为计税基础；

（四）盘盈的固定资产，以同类固定资产的重置完全价值为计税基础；

（五）通过捐赠、投资、非货币性资产交换、债务重组等方式取得的固定资产，以该资产的公允价值和支付的相关税费为计税基础；

（六）改建的固定资产，除企业所得税法第十三条第（一）项和第（二）项规定的支出外，以改建过程中发生的改建支出增加计税基础。

第五十九条 固定资产按照直线法计算的折旧，准予扣除。

企业应当自固定资产投入使用月份的次月起计算折旧；停止使用的固定资产，应当自停止使用月份的次月起停止计算折旧。

企业应当根据固定资产的性质和使用情况，合理确定固定资产的预计净残值。固定资产的预计净残值一经确定，不得变更。

第六十条 除国务院财政、税务主管部门另有规定外，固定资产计算折旧的最低年限如下：

（一）房屋、建筑物，为20年；

（二）飞机、火车、轮船、机器、机械和其他生产设备，为10年；

（三）与生产经营活动有关的器具、工具、家具等，为5年；

（四）飞机、火车、轮船以外的运输工具，为4年；

（五）电子设备，为3年。

第六十一条 从事开采石油、天然气等矿产资源的企业，在开始商业性生产前发生的费用和有关固定资产的折耗、折旧方法，由国务院财政、税务主管部门另行规定。

第六十二条 生产性生物资产按照以下方法确定计税基础：

（一）外购的生产性生物资产，以购买价款和支付的相关税费为计税基础；

（二）通过捐赠、投资、非货币性资产交换、债务重组等方式取得的生产性生物资产，以该资产的公允价值和支付的相关税费为计税基础。

前款所称生产性生物资产，是指企业为生产农产品、提供劳务或者出租等而持有的生物资产，包括经济林、薪炭林、产畜和役畜等。

第六十三条 生产性生物资产按照直线法计算的折旧，准予扣除。

企业应当自生产性生物资产投入使用月份的次月起计算折旧；停止使用的生产性生物资产，应当自停止使用月份的次月起停止计算折旧。

企业应当根据生产性生物资产的性质和使用情况，合理确定生产性生物资产的预计净残值。生产性生物资产的预计净残值一经确定，不得变更。

第六十四条 生产性生物资产计算折旧的最低年限如下：

（一）林木类生产性生物资产，为10年；

（二）畜类生产性生物资产，为3年。

第六十五条 企业所得税法第十二条所称无形资产，是指企业为生产产品、提供劳务、出租或者经营管理而持有的、没有实物形态的非货币性长期资产，包括专利权、商标权、著作权、土地使用权、非专利技术、商誉等。

第六十六条 无形资产按照以下方法确定计税基础：

（一）外购的无形资产，以购买价款和支付的相关税费以及直接归属于使该资产达到预定用途发生的其他支出为计税基础；

（二）自行开发的无形资产，以开发过程中该资产符合资本化条件后至达到预定用途前发生的支出为计税基础；

（三）通过捐赠、投资、非货币性资产交换、债务重组等方式取得的无形资产，以该资产的公允价值和支付的相关税费为计税基础。

第六十七条 无形资产按照直线法计算的摊销费用，准予扣除。

无形资产的摊销年限不得低于 10 年。

作为投资或者受让的无形资产，有关法律规定或者合同约定了使用年限的，可以按照规定或者约定的使用年限分期摊销。

外购商誉的支出，在企业整体转让或者清算时，准予扣除。

第六十八条 企业所得税法第十三条第（一）项和第（二）项所称固定资产的改建支出，是指改变房屋或者建筑物结构、延长使用年限等发生的支出。

企业所得税法第十三条第（一）项规定的支出，按照固定资产预计尚可使用年限分期摊销；第（二）项规定的支出，按照合同约定的剩余租赁期限分期摊销。

改建的固定资产延长使用年限的，除企业所得税法第十三条第（一）项和第（二）项规定外，应当适当延长折旧年限。

第六十九条 企业所得税法第十三条第（三）项所称固定资产的大修理支出，是指同时符合下列条件的支出：

（一）修理支出达到取得固定资产时的计税基础50%以上；

（二）修理后固定资产的使用年限延长2年以上。

企业所得税法第十三条第（三）项规定的支出，按照固定资产尚可使用年限分期摊销。

第七十条 企业所得税法第十三条第（四）项所称其他应当作为长期待摊费用的支出，自支出发生月份的次月起，分期摊销，摊销年限不得低于3年。

第七十一条 企业所得税法第十四条所称投资资产，是指企业对外进行权益性投资和债权性投资形成的资产。

企业在转让或者处置投资资产时，投资资产的成本，准予扣除。

投资资产按照以下方法确定成本：

（一）通过支付现金方式取得的投资资产，以购买价款为成本；

（二）通过支付现金以外的方式取得的投资资产，以该资产的公允价值和支付的相关税费为成本。

第七十二条 企业所得税法第十五条所称存货，是指企业持有以备出售的产品或者商品、处在生产过程中的在产品、在生产或者提供劳务过程中耗用的材料和物料等。

存货按照以下方法确定成本：

（一）通过支付现金方式取得的存货，以购买价款和支付的相关税费为成本；

（二）通过支付现金以外的方式取得的存货，以该存货的公允价值和支付的相关税费为成本；

（三）生产性生物资产收获的农产品，以产出或者采收过程中发生的材料费、人工费和分摊的间接费用等必要支出为成本。

第七十三条 企业使用或者销售的存货的成本计算方法，可以在先进先出法、加权平均法、个别计价法中选用一种。计价方法一经选用，不得随意变更。

第七十四条 企业所得税法第十六条所称资产的净值和第十九条所称财产净值，是指有关资产、财产的计税基础减除已经按照规定扣除的折旧、折耗、摊销、准备金等后的余额。

第七十五条 除国务院财政、税务主管部门另有规定外，企业在重组过程中，应当在交易发生时确认有关资产的转让所得或者损失，相关资产应当按照交易价格重新确定计税基础。

第三章　应纳税额

第七十六条 企业所得税法第二十二条规定的应纳税额的计算公式为：

应纳税额 = 应纳税所得额 × 适用税率 - 减免税额 - 抵免税额

公式中的减免税额和抵免税额，是指依照企业所得税法和国务院的税收优惠规定减征、免征和抵免的应纳税额。

第七十七条 企业所得税法第二十三条所称已在境外缴纳的所得税税额，是指企业来源于中国境外的所得依照中国境外税收法律以及相关规定应当缴纳并已经实际缴纳的企业所得税性质的税款。

第七十八条 企业所得税法第二十三条所称抵免限额，是指企业来源于中国境外的所得，依照企业所得税法和本条例的规定计算的应纳税额。除国务院财政、税务主管部门另有规定外，该抵免限额应当分国（地区）不分项计算，计算公式如下：

抵免限额 = 中国境内、境外所得依照企业所得税法和本条例的规定计算的应纳税总额 × 来源于某国（地区）的应纳税所得额 ÷ 中国境内、境外应纳税所得总额

第七十九条 企业所得税法第二十三条所称5个年度，是指从企业取得的来源于中国境外的所得，已经在中国境外缴纳的企业所得税性质的税额超过抵免限额的当年的次年起连续5个纳税年度。

第八十条 企业所得税法第二十四条所称直接控制，是指居民企业直接持有外国企业20%以上股份。

企业所得税法第二十四条所称间接控制，是指居民企业以间接持股方式持有外国企业20%以上股份，具体认定办法由国务院财政、税务主管部门另行制定。

第八十一条 企业依照企业所得税法第二十三条、第二十四条的规定抵免企业所得税税额时，应当提供中国境外税务机关出具的税款所属年度的有关纳税凭证。

第四章 税收优惠

第八十二条 企业所得税法第二十六条第（一）项所称国债利息收入，是指企业持有国务院财政部门发行的国债取得的利息收入。

第八十三条 企业所得税法第二十六条第（二）项所称符合条件的居民企业之间的股息、红利等权益性投资收益，是指居民企业直接投资于其他居民企业取得的投资收益。企业所得税法第二十六条第（二）项和第（三）项所称股息、红利等权益性投资收益，不包括连续持有居民企业公开发行并上市流通的股票不足12个月取得的投资收益。

第八十四条 企业所得税法第二十六条第（四）项所称符合条件的非营利组织，是指同时符合下列条件的组织：

（一）依法履行非营利组织登记手续；

（二）从事公益性或者非营利性活动；

（三）取得的收入除用于与该组织有关的、合理的支出外，全部用于登记核定或者章程规定的公益性或者非营利性事业；

（四）财产及其孳息不用于分配；

（五）按照登记核定或者章程规定，该组织注销后的剩余财产用于公益性或者非营利性目的，或者由登记管理机关转赠给与该组织性质、宗旨相同的组织，并向社会公告；

（六）投入人对投入该组织的财产不保留或者享有任何财产权利；

（七）工作人员工资福利开支控制在规定的比例内，不变相分配该组织的财产。

前款规定的非营利组织的认定管理办法由国务院财政、税务主管部门会同国务院有关部门制定。

第八十五条 企业所得税法第二十六条第（四）项所称符合条件的非营利组织的收入，不包括非营利组织从事营利性活动取得的收入，但国务院财政、税务主管部门另有规定的除外。

第八十六条 企业所得税法第二十七条第（一）项规定的企业从事农、林、牧、渔业项目的所得，可以免征、减征企业所得税，是指：

（一）企业从事下列项目的所得，免征企业所得税：

1. 蔬菜、谷物、薯类、油料、豆类、棉花、麻类、糖料、水果、坚果的种植；

2. 农作物新品种的选育；

3. 中药材的种植；

4. 林木的培育和种植；

5. 牲畜、家禽的饲养；

6. 林产品的采集；

7. 灌溉、农产品初加工、兽医、农技推广、农机作业和维修等农、林、牧、渔服务业项目；

8. 远洋捕捞。

（二）企业从事下列项目的所得，减半征收企业所得税：

1. 花卉、茶以及其他饮料作物和香料作物的种植；

2. 海水养殖、内陆养殖。

企业从事国家限制和禁止发展的项目，不得享受本条规定的企业所得税优惠。

第八十七条 企业所得税法第二十七条第（二）项所称国家重点扶持的公共基础设施项目，是指《公共基础设施项目企业所得税优惠目录》规定的港口码头、机场、铁路、公路、城市公共交通、电力、水利等项目。

企业从事前款规定的国家重点扶持的公共基础设施项目的投资经营的所得，自项目取得第一笔生产经营收入所属纳税年度起，第一年至第三年免征企业所得税，第四年至第六年减半征收企业所得税。

企业承包经营、承包建设和内部自建自用本条规定的项目，不得享受本条规定的企业所得税优惠。

第八十八条 企业所得税法第二十七条第（三）项所称符合条件的环境保护、节能节水项目，包括公共污水处理、公共垃圾处理、沼气综合开发利用、节能减排技术改造、海水淡化等。项目的具体条件和范围由国务院财政、税务主管部门商国务院有关部门制定，报国务院批准后公布施行。

企业从事前款规定的符合条件的环境保护、节能节水项目的所得，自项目取得第一笔生产经营收入所属纳税年度起，第一年至第三年免征企业所得税，第四年至第六年减半征收企业所得税。

第八十九条 依照本条例第八十七条和第八十八条规定享受减免税优惠的项目，在减免税期限内转让的，受让方自受让之日起，可以在剩余期限内享受规定的减免税优惠；减免税期限届满后转让的，受让方不得就该项目重复享受减免税优惠。

第九十条 企业所得税法第二十七条第（四）项所称符合条件的技术转让所得免征、减征企业所得税，是指一个纳税年度内，居民企业技术转让所得不超过500万元的部分，免征企业所得税；超过500万元的部分，减半征收企业所得税。

第九十一条 非居民企业取得企业所得税法第二十七条第（五）项规定的所得，减按10%的税率征收企业所得税。

下列所得可以免征企业所得税：

（一）外国政府向中国政府提供贷款取得的利息所得；

（二）国际金融组织向中国政府和居民企业提供优惠贷款取得的利息所得；

（三）经国务院批准的其他所得。

第九十二条 企业所得税法第二十八条第一款所称符合条件的小型微利企业，是指从事国家非限制和禁止行业，并符合下列条件的企业：

（一）工业企业，年度应纳税所得额不超过30万元，从业人数不超过100人，资产总额不超过3000万元；

（二）其他企业，年度应纳税所得额不超过30万元，从业人数不超过80人，资产总额不超过1000万元。

第九十三条 企业所得税法第二十八条第二款所称国家需要重点扶持的高新技术企业，是指拥有核心自主知识产权，并同时符合下列条件的企业：

（一）产品（服务）属于《国家重点支持的高新技术领域》规定的范围；

（二）研究开发费用占销售收入的比例不低于规定比例；

（三）高新技术产品（服务）收入占企业总收入的比例不低于规定比例；

（四）科技人员占企业职工总数的比例不低于规定比例；

（五）高新技术企业认定管理办法规定的其他条件。

《国家重点支持的高新技术领域》和高新技术企业认定管理办法由国务院科技、财政、税务主管部门商国务院有关部门制定，报国务院批准后公布施行。

第九十四条 企业所得税法第二十九条所称民族自治地方，是指依照《中华人民共和国民族区域自治法》的规定，实行民族区域自治的自治区、自治州、自治县。

对民族自治地方内国家限制和禁止行业的企业，不得减征或者免征企业所得税。

第九十五条 企业所得税法第三十条第（一）项所称研究开发费用的加计扣除，是指企业为开发新技术、新产品、新工艺发生的研究开发费用，未形成无形资产计入当期损益的，在按照规定据实扣除的基础上，按照研究开发费用的50%加计扣除；形成无形资产的，按照无形资产成本的150%摊销。

第九十六条 企业所得税法第三十条第（二）项所称企业安置残疾人员所支付的工资的加计扣除，是指企业安置残疾人员的，在按照支付给残疾职工工资据实扣除的基础上，按照支付给残疾职工工资的100%加计扣除。残疾人员的范围适用《中华人民共和国残疾人保障法》的有关规定。

企业所得税法第三十条第（二）项所称企业安置国家鼓励安置的其他就业人员所支付的工资的加计扣除办法，由国务院另行规定。

第九十七条 企业所得税法第三十一条所称抵扣应纳税所得额，是指创业投资企业采取股权投资方式投资于未上市的中小高新技术企业2年以上的，可以按照其投资额的70%在股权持有满2年的当年抵扣该创业投资企业的应纳税所得额；当年不足抵扣的，可以在以后纳税年度结转抵扣。

第九十八条 企业所得税法第三十二条所称可以采取缩短折旧年限或者采取加速折旧的方法的固定资产，包括：

（一）由于技术进步，产品更新换代较快的固定资产；

（二）常年处于强震动、高腐蚀状态的固定资产。

采取缩短折旧年限方法的，最低折旧年限不得低于本条例第六十条规定折旧年限的60%；采取加速折旧方法的，可以采取双倍余额递减法或者年数总和法。

第九十九条 企业所得税法第三十三条所称减计收入，是指企业以《资源综合利用企业所得税优惠目录》规定的资源作为主要原材料，生产国家非限制和禁止并符合国家和行业相关标准的产品取得的收入，减按90%计入收入总额。

前款所称原材料占生产产品材料的比例不得低于《资源综合利用企业所得税优惠目录》规定的标准。

第一百条 企业所得税法第三十四条所称税额抵免，是指企业购置并实际使用《环境保护专用设备企业所得税优惠目录》《节能节水专用设备企业所得税优惠目录》和《安全生产专用设备企业所得税优惠目录》规定的环境保护、节能节水、安全生产等专用设备的，该专用设备的投资额的10%可以从企业当年的应纳税额中抵免；当年不足抵免的，可以在以后5个纳税年度结转抵免。

享受前款规定的企业所得税优惠的企业，应当实际购置并自身实际投入使用前款规定的专用设备；企业购置上述专用设备在5年内转让、出租的，应当停止享受企业所得税优惠,并补缴已经抵免的企业所得税税款。

第一百零一条 本章第八十七条、第九十九条、第一百条规定的企业所得税优惠目录,由国务院财政、税务主管部门商国务院有关部门制定,报国务院批准后公布施行。

第一百零二条 企业同时从事适用不同企业所得税待遇的项目的,其优惠项目应当单独计算所得,并合理分摊企业的期间费用;没有单独计算的,不得享受企业所得税优惠。

第五章 源泉扣缴

第一百零三条 依照企业所得税法对非居民企业应当缴纳的企业所得税实行源泉扣缴的,应当依照企业所得税法第十九条的规定计算应纳税所得额。

企业所得税法第十九条所称收入全额,是指非居民企业向支付人收取的全部价款和价外费用。

第一百零四条 企业所得税法第三十七条所称支付人,是指依照有关法律规定或者合同约定对非居民企业直接负有支付相关款项义务的单位或者个人。

第一百零五条 企业所得税法第三十七条所称支付,包括现金支付、汇拨支付、转账支付和权益兑价支付等货币支付和非货币支付。

企业所得税法第三十七条所称到期应支付的款项,是指支付人按照权责发生制原则应当计入相关成本、费用的应付款项。

第一百零六条 企业所得税法第三十八条规定的可以指定扣缴义务人的情形,包括:

(一)预计工程作业或者提供劳务期限不足一个纳税年度,且有证据表明不履行纳税义务的;

(二)没有办理税务登记或者临时税务登记,且未委托中国境内的代理人履行纳税义务的;

(三)未按照规定期限办理企业所得税纳税申报或者预缴申报的。

前款规定的扣缴义务人,由县级以上税务机关指定,并同时告知扣缴义务人所扣税款的计算依据、计算方法、扣缴期限和扣缴方式。

第一百零七条 企业所得税法第三十九条所称所得发生地,是指依照本条例第七条规定的原则确定的所得发生地。在中国境内存在多处所得发生地的,由纳税人选择其中之一申报缴纳企业所得税。

第一百零八条 企业所得税法第三十九条所称该纳税人在中国境内其他收入，是指该纳税人在中国境内取得的其他各种来源的收入。

税务机关在追缴该纳税人应纳税款时，应当将追缴理由、追缴数额、缴纳期限和缴纳方式等告知该纳税人。

第六章 特别纳税调整

第一百零九条 企业所得税法第四十一条所称关联方，是指与企业有下列关联关系之一的企业、其他组织或者个人：

（一）在资金、经营、购销等方面存在直接或者间接的控制关系；

（二）直接或者间接地同为第三者控制；

（三）在利益上具有相关联的其他关系。

第一百一十条 企业所得税法第四十一条所称独立交易原则，是指没有关联关系的交易各方，按照公平成交价格和营业常规进行业务往来遵循的原则。

第一百一十一条 企业所得税法第四十一条所称合理方法，包括：

（一）可比非受控价格法，是指按照没有关联关系的交易各方进行相同或者类似业务往来的价格进行定价的方法；

（二）再销售价格法，是指按照从关联方购进商品再销售给没有关联关系的交易方的价格，减除相同或者类似业务的销售毛利进行定价的方法；

（三）成本加成法，是指按照成本加合理的费用和利润进行定价的方法；

（四）交易净利润法，是指按照没有关联关系的交易各方进行相同或者类似业务往来取得的净利润水平确定利润的方法；

（五）利润分割法，是指将企业与其关联方的合并利润或者亏损在各方之间采用合理标准进行分配的方法；

（六）其他符合独立交易原则的方法。

第一百一十二条 企业可以依照企业所得税法第四十一条第二款的规定，按照独立交易原则与其关联方分摊共同发生的成本，达成成本分摊协议。

企业与其关联方分摊成本时，应当按照成本与预期收益相配比的原则进行分摊，并在税务机关规定的期限内，按照税务机关的要求报送有关资料。

企业与其关联方分摊成本时违反本条第一款、第二款规定的，其自行分摊的成本不得在计算应纳税所得额时扣除。

第一百一十三条 企业所得税法第四十二条所称预约定价安排，是指企业就其未来年度关联交易的定价原则和计算方法，向税务机关提出申请，与税务机关按照独立交易原则协商、确认后达成的协议。

第一百一十四条 企业所得税法第四十三条所称相关资料，包括：

（一）与关联业务往来有关的价格、费用的制定标准、计算方法和说明等同期资料；

（二）关联业务往来所涉及的财产、财产使用权、劳务等的再销售（转让）价格或者最终销售（转让）价格的相关资料；

（三）与关联业务调查有关的其他企业应当提供的与被调查企业可比的产品价格、定价方式以及利润水平等资料；

（四）其他与关联业务往来有关的资料。

企业所得税法第四十三条所称与关联业务调查有关的其他企业，是指与被调查企业在生产经营内容和方式上相类似的企业。

企业应当在税务机关规定的期限内提供与关联业务往来有关的价格、费用的制定标准、计算方法和说明等资料。关联方以及与关联业务调查有关的其他企业应当在税务机关与其约定的期限内提供相关资料。

第一百一十五条 税务机关依照企业所得税法第四十四条的规定核定企业的应纳税所得额时，可以采用下列方法：

（一）参照同类或者类似企业的利润率水平核定；

（二）按照企业成本加合理的费用和利润的方法核定；

（三）按照关联企业集团整体利润的合理比例核定；

（四）按照其他合理方法核定。

企业对税务机关按照前款规定的方法核定的应纳税所得额有异议的，应当提供相关证据，经税务机关认定后，调整核定的应纳税所得额。

第一百一十六条 企业所得税法第四十五条所称中国居民，是指根据《中华人民共和国个人所得税法》的规定，就其从中国境内、境外取得的所得在中国缴纳个人所得税的个人。

第一百一十七条 企业所得税法第四十五条所称控制，包括：

（一）居民企业或者中国居民直接或者间接单一持有外国企业10%以上有表决权股份，且由其共同持有该外国企业50%以上股份；

（二）居民企业，或者居民企业和中国居民持股比例没有达到第（一）项规定的标准，但在股份、资金、经营、购销等方面对该外国企业构成实质控制。

第一百一十八条 企业所得税法第四十五条所称实际税负明显低于企业所得税法第四条第一款规定税率水平，是指低于企业所得税法第四条第一款规定税率的50%。

第一百一十九条 企业所得税法第四十六条所称债权性投资，是指企业直接或者间接从关联方获得的，需要偿还本金和支付利息或者需要以其他具有支付利息性质的方式予以补偿的融资。

企业间接从关联方获得的债权性投资，包括：

（一）关联方通过无关联第三方提供的债权性投资；

（二）无关联第三方提供的、由关联方担保且负有连带责任的债权性投资；

（三）其他间接从关联方获得的具有负债实质的债权性投资。

企业所得税法第四十六条所称权益性投资，是指企业接受的不需要偿还本金和支付利息，投资人对企业净资产拥有所有权的投资。

企业所得税法第四十六条所称标准，由国务院财政、税务主管部门另行规定。

第一百二十条 企业所得税法第四十七条所称不具有合理商业目的，是指以减少、免除或者推迟缴纳税款为主要目的。

第一百二十一条 税务机关根据税收法律、行政法规的规定，对企业作出特别纳税调整的，应当对补征的税款，自税款所属纳税年度的次年6月1日起至补缴税款之日止的期间，按日加收利息。

前款规定加收的利息，不得在计算应纳税所得额时扣除。

第一百二十二条 企业所得税法第四十八条所称利息，应当按照税款所属纳税年度中国人民银行公布的与补税期间同期的人民币贷款基准利率加5个百分点计算。

企业依照企业所得税法第四十三条和本条例的规定提供有关资料的，可以只按前款规定的人民币贷款基准利率计算利息。

第一百二十三条 企业与其关联方之间的业务往来，不符合独立交易原则，或者企业实施其他不具有合理商业目的安排的，税务机关有权在该业务发生的纳税年度起10年内，进行纳税调整。

第七章 征收管理

第一百二十四条 企业所得税法第五十条所称企业登记注册地，是指企业依照国家有关规定登记注册的住所地。

第一百二十五条 企业汇总计算并缴纳企业所得税时，应当统一核算应纳税所得额，具体办法由国务院财政、税务主管部门另行制定。

第一百二十六条　企业所得税法第五十一条所称主要机构、场所，应当同时符合下列条件：

（一）对其他各机构、场所的生产经营活动负有监督管理责任；

（二）设有完整的账簿、凭证，能够准确反映各机构、场所的收入、成本、费用和盈亏情况。

第一百二十七条　企业所得税法第五十一条所称经税务机关审核批准，是指经各机构、场所所在地税务机关的共同上级税务机关审核批准。

非居民企业经批准汇总缴纳企业所得税后，需要增设、合并、迁移、关闭机构、场所或者停止机构、场所业务的，应当事先由负责汇总申报缴纳企业所得税的主要机构、场所向其所在地税务机关报告；需要变更汇总缴纳企业所得税的主要机构、场所的，依照前款规定办理。

第一百二十八条　企业所得税分月或者分季预缴，由税务机关具体核定。

企业根据企业所得税法第五十四条规定分月或者分季预缴企业所得税时，应当按照月度或者季度的实际利润额预缴；按照月度或者季度的实际利润额预缴有困难的，可以按照上一纳税年度应纳税所得额的月度或者季度平均额预缴，或者按照经税务机关认可的其他方法预缴。预缴方法一经确定，该纳税年度内不得随意变更。

第一百二十九条　企业在纳税年度内无论盈利或者亏损，都应当依照企业所得税法第五十四条规定的期限，向税务机关报送预缴企业所得税纳税申报表、年度企业所得税纳税申报表、财务会计报告和税务机关规定应当报送的其他有关资料。

第一百三十条　企业所得以人民币以外的货币计算的，预缴企业所得税时，应当按照月度或者季度最后一日的人民币汇率中间价，折合成人民币计算应纳税所得额。年度终了汇算清缴时，对已经按照月度或者季度预缴税款的，不再重新折合计算，只就该纳税年度内未缴纳企业所得税的部分，按照纳税年度最后一日的人民币汇率中间价，折合成人民币计算应纳税所得额。

经税务机关检查确认，企业少计或者多计前款规定的所得的，应当按照检查确认补税或者退税时的上一个月最后一日的人民币汇率中间价，将少计或者多计的所得折合成人民币计算应纳税所得额，再计算应补缴或者应退的税款。

第八章　附　则

第一百三十一条　企业所得税法第五十七条第一款所称本法公布前已经批准

设立的企业,是指企业所得税法公布前已经完成登记注册的企业。

第一百三十二条 在香港特别行政区、澳门特别行政区和台湾地区成立的企业,参照适用企业所得税法第二条第二款、第三款的有关规定。

第一百三十三条 本条例自 2008 年 1 月 1 日起施行。1991 年 6 月 30 日国务院发布的《中华人民共和国外商投资企业和外国企业所得税法实施细则》和 1994 年 2 月 4 日财政部发布的《中华人民共和国企业所得税暂行条例实施细则》同时废止。

企业所得税核定征收办法（试行）

第一条 为了加强企业所得税征收管理，规范核定征收企业所得税工作，保障国家税款及时足额入库，维护纳税人合法权益，根据《中华人民共和国企业所得税法》及其实施条例、《中华人民共和国税收征收管理法》及其实施细则的有关规定，制定本办法。

第二条 本办法适用于居民企业纳税人。

第三条 纳税人具有下列情形之一的，核定征收企业所得税：

（一）依照法律、行政法规的规定可以不设置账簿的；

（二）依照法律、行政法规的规定应当设置但未设置账簿的；

（三）擅自销毁账簿或者拒不提供纳税资料的；

（四）虽设置账簿，但账目混乱或者成本资料、收入凭证、费用凭证残缺不全，难以查账的；

（五）发生纳税义务，未按照规定的期限办理纳税申报，经税务机关责令限期申报，逾期仍不申报的；

（六）申报的计税依据明显偏低，又无正当理由的。

特殊行业、特殊类型的纳税人和一定规模以上的纳税人不适用本办法。上述特定纳税人由国家税务总局另行明确。

第四条 税务机关应根据纳税人具体情况，对核定征收企业所得税的纳税人，核定应税所得率或者核定应纳所得税额。

具有下列情形之一的，核定其应税所得率：

（一）能正确核算（查实）收入总额，但不能正确核算（查实）成本费用总额的；

（二）能正确核算（查实）成本费用总额，但不能正确核算（查实）收入总额的；

（三）通过合理方法，能计算和推定纳税人收入总额或成本费用总额的。

纳税人不属于以上情形的，核定其应纳所得税额。

第五条　税务机关采用下列方法核定征收企业所得税：

（一）参照当地同类行业或者类似行业中经营规模和收入水平相近的纳税人的税负水平核定；

（二）按照应税收入额或成本费用支出额定率核定；

（三）按照耗用的原材料、燃料、动力等推算或测算核定；

（四）按照其他合理方法核定。

采用前款所列一种方法不足以正确核定应纳税所得额或应纳税额的，可以同时采用两种以上的方法核定。采用两种以上方法测算的应纳税额不一致时，可按测算的应纳税额从高核定。

第六条　采用应税所得率方式核定征收企业所得税的，应纳所得税额计算公式如下：

应纳所得税额＝应纳税所得额×适用税率

应纳税所得额＝应税收入额×应税所得率

或：应纳税所得额＝成本（费用）支出额/（1－应税所得率）×应税所得率

第七条　实行应税所得率方式核定征收企业所得税的纳税人，经营多业的，无论其经营项目是否单独核算，均由税务机关根据其主营项目确定适用的应税所得率。

主营项目应为纳税人所有经营项目中，收入总额或者成本（费用）支出额或者耗用原材料、燃料、动力数量所占比重最大的项目。

第八条　应税所得率按下表规定的幅度标准确定：

行业	应税所得率（%）
农、林、牧、渔业	3~10
制造业	5~15
批发和零售贸易业	4~15
交通运输业	7~15
建筑业	8~20
饮食业	8~25
娱乐业	15~30
其他行业	10~30

第九条　纳税人的生产经营范围、主营业务发生重大变化，或者应纳税所得额或应纳税额增减变化达到20%的，应及时向税务机关申报调整已确定的应纳

税额或应税所得率。

第十条 主管税务机关应及时向纳税人送达《企业所得税核定征收鉴定表》（表样附后），及时完成对其核定征收企业所得税的鉴定工作。具体程序如下：

（一）纳税人应在收到《企业所得税核定征收鉴定表》后10个工作日内，填好该表并报送主管税务机关。《企业所得税核定征收鉴定表》一式三联，主管税务机关和县税务机关各执一联，另一联送达纳税人执行。主管税务机关还可根据实际工作需要，适当增加联次备用。

（二）主管税务机关应在受理《企业所得税核定征收鉴定表》后20个工作日内，分类逐户审查核实，提出鉴定意见，并报县税务机关复核、认定。

（三）县税务机关应在收到《企业所得税核定征收鉴定表》后30个工作日内，完成复核、认定工作。

纳税人收到《企业所得税核定征收鉴定表》后，未在规定期限内填列、报送的，税务机关视同纳税人已经报送，按上述程序进行复核认定。

第十一条 税务机关应在每年6月底前对上年度实行核定征收企业所得税的纳税人进行重新鉴定。重新鉴定工作完成前，纳税人可暂按上年度的核定征收方式预缴企业所得税；重新鉴定工作完成后，按重新鉴定的结果进行调整。

第十二条 主管税务机关应当分类逐户公示核定的应纳所得税额或应税所得率。主管税务机关应当按照便于纳税人及社会各界了解、监督的原则确定公示地点、方式。

纳税人对税务机关确定的企业所得税征收方式、核定的应纳所得税额或应税所得率有异议的，应当提供合法、有效的相关证据，税务机关经核实认定后调整有异议的事项。

第十三条 纳税人实行核定应税所得率方式的，按下列规定申报纳税：

（一）主管税务机关根据纳税人应纳税额的大小确定纳税人按月或者按季预缴，年终汇算清缴。预缴方法一经确定，一个纳税年度内不得改变。

（二）纳税人应依照确定的应税所得率计算纳税期间实际应缴纳的税额，进行预缴。按实际数额预缴有困难的，经主管税务机关同意，可按上一年度应纳税额的1/12或1/4预缴，或者按经主管税务机关认可的其他方法预缴。

（三）纳税人预缴税款或年终进行汇算清缴时，应按规定填写《中华人民共和国企业所得税月（季）度预缴纳税申报表（B类）》，在规定的纳税申报时限内报送主管税务机关。

第十四条 纳税人实行核定应纳所得税额方式的，按下列规定申报纳税：

（一）纳税人在应纳所得税额尚未确定之前，可暂按上年度应纳所得税额的1/12或1/4预缴，或者按经主管税务机关认可的其他方法，按月或按季分期预缴。

（二）在应纳所得税额确定以后，减除当年已预缴的所得税额，余额按剩余月份或季度均分，以此确定以后各月或各季的应纳税额，由纳税人按月或按季填写《中华人民共和国企业所得税月（季）度预缴纳税申报表（B类）》，在规定的纳税申报期限内进行纳税申报。

（三）纳税人年度终了后，在规定的时限内按照实际经营额或实际应纳税额向税务机关申报纳税。申报额超过核定经营额或应纳税额的，按申报额缴纳税款；申报额低于核定经营额或应纳税额的，按核定经营额或应纳税额缴纳税款。

第十五条 对违反本办法规定的行为，按照《中华人民共和国税收征收管理法》及其实施细则的有关规定处理。

第十六条 各省、自治区、直辖市和计划单列市国家税务局、地方税务局，根据本办法的规定联合制定具体实施办法，并报国家税务总局备案。

第十七条 本办法自2008年1月1日起执行。《国家税务总局关于印发〈核定征收企业所得税暂行办法〉的通知》（国税发〔2000〕38号）同时废止。

参考文献

[1] Agodo Oriye. The Determinants of U. S. Private Manufacturing Investments in Africa [J]. Journal of International Business Studies, 1978, 9 (3): 95 – 107.

[2] Brennan M. J. Taxes, Market Valuation and Corporation Financial Policy [J]. National Tax Journal, 1970 (3): 417 – 427.

[3] Conine Thomas E. Jr. Corporate Debt and Corporate Taxes: An Extension [J]. The Journal of Finance, 1980, 35 (4): 1033 – 1037.

[4] Cummins Jason G., Hassett Kevin A. and Hubbardd R. Glenn. Tax Reforms and Investment: A Cross – country Comparison [J]. Journal of Public Economics, 1996, 62 (1 – 2): 237 – 273.

[5] David Hartman. Tax Policy and Foreign Direct Investment in the United States [J]. National Tax Journal, 1984, 37 (4): 475 – 487.

[6] DeAngelo H., R. Masulis. Optimal Capital Structure under Corporate and Personal Taxation [J]. Journal of Financial Economics, 1980 (7): 3 – 29.

[7] Devereux M. P., Lockwood B., Redoano M. Do Countries Compete over Corporate Tax Rates? [J]. Journal of Public Economics, 2002, 92 (5): 1210 – 1235.

[8] Djankov Simeon, Ganser Tim, McLiesh Caralee, Ramalho Rita, Shleifer Andrei. The Effect of Corporate Taxes on Investment and Entrepreneurship [C]. NBER Working Papers, 2008, 2 (3): 31 – 64.

[9] Fama E. F., K. R. French. Taxes, Financing Decisions, and Firm Value [J]. Journal of Finance, 1998, 53 (3): 819 – 843.

[10] Feldstein M., J. Jun, The Effect of Tax Rules on Non – residential Fixed Investment: Some Preliminary Evidence from the 1980s [M]. in M. Feldstein (ed.), The Effects of Taxation on Capital Accumulation, 1987 (Chicago: University of Chicago Press).

[11] Gordon Robert. J. The Incidence of the Corporation Income Tax in U. S. Manufacturing, 1925 – 1962 [J]. American Economic Review, 1967, 57 (4): 731 – 758.

[12] Gordon Roger H., Joel Slemrod. Do We Collect Any Revenues from Taxation of Capital Income? [M]. in Lawrence H. Summers (ed.), Tax Policy and the Economy, National Bureau of Economic Research and MIT Press, 1988, 2: 89 – 130.

[13] Gordon Roger H., J. K. MacKie – Mason. Effects of the Tax Reform Act of 1986 Corporate Financial Policy and Organizational Form [R]. in J. Slemrod (ed.), Do Taxes Matter?, MIT Press, Cambridge, 1990: 91 – 131.

[14] Gordon Roger H., J. K. MacKie – Mason. How Much Do Taxes Discourage Incorporation? [J]. Journal of Finance, 1997, 52 (2): 477 – 505.

[15] Gordon Roger H., J. K. MacKie – Mason. Tax Distortions to the Choice of Orgnizational Form [J]. Journal of Public Economics, 1994, 55 (2): 279 – 306.

[16] Graham John R. Debt and the Marginal Tax Rate [J]. Journal of Financial Economics, 1996, 41 (1): 41 – 73.

[17] Graham John R. Do Personal Taxes Affect Corporate Finance Decisions? [J]. Journal of Public Economics, 1999, 73 (2): 147 – 185.

[18] Graham John R. Proxies for the Corporate, Marginal Tax Rate [J]. Journal of Financial Economics, 1996, 42 (2): 187 – 221.

[19] Graham John R., Clifford W. Smith Jr. Tax Incentives to Hedge [J]. The Journal of Finance, 1999, 54 (6): 2241 – 2262.

[20] Graham John R., Daniel A. Rogers. Do Firms Hedge in Response to Tax Incentives? [J]. The Journal of Finance, 2002, 57 (2): 815 – 839.

[21] Graham John R., C. Harvey. The Theory and Practice of Corporate Finance: Evidence from the Field [J]. Journal of Financial Economics, 2001, 60 (2 – 3):187 – 243.

[22] Graham John R., C. W. Smith Jr. Tax Incentives to Hedge [J]. Journal of Finance, 1999 (54): 2241 – 2262.

[23] Graham John R., Lemmon Michael L., Schallheim James S. Debt, Leases, Taxes and the Endogeneity of Corporate TaxStatus [J]. The Journal of Finance, 1998, 53 (1): 131 – 162.

[24] Graham John R., Mark H. Lang, Douglas A. Shackelford. Employee Stock Options, Corporate Taxes, and Debt Policy [J]. The Journal of Finance, 2004, 59 (4): 1585 – 1618.

［25］Graham John R., M. Lang, D Shakelford. Employee Stock Options, Corporate Taxes and Debt Policy［J］. The Journal of Finance, 2004, 59（4）: 1585－1618.

［26］Graham John R., R. Michaely, M. Roberts. Do Price Discreteness and Transactions Costs Affect Stock Returns? Comparing Ex－Dividend Pricing Before and After Decimalization［J］. Journal of Finance, 2003, 58（6）: 2613－2637.

［27］Graham John R. How Big are the Tax Benefits of Debt?［J］. Journal of Finance, 2000, 55（5）: 1901－1941.

［28］Graham John R. Taxes and Corporate Finance: A Review［J］. The Review of Financial Studies, 2003, 16（4）: 1075－1129.

［29］Gropp Reint E. Local Taxes and Capital Structure Choice［J］. International Tax and Public Finance, 2002, 9（1）: 51－71.

［30］Gropp Reint E. The Effect of Expected Effective Corporate Tax Rates on Incremental Financing Decisions［R］. Staff Papers－International Monetary Fund, 1997, 44（4）: 485－509.

［31］Gropp R., Kostial K. The Disappearing Tax Base: Is Foreign Direct Investment Eroding Corporate Income Taxes［R］. IMF Working Papers, 2000, WP 00173.

［32］Hall Robert E., Dale W. Jorgenson. Tax Policy and Investment Behavior［J］. American Economic Review, 1967, 57（3）: 391－414.

［33］Harberger A. C. The Corporate Income Tax: An Empirical Appraisal. In Tax Revision Compendium［J］. (House Ways and Means Committee), 1959（1）: 231－250.

［34］Hatman D. G. Tax Policy and Foreign Direct Investment in the United States［J］. National Tax Journal, 1984, 37（4）: 475－488.

［35］Hayashi Fumio. Tobin's Marginal q and Average q: A Neoclassical Interpretation［J］. Econometrica, 1982, 50（1）: 213－224.

［36］Hunady Jan, Orviska Marta. Determinants of Foreign Direct Investment in EU Countries—Do Corporate Taxes Really Matter?［J］. Procedia Economics and Finance, 2014（12）: 243－250.

［37］Jensen M., W. Meckling. Theory of the Firm: Managerial Behavior, Agency Costs and Ownership Structure［J］. Journal of Financial Economics, 1979, 3（4）: 305－360.

［38］Jorgenson Dale W. Investment Behavior and the Production Function［J］. Bell Journal of Economics, 1972（3）: 220－251.

[39] Jorgenson Dale W. Capital Theory and Investment Behavior [J]. The American Economic Review, Papers and Proceedings of the Seventy – Fifth Annual Meeting of the American Economic Association, 1963, 53 (2): 247 – 259.

[40] Jorgenson Dale W. Rational Distributed Lag Functions [J]. Econometrica, 1966 (34): 135 – 149.

[41] King, Fullerton. The Taxation of Income from Capital: A Comparative Study of the U. S., U. K., Sweden and West Germany, The Theoretical Framework [R]. NBER Working Papers No. 1058, 1983.

[42] Kraus A., R. H. Litzenberger. A State – Preference Model of Optimal Financial Leverage [J]. Journal of Finance, 1973, 28 (4): 911 – 922.

[43] Mackie – Mason, Jeffrey K. Do Taxes Affect Corporate Financing Decisions? [J]. Journal of Finance, 1990, 45 (5): 1471 – 1493.

[44] Miller M. H., M. Scholes. Dividends and Taxes [J]. Journal of Financial Economics, 1978 (6): 333 – 364.

[45] Miller M. H. Debt and Taxes [J]. Journal of Finance, 1977, 32 (2): 261 – 275.

[46] Mintz Jack. The Corporation Tax: A Survey [J]. Fiscal Studies, 1995, 16 (4): 23 – 68.

[47] Modigliani F., M. H. Miller. Corporate Income Taxes and the Cost of Capital: A Correction [J]. American Economic Review, 1963, 53 (3): 433 – 443.

[48] Modigliani. F., M. H. Miller. The Cost of Capital, Corporation Finance and The Theory Investment [J]. American Economic Review, 1958, 48 (3): 261 – 293.

[49] Myers S. C. Determinants of Corporate Borrowing [J]. Journal of Financial Economics, 1977, 5 (2): 799 – 819.

[50] Myers S. C. The Capital Structure Puzzle [J]. The Journal of Finance, Papers and Proceedings, Forty – Second Annual Meeting, American Finance Association, San Francisco, CA, 1983, 39 (3): 575 – 592.

[51] OECD. Tax Database [EB/OL]. http://www.oecd.org/document/60/0, 3343, en_ 2649_ 34533_ 1942460_ 1_ 1_ 1_ 1, 00. html. 2015/11/02.

[52] OECD. Tax Policy Studies Fundamental Reform of Corporate Income Tax [R]. No. 16. http://www.oecd.org/document/53/0, 3343, en_ 2649_ 34533_ 39663797_ 1_ 1_ 1_ 1, 00. html.

[53] Qingmei Tan. Impact of the Corporate Income Tax Reform on Capital Struc-

ture Choices: Evidence from Data of Chinese Listed Firms [C]. The 19th International Conference on Industrial Engineering and Engineering Management, Springer Berlin Heidelberg, 2013: 713 -723.

[54] Rosenberg L. G. Taxation of Income from Capital [M]. by Industry Group. In The Taxation of Income from Capital (A. C. Harberger and M. J. Bailey, eds.) Washington: The Brookings Institution, 1969: 123 -184.

[55] Salinger A. Michael, Summers H. Lawrence. Tax Reform and Corporate Investment: A Mic - econometric Stimulation Study [R]. NBER Working Paper No. 757, 1981.

[56] Scholes Myron S., Mark A. Wolfson. Taxes and Business Strategy [M]. Englewood Cliffs, NJ: Prentice - Hall, 1992.

[57] Scholes Myron S., G. Peter Wilson and Mark A. Wolfson. Tax Planning, Regulatory Capital Planning, and Financial Reporting Strategy for Commercial Banks [J]. The Review of Financial Studies, 1990, 3 (4): 625 -650.

[58] Scholes Myron S., G. Peter Wilson, Mark A. Wolfson. Firms' Responses to Anticipated Reductions in Tax Rates: The Tax Reform Act of 1986 [J]. Journal of Accounting Research, 1992, 30 (4171): 161 -185.

[59] Scott J. H. Jr. A Theory of Optimal Capital Structure [J]. Bell Journal of Economics, 1976, 7 (1): 33 -54.

[60] Seigfried J. J. Effective Average U. S. Corporation Income Tax Rates [J]. National Tax Journal, 1974, 27 (2): 245 -259.

[61] Seppo Honkapohja, Vesa Kanniainen. Adjustment Costs, Optimal Capacity Utilization, and the Corporation Tax [J]. Oxford Economic Papers, New Series, 1985, 37 (3): 486 -499.

[62] Shaviro Daniel N. Corporate Tax Shelters in a Global Economy [M]. The AEI Press, Washington D. C., 2004.

[63] Sheridan Titman, Roberto Wessels. The Determinants of Capital Structure Choice [J]. The Journal of Finance, 1988, 43 (1): 1 -19.

[64] Stickney Clyde P., V. McGee. Effective Corporation Tax Rates the Effect of Size, Capital Intensity, Leverage, and Other Factors [J]. Journal of Accounting and Public Policy, 1982, 1 (2): 125 -152.

[65] Stickney Clyde P., R. B. Tower, Jr. Effective Income Tax Rates of Petroleum Companies [J]. Oil & Gas Quarterly, 1978 (4): 445 -456.

[66] Stickney Clyde P. Analyzing Effective Corporate Tax Rates [J]. Financial

Analysts Journal, 1979, 35 (4): 45 - 54.

[67] Stickney Clyde P. Current Issues in the Measurement and Disclosure of Corporate Income Taxes [J]. The Accounting Review, 1979, 54 (2): 421 - 433.

[68] Sørensen Peter Birch. Can Capital Income Taxes Survive? And Should They? [J]. Cesifo Economic Studies, 2006, 53 (2): 172 - 228.

[69] Teraoui H., Chichti J. E., Taxation and Capital Structure Choice: Survey Evidence [J]. International Journal of Management Sciences and Business Research, 2012, 1 (4): 1 - 26.

[70] Trezevant Robert. Debt Financing and Tax Status: Test of the Substiturion Effect and the Tax Exhaustion Hypothesis Using Firms Responses to the Economic Recovery Tax Act of 1981 [J]. The Journal of Finance, 1992, 47 (4): 1557 - 1568.

[71] Zimmerman. Jerold L. Taxes and Firm Size [J]. Journal of Accountmg and Economics, 1983, 5 (2): 119 - 149.

[72] Zodrow George R. Capital Mobility and Source - based Taxation of Capital Income in Small Open Economies [J]. International Tax and Public Finance, 2006, 13 (2 - 3): 269 - 294.

[73] [英] 伊特韦尔等. 新帕尔格雷夫经济学大辞典第四卷: Q - Z [M]. 北京: 经济科学出版社, 1996.

[74] 安体富, 王海勇. 论内外两套企业所得税制的合并 [J]. 税务研究, 2005 (3): 45 - 52.

[75] 安体富, 王在清. 中国商业银行税制: 问题, 借鉴与改革 [J]. 财政研究, 2004 (2): 15 - 18.

[76] 财政部《企业会计准则第 18 号——所得税》(财会〔2006〕3 号) [EB/OL]. 财政部网站, http://kjs. mof. gov. cn/zhuantilanmu/kuaijizhuanzeshishi/200806/t20080618_ 46230. html 2009/2/15.

[77] 关于进一步认真贯彻落实国务院《关于纠正地方自行制定税收先征后返政策的通知》的通知 (财税〔2000〕99 号) [EB/OL]. 财政部网站, http://www. mof. gov. cn/zhengwuxinxi/caizhengwengao/caizhengbuwengao2000/caizhengbuwengao20009/200805/t20080519_ 21517. html 2009/5/2.

[78] 财政部 国家税务总局关于进一步鼓励软件产业和集成电路产业发展税收政策的通知 (财税〔2002〕70 号) [EB/OL]. 国家税务总局网站, http://www. chinatax. gov. cn/2013/n1586/n1593/n1672/n1677/c217991/content. html 2008/9/1.

[79] 曹书军, 窦魁. 中国上市公司实际所得税税率的微观影响因素研究

［C］．2006 年第六届经济学年会论文，中国经济学教育科研网，http：//down. cenet. org. cn/view. asp？id = 56906.

［80］曹小军．中国内外资企业所得税合并对外资流入的影响［J］．财贸经济，2006（9）：27 - 30.

［81］曹志政，张倩．对加强企业所得税征管的若干思考［J］．新疆财经大学学报，2008（4）：50 - 52.

［82］陈共．财政学（第 3 版）［M］．北京：中国人民大学出版社，2002.

［83］窦魁．上市公司所得税负担的实证研究［D］．重庆大学硕士学位论文，2007.

［84］段迎春．公平税负与金融税制改革［J］．税务与经济，2004（4）：77 - 79.

［85］高培勇，孙国府，张迪恩．中国财税改革 30 年：回顾与展望［M］．北京：中国财政经济出版社，2009：68 - 69.

［86］高培勇，杨志勇，杨之刚，夏杰长．公共经济学［M］．北京：中国社会科学出版社，2007：95 - 96.

［87］郭庆旺，苑新丽，夏文丽．当代西方税收学［M］．大连：东北财经大学出版社，1994：36 - 38.

［88］企业所得税核定征收办法（试行）（国税发〔2008〕30 号）［EB/OL］．国家税务总局网站，http：//www. chinatax. gov. cn/n810341/n810765/n 812171/n812720/c1192388/content. html 2009/9/1.

［89］国务院关于纠正地方自行制定税收先征后返政策的通知（国发〔2000〕2 号）［EB/OL］．中国政府网，http：//www. gov. cn/gongbao/content/2000/content_ 60600. htm 2009/5/1.

［90］国务院关于实施企业所得税过渡优惠政策的通知（国发〔2007〕39 号）［EB/OL］．中国政府网，http：//www. gov. cn/zwgk/2007 - 12/29/content_ 847112. htm 2009/5/27.

［91］中共中央、国务院关于实施东北地区等老工业基地振兴战略的若干意见（中发〔2003〕11 号）［EB/OL］．中国政府网，http：//www. gov. cn/gongbao/2016 - 05/10/content_ 5070739. htm 2009/6/5.

［92］中央国务院关于促进中部地区崛起的若干意见（中发〔2006〕10 号）［EB/OL］．中国政府网，http：//www. gov. cn/zhengce/content/2012 - 08/31/content_ 1147. htm 2009/6/3.

［93］国务院办公厅关于中部六省比照实施振兴东北地区等老工业基地和西部大开发有关政策范围的通知（国办函〔2007〕2 号）［EB/OL］．中国政府网，http：//www. gov. cn/xxgk/pub/govpublic/mrlm/200805/t20080505＿32834. html 2009/7/2.

［94］中华人民共和国企业所得税法［EB/OL］. 中国政府网，http：//www. gov. cn/flfg/2007－03/19/content＿554243. htm 2009/8/10.

［95］中华人民共和国企业所得税法实施条例［EB/OL］. 中国政府网，http：//www. gov. cn/zwgk/2007－12/11/content＿830645. htm 2009/9/5.

［96］国家税务总局关于有限合伙制创业投资企业法人合伙人企业所得税有关问题的公告，国家税务总局公告2015年第81号［EB/OL］. 国家税务总局网站，http：//hd. chinatax. gov. cn/guoshui/action/GetArticleView1. do？id＝1523129&flag＝1 2017/09/18.

［97］财政部　国家税务总局关于完善固定资产加速折旧企业所得税政策的通知（财税〔2014〕75号）［EB/OL］. 国家税务总局网站，http：//hd. chinatax. gov. cn/guoshui/action/GetArticleView1. do？id＝1519514&flag＝1 2017/09/18.

［98］国家税务总局关于贯彻落实进一步扩大小型微利企业减半征收企业所得税范围有关问题的公告（国家税务总局公告2015年第61号）［EB/OL］. 国家税务总局网站，http：//hd. chinatax. gov. cn/guoshui/action/GetArticleView1. do？id＝1521429&flag＝1 2017/09/18.

［99］国务院关于实施企业所得税过渡优惠政策的通知（国发〔2007〕39号）［EB/OL］. 国务院网站，http：//www. gov. cn/zwgk/2007－12/29/content＿847112. htm 2015/11/2.

［101］财政部　国家税务总局关于加快煤层气抽采有关税收政策问题的通知（财税〔2007〕16号）［EB/OL］. 国家税务总局网站，http：//www. chinatax. gov. cn/2013/n1586/n1593/n1607/n1618/c70177/content. html 2016/11/16.

［102］关于执行公共基础设施项目企业所得税优惠目录有关问题的通知（财税〔2008〕46号）［EB/OL］. 国家税务总局网站，http：//www. chinatax. gov. cn/2013/n2226/n2271/n2272/c128829/content. html 2016/11/16.

［103］财政部　国家税务总局关于完善固定资产加速折旧企业所得税政策的通知（财税〔2014〕75号）［EB/OL］. 国家税务总局网站，http：//hd. chinatax. gov. cn/guoshui/action/GetArticleView1. do？id＝1519514&flag＝1 2017/09/18.

［104］财政部　海关总署　国家税务总局关于支持文化企业发展若干税收政策问题的通知（财税〔2009〕31号）［EB/OL］. 国家税务总局网站，http：//hd. chinatax. gov. cn/guoshui/action/GetArticleView1. do？id＝10380&flag＝1 2017/10/8.

［105］国家税务总局关于新办文化企业企业所得税有关政策问题的通知

（国税函〔2010〕86号）［EB/OL］. 国家税务总局网站，http：//hd. chinatax. gov. cn/guoshui/action/GetArticleView1. do？id＝76724&flag＝1 2017/10/8.

［106］财政部 国家税务总局 商务部 科技部 国家发展改革委关于技术先进型服务企业有关企业所得税政策问题的通知（财税〔2010〕65号）［EB/OL］. 国家税务总局网站，http：//hd. chinatax. gov. cn/guoshui/action/GetArticleView1. do？id＝111048&flag＝1 2017/10/9.

［107］财政部 国家税务总局关于促进节能服务产业发展增值税 营业税和企业所得税政策问题的通知（财税〔2010〕110号）［EB/OL］. 国家税务总局网站，http：//hd. chinatax. gov. cn/guoshui/action/GetArticleView1. do？id＝112329&flag＝1 2017/10/9.

［108］财政部 国家税务总局关于进一步鼓励软件产业和集成电路产业发展企业所得税政策的通知（财税〔2012〕27号）［EB/OL］. 国家税务总局网站，http：//hd. chinatax. gov. cn/guoshui/action/GetArticleView1. do？id＝204143&flag＝12017/10/9.

［109］财政部 国家税务总局关于公共基础设施项目和环境保护 节能节水项目企业所得税优惠政策问题的通知（财税〔2012〕10号）［EB/OL］. 国家税务总局网站，http：//hd. chinatax. gov. cn/guoshui/action/GetArticleView1. do？id＝159641&flag＝1 2017/10/9.

［110］关于执行环境保护专用设备企业所得税优惠目录 节能节水专用设备企业所得税优惠目录和安全生产专用设备企业所得税优惠目录有关问题的通知（财税〔2008〕48号）［EB/OL］. 国家税务总局网站，http：//hd. chinatax. gov. cn/guoshui/action/GetArticleView1. do？id＝4166&flag＝1 2017/10/9.

［111］关于执行资源综合利用企业所得税优惠目录有关问题的通知（财税〔2008〕47号）［EB/OL］. 国家税务总局网站，http：//hd. chinatax. gov. cn/guoshui/action/GetArticleView1. do？id＝4167&flag＝1 2017/10/9.

［112］中国证监会［第31号公告］上市公司行业分类指引（2012年修订）［EB/OL］. 中国证券监督管理委员会网站，http：//www. csrc. gov. cn/pub/zjhpublic/G00306201/201211/t20121116_216990. htm 2017/10/7.

［113］樊勇. 企业（公司）所得税的制度效应：基于在中国的应用分析［M］. 北京：中国税务出版社，2009：48－50.

［114］王志刚. 面板数据模型及其在经济分析中的应用［M］. 北京：经济科学出版社，2008：3－4.

［115］靳云汇，金赛男等. 高级计量经济学（下册）［M］. 北京：北京大学出版社，2011：149－150.

［116］胡巍．新中国初创所得税制及其述评［J］．天中学刊，2007，22（6）：49－53．

［117］姜浩．美国联邦公司税法制度研究［M］．北京：中国政法大学出版社，2009：58－61．

［118］姜欣．试论我国区域性税收政策效应问题［J］．财经问题研究，2008（4）：87－91．

［119］蒋琳．促进区域协调发展、均衡基本公共服务——基于我国财政转移支付制度的思考［J］．贵州财经学院学报，2009（6）：81－85．

［120］靳东升，李本贵．企业所得税理论与实践［M］．北京：经济科学出版社，2006：39－42．

［121］阚振芳．企业所得税税率对上市公司相关行业的影响［J］．中国税务，2008（1）：16－17．

［122］李成．企业所得税改革对外资企业投资的影响研究［J］．税务研究，2008（4）：28－31．

［123］李广舜．新《企业所得税法》实施后对新疆地方财力影响的实证分析［J］．乌鲁木齐职业大学学报，2008，17（2）：7－10．

［124］李淑清，龙成凤．内外资企业所得税分设存在的主要问题及改革选择［J］．涉外税务，2006（10）：19－21．

［125］李韬．中国上市公司所得税税负的行业特征的实证研究［J］．天津市财贸管理干部学院学报，2004，6（3）：35－37．

［126］李永友，丛树海．我国地区税负差异与地区经济差异——一个横截面时间序列方法［J］．财经问题研究，2005（9）：78－86．

［127］李芝倩．资本、劳动收入、消费支出的有效税率测算［J］．税务研究，2006（4）：14－18．

［128］刘初旺．税收与投资的经济分析［M］．北京：中国税务出版社，2007：78－90．

［129］刘东辉．新企业所得税法对内外资企业的影响［J］．经济问题探索，2008（9）：161－165．

［130］［韩］刘虎林．中国合并纳税制度与上市公司所得税负担研究［M］．北京：经济科学出版社，2007：46－58．

［131］刘蓉，黄洪．新《企业所得税法》对成都市企业所得税负担水平的影响预测［J］．税务研究，2008（2）：64－67．

［132］刘佐．曲折的历程——企业所得税回眸［J］．中国税务，2001（8）：18－21．

[133] 马国强. 中国税收 [M]. 大连：东北财经大学出版社，2007：79-80.

[134] 马拴友. 税收政策与经济增长 [M]. 北京：中国城市出版社，2001：56-60.

[135] 马衍伟, 费媛. 统一内外资企业所得税的战略思考 [M]. 北京：中国时代经济出版社，2007：95-98.

[136] 潘永, 岳桂宁, 邓剑平. 论税收负担对商业银行国际竞争力的影响 [J]. 广西金融研究，2004（10）：49-51.

[137] 钱晟, 李筱强. 对我国上市公司2001—2002年企业所得税负担的实证研究 [J]. 税务研究，2003（9）：31-37.

[138] 钱晟. 税收负担的经济分析 [M]. 北京：中国人民大学出版社，2000：34-37.

[139] 全意波, 司言武. 基于面板数据的经济因素与地区税负关系研究 [J]. 财经论丛，2008，138（4）：34-40.

[140] 任学群. 商业银行税收负担浅析 [J]. 涉外税务，2003（6）：18-21.

[141] 宋萍. 高度认识我国内外资企业所得税税负差异对内资企业的影响 [J]. 现代会计，2007（5）：38-41.

[142] 宋献中. 资本结构与税收相关性分析 [J]. 暨南学报，2001，23（3）：71-77.

[143] 孙莉. 我国商业银行企业所得税税负分析——兼议新会计准则对银行企业所得税改革的影响 [J]. 当代财经，2007（12）：45-49.

[144] 孙琳琳, 任若恩. 资本边际有效税率的测算：理论基础与中国经验 [J]. 世界经济，2007（7）：3-14.

[145] 王博. 上市公司所得税相关问题研究 [D]. 沈阳工业大学硕士学位论文，2007：14-19.

[146] 王大林, 成学真. 中国东中西部地区资本收入、劳动收入、消费支出的有效税率测算（1999—2005年）[J]. 中国软科学，2007（5）：80-91.

[147] 王道树. 企业所得税收入归属机制研究 [J]. 财贸经济，2007（4）：10-17.

[148] 王昉. 中国上市公司所得税税收负担问题研究 [J]. 经济研究，1999（5）：49-54.

[149] 王素荣, 张新民. 资本结构和所得税税负关系实证研究 [J]. 中国工业经济，2006（12）：98-104.

[150] 王亚彬. 企业所得税区域间分配失衡现况、原因及对策 [J]. 地方

财政研究, 2007 (8): 35-36.

[151] 王延明, 李韬. 不同地区上市公司所得税优惠的实证分析 [J]. 税务研究, 2003 (4): 53-57.

[152] 王延明. 上市公司所得税负担研究——来自规模、地区和行业的经验证据 [J]. 管理世界, 2003 (1): 115-122.

[153] 王延明. 中国上市公司所得税税收负担问题研究 [J]. 经济研究, 1999 (5): 49-54.

[154] 王志刚. 面板数据模型及其在经济分析中的应用 [M]. 北京: 经济科学出版社, 2008.

[155] 吴联升, 岳衡. 税率调整和资本结构变动——基于我国取消"先征后返"所得税优惠政策的研究 [J]. 管理世界, 2006 (11): 111-118.

[156] 夏杰长, 李朱. 税收激励与 FDI 理论分析与中国经验的检验 [J]. 涉外税务, 2004 (9): 50-54.

[157] 许景婷, 许敏, 陈静. 我国上市公司所得税负担实证研究 [J]. 南京工业大学学报 (社会科学版), 2009, 8 (2): 55-59.

[158] 许善达. 中国税收负担研究 [M]. 北京: 中国财政经济出版社, 1999.

[159] 杨丽彬, 陈晓萍. 企业所得税对债务融资影响分析——基于我国上市公司的实证研究 [J]. 财会通讯, 2007 (5): 37-41.

[160] 俞微芳. 企业所得税对上市公司资本结构的影响研究 [D]. 浙江大学硕士学位论文, 2003: 15-17.

[161] 苑新丽. 公司税的外国直接投资效应研究 [M]. 北京: 科学出版社, 2009: 5-6.

[162] 张伦俊. 税收与经济增长关系的数量分析 [M]. 北京: 中国经济出版社, 2006: 35-37.

[163] 张培森. 中国税收经济问题计量研究 [M]. 北京: 中国税务出版社, 2002: 72-75.

[164] 张阳. 中国企业所得税税负归宿的一般均衡分析 [J]. 数量经济技术经济研究, 2008, 25 (4): 131-141.

[165] 赵海益. 新企业所得税对企业资本的影响——基于我国内资企业的分析 [J]. 财会研究, 2008 (6): 31-32.

[166] 中国注册会计师协会. 2007 年度注册会计师全国统一考试辅导教材——会计 [M]. 北京: 中国财政经济出版社, 2007: 135-140.

[167] 钟炜. 企业所得税并轨对我国引进外商直接投资的影响 [J]. 当代

财经，2005（6）：100-103.

[168] 朱庆民. 税收负担的四次分配论——兼论市场经济税收改革的理论基础［M］. 济南：济南出版社，2003：10-12.

[169] 朱彦，易勇. 新企业所得税法对财政经济影响分析：基于对深圳市的调查［J］. 财政研究，2008（7）：37-40.

[170] 祝树金，付晓燕. 政策优惠、经济环境影响 FDI 的动态效应与区域差异——兼论我国内外资企业所得税并轨［J］. 数量经济与技术经济研究，2008（1）：15-27.

[171] 盛轼. 两税合并对我国 FDI 影响的实证分析［J］. 科技管理研究，2009（1）：80-82.

[172] 杨振兵，张诚. 两税合并后外资企业创新效率提升了吗——来自中国制造业的证据［J］. 财贸经济，2015（5）：19-32.

[173] 彭培鑫，朱学义. 两税合并对我国上市公司资本结构的影响［J］. 北京工商大学学报（社会科学版），2011，26（3）：118-122.

[174] 路军. 税率调整、产权安排与实际税负差异——基于两税合并的经验证据［J］. 南方经济，2012（2）：62-80.

[175] 王素荣，史文博. 新会计准则和新所得税法对上市公司实际税负影响的分析［J］. 现代财经，2010（3）：27-31.

[176] 李增福. 税率调整、税收优惠与新企业所得税法的有效性——来自上市公司的经验证据［J］. 经济学家，2010（3）：67-72.

[177] 阮永平，张海烽，王凯. 新《企业所得税法》实施效果检验——基于我国上市公司的实证分析［J］. 税务研究，2010（2）：58-61.

[178] 黄明锋，吴峰. 税收政策的变化影响公司资本结构吗？——基于两税合并的结论的经验数据［J］. 南方经济，2010（8）：17-28.

[179] 刘徐方. 外商直接投资、政府支出对中国技术进步效应的经验分析［J］. 工业技术经济，2016（3）：31-35.

[180] 张海星，靳伟凤. 地方政府投资与税收对产业结构趋同化的影响［J］. 东北财经大学学报，2014（5）：43-48.

[181] 王菲，李善同. 中国区域差距演变趋势及影响因素［J］. 现代经济探讨，2016（12）：81-86.

后　记

13年前,一张通知书将我从生活了22年的古城西安召唤到了首都北京,从此我开始了独自一人的求学之路,从西安到北京,从陌生到熟悉,从工科到文科,几个转变让我感受到丰富多彩的生活,同时也承受着巨大的压力。本想着读完硕士就回西安工作,没想到我又一路读到了博士,就这样,从2004年到2010年,在中国社会科学院研究生院38亩的小院里一待就是六年,也没想到,博士毕业留在了北京,在高校继续我的教学和科研工作。

本书在我的博士论文基础上修改而成,在即将出版之际,距离2010年7月博士毕业已过去了七年,时光荏苒,青春不再,但我依然很怀念那38亩地的小院,怀念六年的研院生活,怀念攻读博士学位时的点点滴滴。我相信,对于每一位立志做研究的学者而言,博士学位是神圣的,我也相信,对每一位博士生而言,论文写作过程都是艰辛的、孤独的。于我,感觉像是在汪洋大海中漂泊的一叶舟,不知何时能达到彼岸,但偶尔想起当时读博的初衷,觉得即使看不到未来,也想知道自己究竟能做到多好。读博不仅需要健康的体魄,更需要坚强的灵魂,每名经过这一洗礼拿到学位的博士都经历了淬炼,如凤凰涅槃,浴火重生。作为博士阶段的成果,一字一字敲击键盘而成的论文就像十月怀胎的孩子,在瓜熟蒂落之时,总希望她完美无瑕,但也总不能如愿。不过换一个角度来思考,任何的不完美都意味着可以向更好的方向迈进。本书在写作当初,恰逢两税合并,这对于研究宏观经济政策的学者来说是一个契机,因此当时的想法也很简单,试图来测算和评估两税合并的税收政策效应,但是,由于写作时间和数据所限,对于税收政策的后续效果并没有更深入的探讨,此次修改弥补了当时写作的一部分遗憾,对数据进行了更新,对税收政策的后续效应进行了更深入的探讨。当然,由于个人能力有限,本书难免出现错漏,请各位读者批评指正。

在博士三年的求学过程中,我的导师高培勇研究员无论从生活上还是学习上都对我倍加照顾。无论是从博士论文的选题还是写作、从开题到定稿,老师都给了我不少的意见和建议,也凝聚了老师的心血。在相处的过程中,高老师渊博的学识和对经济敏锐的洞察力以及在财政学界的地位自不必说，他和蔼可亲、平易近人的态度使我们跟他在一起谈话聊天时都很轻松，也很愉快。我从老师那里不仅学到了扎实的专业知识，更学会了做人的道理。"做事先做人"，唯有高尚的品格才能做出不平凡的事业。"感谢"二字难以表达对老师的谢意，我将在未来的日子里加倍努力，绝不辜负老师的期望。感谢我的硕士导师，中国社会科学院财经战略研究院副院长夏杰长研究员，他是将我引入财政学学科的启蒙老师，虽然我已毕业多年，但无论是在工作上还是生活上，夏老师一直把我当成女儿一样关爱有加。感谢博士室友张蒽、同学齐冰，无论是在读书期间还是毕业以后，不管谁遇到困难，我们都会给予对方安慰、鼓励和帮助，我们成了关系很好的闺蜜，是名副其实的"无敌三人组"，她们让我在研院不仅收获了知识，还收获了友谊。还有很多同学、师兄师姐和师弟师妹，这里就不一一列举他们的名字，在小小的研院，食堂能听到学术讨论，一个转身看到的就是熟悉的面庞，感谢在研院遇到的每一个人。

2010年7月博士毕业，我进入北京联合大学管理学院工作，从一个校门跨入另一个校门也使我的心境发生了很大的转变，从学生到教师，身份的巨大变化让我在工作的开始十分不适应，感谢北京联合大学管理学院的陶秋燕院长、何勤院长和杨冰院长，她们一直对我很照顾；感谢工商管理系的系主任陈琳教授、龚秀敏教授、朱晓妹教授、王晓芳副教授、胡艳君副教授、温强副教授，还有张选伟老师、杨艳芳老师等，他们对我这个当时系里年龄最小的老师帮助颇多，无论我在何时有什么困难，总会有老师热心帮我排忧解难。现在在系里我已不是最小，工作中我已可以独当一面，但这种知遇之恩我终生难忘。感谢管理学院杨积堂书记，如果不是他鼓励我申请北京联合大学的学术著作出版基金，也不会有今天呈现给大家的这部著作，看着自己的成果成为铅字是自豪的，也是幸福的，但更多的是鞭策，是激励。

感谢经济管理出版社的申桂萍编辑，为本书的修改、校对、排版、设计提出了很多意见和建议，感谢她对本书出版工作的支持和帮助。

感谢我的爱人尚铁力，从2005年8月我们在中国社会科学院图书馆相遇，2009年10月结婚至今，已过去了12年。在读书学习期间，他是我的同门师兄，对我初稿的提纲到论文的写作、修改都提出了很多的意见，并全力支持我的学习；在生活上，他善解人意，尤其是在博士论文写作期间，他在繁忙的工作之余还得忍受我的坏脾气；在工作上，他全力支持我，尊重我的选择，能与他携手同行，是我的荣幸。

感谢我的父母，作为家里的独生女，他们给了我能给的一切，感谢他们无怨无悔的付出，并在该颐养天年的年纪远离家乡来到北京，帮我照顾年幼的孩子。

2011年9月1日和2016年8月6日,我的两个宝宝相继出生,给全家带来了无尽的欢乐。此时此刻,大宝安安已经就读幼儿园大班,明年将步入小学,小宝桃桃还在学步,摇摇晃晃像只小企鹅,我在享受着为人母幸福的同时,也花费了大量的精力和时间去照顾他们,自己的研究工作一度停滞不前,但我从未后悔,在与孩子相处的时光里,我不断成长、成熟,是他们让我看到了更好的自己,也是他们给我勇气不惧未来的挑战,感谢可爱的孩子们,也把此书献给两个小天使。

从前言到后记,这其中承载了太多的回忆,写到这里,很多感受不由得涌上心头,有欢笑、有泪水、有伤感,但更多的是幸福、满足。

时光如梭,愿多年后回首,仍不改初心。

王　娜
2017年10月17日